深圳大学传播学院出版基金资助

融媒集

理解媒介环境学

何道宽 著

中国大百科全书出版社

图书在版编目（CIP）数据

融媒集：理解媒介环境学／何道宽著．—北京：
中国大百科全书出版社，2024.1
ISBN 978-7-5202-1422-3

Ⅰ．①融… Ⅱ．①何… Ⅲ．①传播媒介—环境科学—
研究 Ⅳ．① G206.2

中国国家版本馆 CIP 数据核字（2023）第 164765 号

出 版 人	刘祚臣
策 划 人	曾　辉
责任编辑	王　廓
封面设计	末末美书
责任印制	魏　婷
出版发行	中国大百科全书出版社
地　　址	北京市阜成门北大街 17 号
邮政编码	100037
电　　话	010-88390969
网　　址	http://www.ecph.com.cn
印　　刷	北京君升印刷有限公司
开　　本	710 毫米 ×1000 毫米　　1/16
印　　张	18
字　　数	240 千字
印　　次	2024 年 1 月第 1 版　2024 年 1 月第 1 次印刷
书　　号	ISBN 978-7-5202-1422-3
定　　价	78.00 元

第一部　总　论

第二部　人　论

第三部　书　论

笃定绽放恒久的星光，纯粹盛开锦簇的花朵

李明伟

清晨，荔园内海滨小区附近的道路上，除了偶有几个正在忙碌的环卫工人，匆匆走过的保安，或晨跑锻炼的学生，常会有一个缓步慢行的身影，从容又笃定。走近了，可见他头发花白，衣着素朴，默然浅笑里隐有汩汩漾动的幸福，一种劳有所获的幸福，那应该就是何道宽教授了。在伏案工作了三四个小时，曦光逼退了灯影之后，这正是他每天去吃早餐的时间。

2002 年退休以后，何老师每天就是这么朝三晚九，二十年如一日奋力耕耘，完成了百余本共计 2000 万多字的译著。这其中，媒介环境学是他一以贯之的译介主线和绝对高亮的视野焦点。麦克卢汉思想和媒介环境学经由他之手而鱼贯引入国内，且多拜他力推而进据国内传播学理论研究的核心地带。这不仅启蒙和引领一代又一代新力量进入传播学科的大门，而且助推了国内对传播学科身份危机和理论研究的反思、解蔽与创新。

犹记硕士期间，我在系统研读新闻传播学科文献的过程中发现了一个很突出的现象，所有教科书对传播学理论流派的介绍几乎清一色是两个学派加一位神人——即经验学派、批判学派和马歇尔·麦克卢汉。两个学派内部都各有一脉相承的研究传统，向外则有不同的思想源头和学科汇流。而麦克卢汉在那些教科书里却是兀然而立，前无师承，后无发展，好

像是从天划过的一颗流星，洞幽媒介和预言未来的一尊神明。我总觉得哪里不对劲，但当时不明就里。到了博士期间琢磨学位论文选题的时候，导师陈力丹教授有一天对我说："新出版了一本书，是梅罗维茨的《消失的地域》（2002 年），你去看看吧。"现在已经记不起来我从哪里找了一辆自行车，一路从望京的校区骑行到西单图书大厦去买那本书。一口气读完，有豁然开朗的感觉。彼时适逢何老师接连翻译推出了《麦克卢汉精粹》（2000 年）、《数字麦克卢汉：数字化新纪元指南》（2001 年）、《麦克卢汉：媒介及信使》（2003 年），哈罗德·伊尼斯的两本传播学专著《传播的偏向》（2003 年）和《帝国与传播》（2003 年）等书，通读这些书之后，一组学者群像已经赫然排立，一个研究流派似已呼之欲出。于是，我决定用博士学位论文去追索他们之间的思想渊源和前承后续，求证他们是否称得上传播学理论研究的一个范式，一个堪与经验学派和批判学派鼎足而立的流派。

毕业后入职深圳大学，实属天赐我缘分和荣幸，得与何老师为邻。每次遇见，他都会向我津津有味地分享他手头翻译工作的最新进展，或是翻译背后与原作者、版权单位和译作出版单位之间穿梭往来、一咏三叹的沟通协调，或是译作在国内引起的关注和回响。我们一起讨论某些英文的翻译，包括 Harold Innis、Media Ecology、soft edge 等。在我印象里，退休后的何老师像极了逃脱牢笼的骏马，欢快地疾驰在学术的原野。他不遗余力地推动媒介环境学全面引入中国，把伊尼斯、麦克卢汉、沃尔特·翁、伊丽莎白·爱森斯坦、尼尔·波斯曼、保罗·莱文森、兰斯·斯特拉特、林文刚、德里克·德克霍夫、罗伯特·洛根等媒介环境学先后四代学者的主要成果悉数翻译了出来，为完整复原传播学理论版图做出了公认的卓越贡献。如今，媒介环境学、经验主义研究和批判学派三足鼎立，已是传播学界的共识和常识。美国传播学者罗杰斯曾经评价说："麦克卢汉一生在使一般公众对传播学产生兴趣方面所做的工作，是无人可以比拟的。"①可以说，何道宽教授在使中国传播学者和一般公众对媒介环境学产生兴趣方面所做的工作，是无人可以比拟的。

近些年各种新媒介的涌现和社会的裂变，越发彰显了媒介环境学的理论生命力。智能手机、社交媒体、脑机接口以及元宇宙等新技术、新媒介，正直逼人类的中枢神经，总体上构成了我们须臾不能离开的基础设施和生存环境。2008年，索尼亚·列文斯通（Sonia Livingstone）就任国际传播学会（ICA）主席时发表了题为"论所有事物的媒介化"（On the Mediation of Everything）的演讲，认为人类进入了一个所有事物都媒介化的时代。②同是受到麦克卢汉媒介理论兼新技术革命的启发，杜骏飞在2001年提出了"泛媒介"的概念③，彭兰在2016年提出了万物皆媒之论④。媒介环境学早就指明，媒介环境之于人犹似水之于鱼，媒介是人与社会的尺度。我们可以把媒介尺度理解为人、社会与历史发展的一个矢量。⑤所谓矢量，是既有大小又有方向的一条有向线段，直观上表现为一条前端有箭头的线段，箭头代表方向，线段长度表示大小。在计算机应用领域，矢量图可以无限放大而永不变形、失真。在媒介环境学看来，媒介就是一个既有意义数值，又有意义指向的一个重要矢量。能指越强大、人类浸淫越久的媒介，其意义的数值越高，便越会成为某一阶段的主导性媒介。每一种媒介都会延伸人的某些感官，同时弱化或者截除其他一些感官；都会点亮某些曾经黑暗的角落，同时让某些曾经高光的失权落势。这就是媒介的意义指向。

---

① ［美］罗杰斯：《传播学史——一种传记式的方法》，殷晓蓉译，上海译文出版社，1997年，第514页。

② Livingstone, S., "On the mediation of everything: ICA presidential address 2008," *Journal of Communication*, vol.59, no.1, 2009, p.1.

③ 杜骏飞：《泛传播的观念——基于传播趋向分析的理论模型》，《新闻与传播研究》，2001年第4期。

④ 彭兰：《万物皆媒——新一轮技术驱动的泛媒化趋势》，《编辑之友》，2016年第3期。

⑤ 李明伟：《知媒者生存：媒介环境学纵论》，北京大学出版社，2010年，第15—23页。

媒介环境学沿着媒介矢量挺进社会历史发展的深处，异彩纷呈地烛照了媒介作为人与万物的尺度，在广阔而深远的社会历史巨变中所具有的重大意义。他们为传播学一直以来因为没有独特的研究问题而存在的学科危机，提供了迄今为止最令人动心的破壁突围之路。早在 20 世纪 40 年代传播学经验主义研究如日中天的时候，贝雷尔森（Bernard Berelson）便断言传播学行将就木。[①]威尔伯·施拉姆（Wilbur Schramm）在 20 世纪 60 年代和 80 年代也一再对传播学身处"十字路口"而无中心理论可供自己立足表示担忧。[②]《传播学刊》（*Journal of Communication*）先后三次（1983，1993，2008）出版特刊，组织讨论传播学的学科危机及未来发展。2000 年以来特别是最近十多年，华语传播学界的自我反思渐趋深入，而且因为同时背负学科身份危机和研究本土化焦虑而倍加迫切。正如张涛甫所言：传播研究者时常陷入"影响的焦虑"，一面需要强势学科在理论和方法上的支持，一面却苦于本领域自治性与自主性遭受的冲击，总要竭力避免成为其他学科的"余数"。[③]

以媒介环境学为代表与核心的媒介中心论，成了国内传播学科突围的主要进路。在理论的基点和立场上，学界越来越认同应该超越传统的主客二分立场，超越不是经验主义就是批判主义的二元视野，认为传播学只有重新理解传播及其技术是如何嵌入人的生活，重新界定人的存在及人与社会、物的关系，讨论传播与人存在的意义，才能有真正的独一无二的传播理论，才能与哲学元理论发生关联，才有资格与其他学科尤其是人文社会科学对话。由此来看，从麦克卢汉到媒介化社会理论，媒介作为一种意义

---

① Bernard Berelson, "The State of Communication Research", *Public Opinion Quarterly*, vol.23, no.1, 1959, pp.1-6.

② Schramm, Wilbur, David Riesman, and Raymond A.Bauer. "The state of communication research: Comment." *The Public Opinion Quarterly* , vol.23, no.1, 1959, pp.6-17.

③ 张涛甫：《影响的焦虑——关于中国传播学主体性的思考》，《国际新闻界》，2018 年第 2 期。

的空间、一种信息方式和一种社会关系的隐喻渐渐成为了一种成熟的思想，一种新的媒介学脉络正在成为传播学摆脱危机的方向。[①] 在某些具体领域，研究已经转向了以媒介为本体、为基础逻辑，例如对出版史的媒介分析[②]，从媒介角度对报刊史的重写[③]，以及新闻学研究的媒介逻辑[④]和物质性转向[⑤]。黄旦对新闻传播学科化历程的研究[⑥]表明，"媒介对于传播和社会关系的重组，对于学科和学术研究的变动，起着根本性的作用，其影响甚至远远超过了我们的想象"。所以，"解放媒介的意义，既是历史的揭示，更应该成为未来学科建设的基本视野和思路"。黄旦因此提出，完全可以考虑把媒介作为新闻传播学科的"特定入射角"，以此突出新闻传播学科不同于其他学科的特色。同时，我们又可以以媒介为支点，打通人文、社科和自然科学，重构学科体系、学术体系和理论话语体系，形成新闻传播学科新的版图。

无论是回应当前技术与社会的巨变，还是要把传播学发展成一个富有理论特色和自足体系的学科，媒介环境学都是一个非常重要的理论武器。这本文集是何道宽教授在几十年翻译引介媒介环境学的过程中，对媒介环境学派及其部分学人、专著的领悟和评判，或高屋建瓴，或伏笔引线，或撷英激赏，对媒介环境学做出了生动而独特的注解。

在 2021 年为全校新生开设的通识讲座最后，我骄傲地向学生们介绍，何道宽教授是荔园夜空中最早亮起的那盏灯和最亮的那颗星，他是把传播

---

① 胡翼青：《重塑传播研究范式：何以可能与何以可为》，《现代传播》，2016 年第 1 期。胡翼青：《显现的实体抑或意义的空间：反思传播学的媒介观》，《国际新闻界》，2018 年第 2 期。

② 黄典林：《出版史研究的媒介学维度——〈启蒙运动的生意：《百科全书》出版史（1775—1800）〉的方法论意义》，《中国出版史研究》，2017 年第 2 期。

③ 黄旦：《媒介再思：报刊史研究的新路向》，《新闻记者》，2018 年第 12 期。

④ 常江、何仁亿：《数字新闻生产简史：媒介逻辑与生态变革》，《新闻大学》，2021 年第 11 期。

⑤ 吴璟薇、曾国华：《新闻学研究的物质性转向——数字时代的媒介本体与媒介中介性》，《新闻与写作》，2021 年第 11 期。

⑥ 黄旦：《新闻传播学科化历程：媒介史角度》，《新闻与传播研究》，2018 年第 10 期。

学尤其媒介环境学盗火摆渡到中国的集大成者，也是功勋无出其右的第一人。他是一位翻译家，又远不止是一位翻译家。他为学之纯粹、勤勉与专注，已经是荔园不灭的精神，学界公认的标杆。正因为如此，当何老师邮件、电话双管齐下，嘱我作序并特别注明"勿推辞"的时候，我委实惶恐，唯当是前辈对我的鞭策锤炼，故有此序文。

序二
求索探微忘年交

朱豆豆

何道宽先生的文集《融媒集》行将付印，托我作序，我受宠若惊。多数学者结集出书，都希望知名学者作序，而我作为初出茅庐的新人，无论年龄、资历，还是学识等方面，都实在"拿不出手"，怕自己无法用语言表达对先生及其作品的理解。只是先生一再嘱托，我便应承下来，内心惴惴，思忖良久，方才下笔。

我与何教授初识于2020年。众所周知，2020年是多事之秋，这一年新冠肺炎疫情肆虐，阻断了人们面对面的接触，也给即将面临毕业的我带来苦恼：博士论文围绕"媒介环境学在中国的学术旅行"展开，那么汉语世界的媒介环境学有着怎样的译介历史，呈现了怎样的接受过程，产生了哪些断裂和遗失，发生了何种变异和转型，这部分系统性研究必然绕不开该学派在中国的主要译者何道宽教授。该如何与何教授取得联系呢？几经周折，中国社会科学院大学新闻传播学院副院长殷乐教授（我的博导），帮我找到了联系何老的方式。然而，对于博士论文中设想的一些采访，我当时并不抱有十分的信心，因为正如我后来在博士论文中写的："他（何教授）既不上微信，不发微博，甚至不使用手机……"那么，何老用什么方式与他人沟通呢？

何老用邮件与后继者沟通，且每每回复都极为迅速。两年来，我不断从何老这里获取媒介环境学发展的各种咨讯，他始终引领着我走在该学派研究的最前端。在做博士论文期间，我眼见何老在不断翻山越岭跨大步，笔耕不辍：2019 年，他策划并主译了由中国大百科全书出版社推出的"媒介环境学译丛"第一辑五种书；仅一年多的时间，该丛书第二辑也相继出版；而 2023 年 4 月，我们迎来该丛书第三辑，当中也包含我博士论文中提到的一部经典之作——《柏拉图导论》；此外，他的《问麦集》《焚膏集》《融媒集》三部文集也即将问世。由何老策划并翻译的一部部经典相继出版，不断充实着媒介环境学在中国的学术大厦。

《问麦集》《焚膏集》《融媒集》是何教授凝聚智慧和情感的心血之作。《融媒集》融合了多方视角，分三部分，包括"总论""人论"和"书论"。"总论"以媒介环境学的整体观贯穿始终，清晰地理出了汉语世界媒介环境学的发展脉络；"人论"部分以探索不同媒介环境学人的思想为主；"书论"部分是媒介研究经典译著的序跋。文集中所收录的研究论文及序跋等内容，沁润心血，字字珠玉，皆是何老在边翻译边研究过程中的精华，集合了该学派发展的所有时间线和关键脉络。

首先，"总论"围绕历时维度下汉语世界媒介环境学发展线的逻辑顺序展开。如《异军突起的第三学派》《媒介环境学：从边缘到庙堂》等研究性论文皆是阐释汉语世界媒介环境学发展的关键性文章。若将这些文章穿成线，大体可以发现这样一条发展脉络：即西方学界的"麦克卢汉热"产生于 20 世纪 60 年代，麦氏媒介理论以"我不解释，我只探索"的论证方式引发了学界"千人千面"的解读，其晦涩艰深的《理解媒介：论人的延伸》《机器新娘》等代表作由何道宽教授于 20 世纪 90 年代陆续引进中国。然而，欧美学界自 20 世纪 80 年代后逐渐开始推崇实证研究，对麦氏超前思想的热情逐渐消退，批判之声开始不绝于耳。由于当时传播科技的局限及引进工作的滞后，国内学者未能注意到麦克卢汉后继者的思想及论著，麦克卢汉媒介理论被视为一种"奇谈怪论"。2000年后，随着译介范围的扩大，研究对象呈多元化态势，何教授将一系列阐释麦克卢汉的著作陆续引入中国，包括哈罗德·伊尼斯、沃特尔·翁、尼尔·波斯曼、保罗·莱文森等学者的著述，他们对麦克卢汉思想的继承和发扬在何道宽教授的引介下，逐渐被国内学界熟知。此时，麦克卢汉思想开始逐渐广泛传播，对该理论群体的研究也被摆上学术研究的重要位置。2006年，何道宽教授在《异军突起的第三学派》一文中，第一次将上述学者视为一种学派，为其命名为"媒介环境学"，并与中国的"媒介生态学"划清界限。此后，这些不同的北美媒介环境学者逐渐被视作一个学术共同体。2015年，汉语世界的媒介环境学在经历近10年的学科化发展后，媒介环境学终于在中国的新闻传播学学科体系中正式"登堂入室"。至此，中国语境下的媒介环境学研究开始从学派一脉相承的特性中找寻可以阐释中国传播现象的理论脉络，走向了理论与在地场域的驯化。

当然，以上是我在何教授边译边研究的成果基础上，对于媒介环境学发展线的理解。千人千面，在读过这些文章之后，或许你会有不一样的发现。

其次，"人论"部分提到的伊尼斯、尼尔·波斯曼、罗伯特·洛根、莱文森等北美学者，他们是媒介环境学三代学人的代表人物。由于媒介环境学派体系庞杂，学者众多，我们不妨参考西方学者库尔梅尔（Courmier）提出的一个适合媒介环境学发展的植物学隐喻：根状茎（rhizome）。他认为，"根茎植物，没有中心，也没有明确的边界，相反，它是由一些半独立的节点组成的，每个节点都能自己生长和扩展，只受其栖息地的限制……根状茎属于一种必须被制造、构建的地图，一种总是可分离、可连接、可逆、可修改的线路，并且有多个入口和自己的飞行线路"（Courmier，2020）。似乎用"根茎状"的比喻最能抓住北美媒介环境学的性质和范围。因此，我们不妨通过对这些代表人物的理解，来把握媒介环境学的整体观。

在根茎式的学科发展模式中，媒介环境学学科体系的建构不是由专家学者的预先设定驱动的，而是在后继者或治学者实时构建和协商中进行的：北美媒介环境学人自发地塑造、构建不同的研究对象，就像根茎对不断变化的环境条件做出反应一样——根茎非谱系，通过变异、扩张、征服、捕获而分枝运作。[①] 这种根茎状的学科模式，使不同研究者通过当下媒介现实生成情境性的知识地图，构建适合当今知识发展和变化方式的媒介环境学解读。

此外，从这些人物对传统媒介环境学传承和发展的脉络中，我们可以思考很多问题，比如：这些后继者从中承继了媒介环境学的哪些学术传统，又经历了何种变异？从20世纪初到现在，隐喻作为诸多媒介环境学人常用的一种"技术"话语，哪些隐喻思维有待挖掘？古希腊哲学思想又是如何作用于整个学派，以形成对新媒介技术的反思？对这些问题，或许你在读"人论"部分时会受到启发。

最后是"书论"，该部分囊入了中国大百科全书出版社近几年推出的"媒介环境学译丛"的大多数序跋。序跋在一部作品中往往占有重要地位。在何道宽教授出版的相关译作中，序跋往往是我十分喜爱看的部分，也是我首先要看的部分，这是饱含译者心血、提纲挈领的重要资料，往往可以让我们一探译者的心路历程、对作品的理解等。这一方面有助于加深我们对作品的理解，另一方面也可以与我们读后感形成对比，进而会有不一样的发现。书论汇总了本译丛的序跋，给媒介研究爱好者带来了极大的便利，这对我们广大读者而言，实在是一大幸事。

概言之，本书每一篇文章在汉语世界媒介环境学的发展中皆有着举足轻重的地位，对于有志于从事该领域的学者而言，这些作品必然是绕不开

---

① Deleuze, G.& Félix Guatarri, *A thousand plateaus: Capitalism and schizophrenia*, London: University of Minnesota Press, 1987, p.21.

的。通过这本书，我们得以管窥何老先生不断丰富该学派认识的过程。

如果统计无误的话，何道宽先生共翻译媒介环境学相关作品60余部。相较于其他学派著作的译介情况而言，何老先生对媒介环境学著作的译介具有一定的系统性。翻译是再创造的过程，需要深厚的文化功底。何教授译笔颇具个人魅力，总会将晦涩难懂的术语解构，使之易于理解。从某种意义上说，媒介环境学"根茎状"的学科体系容易追溯知识概念的起源，从而使后继者在用媒介环境学建构或解读新媒介的社会意义时，免去了寻求外部知识认同的必要。如人们借用经典观念"媒介即讯息""媒介环境学""媒介四元律"等译介而来的观点来观照媒介现实，在不断变化的环境中依据"根茎状"式的经典论点创建、延伸新知识，并将这些知识扩散至哲学、语言学、教育学等不同学科或领域。而何道宽先生作为译介这些经典论点的核心人物，不断为国内学者穿针引线，有助于建构、理解媒介环境学的理论大厦。

何道宽教授作为洞察媒介环境学先进理念的文化中间人，他如麦克卢汉一样，是英语老师，是学者，是读者，更是一位伟大的译者。耄耋之年的他，至今依然潜心向学，笔耕不辍，是我们这些后辈的楷模，尤其那些浸润人心的文字以及背后的哲思，更让人油然生出崇敬之情。他仿佛与媒介环境学"技术理性"思维融为一体，身体力行地告知我们要警惕技术垄断对人类的侵害。

媒介环境学作为一场"范式革命"，为中国新闻传播学的研究带来了新概念、新视角。在当下阶段，我们已经有了较为深厚的积累，比以往任何时候都渴望增强对媒介环境学的学术想象力，这就要求我们从不同视野出发创造新的知识、开拓新的研究路径。对任何有志于从事媒介环境学研究的人而言，何老先生及其文集《融媒集》无疑会扮演引路者角色。该文集有助于我们从历时性角度，探索国人对媒介环境学的思想主旨及言说语境的理解。希望有更多学者加入媒介环境学研究领域，延续其在数字媒介时代的学术脉络，最终挖掘出更多该学派观照当下的有益视角。

借作序之机，祝愿先生松鹤长春，欢乐远长。

于北京物资学院外国语言与文化学院

2022 年 10 月 20 日

媒介环境学派的理论命题、源流与阐释 [①]

何道宽

一、反思与前瞻

华中科技大学《新闻与信息传播研究》的刘洁先生希望我能够谈一谈北美媒介环境学，我当然求之不得，因为这个学派正是我的研究重点。该刊准备出版探讨媒介生态学和媒介环境学的专辑，借以检讨中国传播学现状和发展势头，这是非常有意义的工作。

近两年，国内学者开始探讨传播学发展的新契机，拓宽了视野，创造了新机。仅以 2007 年的几个重要会议为例，5 月在南京大学召开的"新闻传播学前沿课题研讨会"、8 月在江西师范大学召开的"中国传播学高端学术研讨会"、12 月在深圳大学召开的"中国传播研究之未来"等会议的核心课题都是"反思与前瞻"，着重从宏观上研究学科危机、范式和发展、学派的梳理等问题。

[①] 原载华中科技大学《新闻与信息传播研究》（内刊）2008 年第一期。2007 年 5 月在南京大学召开的"新闻传播学前沿课题研讨会"上，我和华中科技大学的吴廷俊教授同台讲演，在返程驱车去禄口机场的路上，他盛邀我为其供稿。可惜当时是"内部刊物"。2023 年的今天终于有机会正式刊布于《融媒集》，甚幸。这里收录的文章文字有删节。

从目前的势头来看，我们的研究不再局限于以施拉姆等人为代表的经验学派、德国法兰克福学派、英国文化研究学派和政治经济学派、法国结构主义学派，美国的批判学派、北美的媒介环境学派都纳入了我们的视野。

国内的创新苗头令人鼓舞。邵培仁、崔保国等探索的媒介生态学就具有原创的价值，这是国内原生的传播学派。由于国内的媒介生态学派和北美媒介环境学派的英文名称相同，均为 Media Ecology，我们有必要对这两个学派做一番梳理。

二、群星速写

北美传播学家伊尼斯（Harold A. Innis）、麦克卢汉（Mar-shall McLuhan）、波斯曼（Neil Postman）、莱文森（Paul Levinson）我们都已经相当熟悉，他们的代表作已经和中国读者见面。

但以他们为代表的媒介环境学派对国内的读者还比较陌生，我们还缺乏对这个学派的宏观把握，研究这个学派的势头才刚刚出现，其标志之一是笔者和吴予敏教授主持的北京大学出版社"媒介环境学译丛"。2007 年，译丛的前两部《媒介环境学：思想沿革与多维视野》和《技术垄断：文化向技术投降》已经问世。

国内的媒介生态学派和北美媒介环境学派的英文名称相同，两者的关怀却不一样。大体上说，媒介生态学关心媒体的经营管理、媒体之间的关系、媒体与社会的关系，媒体如何健康发展、如何为社会和谐做出贡献；媒介环境学派主张泛媒介论，其关注点涵盖整个人类文化的健康和平衡，既有微观的媒介媒体研究，也有宏观的文明演进研究，它非常注重广义技术的发生、发展，具有强烈的人文关怀和道德关怀。[①]

---

① 何道宽：《媒介环境学辨析——媒介环境学评论之二》，《国际新闻界》，2007 年第 1 期。

　　媒介环境学已经走完了三代人的生命历程。该学派萌芽于 20 世纪 30 年代，成长于 20 世纪 50 年代。第一代学者的代表人物有埃里克·哈弗洛克、哈罗德·伊尼斯和马歇尔·麦克卢汉，伊尼斯和麦克卢汉已经在国内广为人知。20 世纪 70 年代以后，第二代学者日趋活跃，代表人物有尼尔·波斯曼、沃尔特·翁，主帅是波斯曼。20 世纪 90 年代以后，第三代学者成名，代表人物是保罗·莱文森、约书亚·梅罗维茨、兰斯·斯特雷特、林文刚、埃里克·麦克卢汉、德里克·德克霍夫，他们多半在 20 世纪 90 年代以后登场，目前活跃在世界各地。①②③

　　伊尼斯的学术背景是政治经济学，他擅长加拿大经济史，20 世纪 30 年代在芝加哥大学获政治经济学博士，旋即回多伦多大学执教。20 年代至 40 年代，他已经出版经济学专著 4 部，成为著名的经济史家；40 年代以后，他的研究重点转向传播学。50 年代初，他出版《帝国与传播》和《传播的偏向》，成为著名的历史哲学家、媒介理论家、传播学家。他不幸于 1952 年英年早逝，留下 1000 余页的"传播史"手稿，可惜未刊。伊尼斯最著名的贡献是"媒介偏向论"，认为任何媒介都有时间偏向和空间偏向。他奠定了传播学多伦多学派的基石。④

　　20 世纪 30 年代，麦克卢汉在剑桥大学攻读英语文学，获博士学位，30 年代开始在美国和加拿大的大学执教，1946 年从美国回到多伦多大学，任英语教授，50 年代开始转向传播学研究。60 年代，他把传播学从书斋里解放出来，送到千家万户的普通人手中。他为伊尼斯的《传播的偏向》作

---

① 何道宽：《媒介环境学辨析——媒介环境学评论之二》，《国际新闻界》，2007 年第 1 期。

② 何道宽：《媒介环境学的思想谱系——媒介环境学评论之三》，南京大学新闻传播学前沿课题研讨会，2007 年 5 月。

③ 何道宽：《三代学人的薪火传承——媒介环境学评论之四》，中国传播学高端学术研讨会，2007 年 8 月，南昌。

④ 何道宽：《多伦多传播学派的双星：伊尼斯与麦克卢汉》，《深圳大学学报》，2002 年第 5 期。

序，宣告甘愿做伊尼斯的"注脚"，为传播伊尼斯的思想立下了汗马功劳。[①]

在以后的二三十年里，他擎起多伦多学派的大旗，成为世界级传播学大师。他创建"文化与技术研究所"，办了多学科研究的杂志《探索》和《预警线通讯》，出版了《机器新娘》（1951）、《谷登堡星汉》（1962）、《理解媒介》（1964）、《媒介定律》（1988）等为代表的传世之作。[②]

《机器新娘：工业人的民俗》，研究工业人和广告，批判美国文化，在批评现代文化方面，他走在欧洲批判学派的前头。现在看来，这是北美传播学重要的批判之作。《谷登堡星汉：印刷人的诞生》论述印刷文化，提出著名的口语、拼音文字、印刷术和电子革命的媒介史分期，这个思想成为学界普遍接受的公式。《理解媒介》论述电子人，提出"延伸论""讯息论"和"冷热论"等著名的"老三论"和14条媒介理论，把传播学从书斋里解放出来。他批判工业人，悲叹印刷人，欢呼电子人，憧憬美好的未来，高扬乐观的调子。《媒介定律：新科学》提出媒介演化的"四元律"：每一种媒介都有提升、过时、再现和逆转四种功能，都处在变化转换的过程中。这是高度抽象、高度理性化、富有诗意、充满辩证法智慧的大作。[③]

除了伊尼斯和麦克卢汉之外，多伦多学派第一代学者里还有两位杰出的学者——埃里克·哈弗洛克和埃德蒙·卡彭特。他们都曾经在多伦多大学执教，同时又是多伦多学派和纽约学派的桥梁，因为他们长期在加拿大和美国的几所大学工作。[④]

多伦多学派第二代学者的代表人物有罗伯特·洛根（Robert Logan）和唐纳德·特沃尔（Donald Theall）。罗伯特·洛根是物理学教授，是麦克卢

① 何道宽：《天书能读：麦克卢汉的现代诠释》，《四川外语学院学报》，2003 年第 1 期。

② 何道宽：《麦克卢汉的学术转向》，《杭州师范学院学报》，2005 年第 2 期。

③ 何道宽：《天书能读：麦克卢汉的现代诠释》，《四川外语学院学报》，2003 年第 1 期。

④ 何道宽：《媒介环境学的思想谱系——媒介环境学评论之三》，南京大学新闻传播学前沿课题研讨会，2007 年 5 月。

汉思想圈子的活跃人物，著有《拼音字母对西方文明的影响》。特沃尔是麦克卢汉的第一位博士生，曾任特伦特大学校长，著有两部麦克卢汉传记：《媒介是后视镜：理解麦克卢汉》和《虚拟麦克卢汉》。[①]

　　第三代学者的代表人物有麦克卢汉的儿子埃里克·麦克卢汉和现任麦克卢汉研究所所长德里克·德克霍夫（Derrick de Kerckhove）。德克霍夫继承了麦克卢汉跨学科研究的才干，他的著作涵盖传播学和管理学等学科，代表作有《字母与大脑》《文化肌肤》《连接智能》《智能建筑》《经理们的麦克卢汉》等。[②]

　　纽约学派第一代学者的代表人物有刘易斯·芒福德、埃里克·哈弗洛克、路易斯·福斯戴尔（Louis Forsdale）和约翰·卡尔金（John Culkin）。芒福德继承了老师帕特里克·格迪斯的百科全书思想，发展了人类生态和媒介环境的学说，晚期有意识地使用"媒介环境学"这个术语。埃里克·哈弗洛克是著名的经典学者，先后在美国和加拿大几所著名的大学执教，是多伦多学派和纽约学派的重要桥梁。约翰·卡尔金教授在纽约的福德姆大学执教，他自称麦克卢汉迷。1967 年，经过他的不懈努力和纽约州议会的批准，麦克卢汉应聘到福德姆大学担任施韦策讲座教授，任期一年。

　　纽约学派以福德姆大学和纽约大学为重镇。麦克卢汉在福德姆大学播种，卡尔金在此培育，莱文森在这里拓展，经过三代人的耕耘，媒介环境学在这里蔚为壮观。

　　1970 年，尼尔·波斯曼接受麦克卢汉建议在纽约大学创建媒介环境学博士点，成为媒介环境学的精神领袖。他和美国、加拿大两国的第一代媒介环境学者有很深的缘分。早在 1955 年，他就结识了麦克卢汉。他这个博

---

① 何道宽：《媒介环境学的思想谱系——媒介环境学评论之三》，南京大学新闻传播学前沿课题研讨会，2007 年 5 月。

② 同上。

士点发挥了成熟学派的三大功能：思想领导、组织领导和制度构建。于是，这个博士点的"三驾马车"波斯曼、特伦斯·莫兰（Terence Moran）、克里斯琴·尼斯特洛姆（Christian Nystrom）就成为媒介环境学第二代学者的核心人物。[①]

波斯曼著作等身，出书 20 余部，他的作品《作为保存活动的教学》（1979）、《娱乐至死》（1985）和《技术垄断》（1992）成为媒介环境学的代表作。[②]

1998 年媒介环境学会的成立使学科发展有了更加坚实的制度保证。每年一届的年会规模迅速扩大，优秀成果大批涌现，媒介环境学者大展拳脚，开始问鼎北美传播学的核心圈子。这个学会成为沟通和整合纽约学派和多伦多学派的桥梁，成为媒介环境学发展的坚强堡垒。[③]

如今活跃在纽约学派里的第三代学者的代表人物有保罗·莱文森、约书亚·梅罗维茨、兰斯·斯特雷特和林文刚。莱文森是数字时代的麦克卢汉，任媒介环境学会顾问，他的传播学名著均已在国内翻译出版。梅罗维茨的《消失的地域》（1985）也在中国问世。这本书嫁接麦克卢汉的媒介理论和欧文·戈夫曼（Erving Goffman）的社会学戏剧分析手法。林文刚编辑的《媒介环境学：思想沿革与多维视野》已经由北京大学出版社推出。该书以纪传体的方式研究媒介环境学的思想史，重点研究媒介环境学的先驱和杰出学者，计 10 余人。他们是尼尔·波斯曼、刘易斯·芒福德、雅克·艾吕尔、马歇尔·麦克卢汉、哈罗德·伊尼斯、詹姆斯·凯利、本杰

---

① ［美］林文刚编：《媒介环境学：思想沿革与多维视野》，何道宽译，北京大学出版社，2007 年，第 20—21 页。

② ［美］尼尔·波斯曼：《技术垄断》，何道宽译，北京大学出版社，2007 年。

③ ［美］林文刚编：《媒介环境学：思想沿革与多维视野》，何道宽译，北京大学出版社，2007 年，第 297—298 页。

明·李·沃尔夫、苏珊·朗格、沃尔特·翁和伊丽莎白·爱森斯坦。[①]

三、核心命题

媒介环境学（Media Ecology）这个术语由麦克卢汉创造，但他没有公开使用。1968 年，尼尔·波斯曼首次公开使用这个术语。1970 年，他接受麦克卢汉的建议，在纽约大学创建媒介环境学博士点。在此后的 30 多年里，这个教学计划培养了数以十计的博士和数以百计的硕士。1998 年 9 月 4 日，以他为精神领袖的"媒介环境学会"正式成立，如今这个学会在北美迅速发展，成功进入北美传播学的主流圈子，媒介环境学派成为与经验学派和批判学派鼎立的第三学派。这个学会的领导班子多半是波斯曼的弟子。

2007 年，《媒介环境学：思想沿革与多维视野》在国内翻译出版，笔者评该学派的系列论文也相继问世，这是国内研究媒介环境学的开端。该书由媒介环境学会副会长林文刚博士编辑并参与撰写，是媒介环境学思想传统、经典文本和多维视野的集萃，是该学派第一部自觉反省的历史记述和思想批评之作，它系统地提炼、归纳和阐述了该学派从萌芽、诞生、成熟到壮大的历程。除绪论、结语之外，该书用纪传体的方式描绘并评价了 10 位媒介环境学的先驱、奠基人和代表人物。[②]

研究媒介环境学的核心命题之前，有必要明确该学派的媒介概念。最重要的概念是四个"泛"论（"泛"技术论、"泛"媒介论、"泛"环境论、"泛"文化论）和三个环境层次（符号环境、感知环境和社会环境）。多数

---

① 何道宽：《三代学人的薪火传承——媒介环境学评论之四》，中国传播学高端学术研讨会，2007 年 8 月，南昌。

② ［美］林文刚编：《媒介环境学：思想沿革与多维视野》，何道宽译，北京大学出版社，2007 年。

媒介环境学者认为，一切"第二自然"、一切人工干预过的社会现象都是技术、文化、环境和媒介。换言之，在他们的心目中，技术、文化、环境和媒介几乎是可以通约的，几乎可以画等号。[①]

我们紧接着谈谈媒介环境学的定义。什么是媒介环境学？波斯曼的两种定义是颇具代表性的。

"媒介环境学研究人的交往、人交往的讯息及讯息系统。具体地说，媒介环境学研究传播媒介如何影响人的感知、感情、认识和价值，研究我们和媒介的互动如何促进或阻碍我们生存的机会。"[②]

"媒介环境学研究信息环境。它致力于理解传播技术如何控制信息的形式、数量、速度、分布和流动方向，致力于弄清这样的信息形貌或偏向又如何影响人们的感知、价值观和态度。"[③]

"在不同场合，林文刚教授以不同的方式提炼和表述媒介环境学的核心命题。他在纽约大学给博士生授课时提出的四个核心课题是：①重要思想，包括界定性理念、理论或主题，以及文化、技术与传播的关系；②这些思想背后的主要学者，比如刘易斯·芒福德、哈罗德·伊尼斯、马歇尔·麦克卢汉；③这些思想产生的社会、政治和思想语境；④当代学者如何运用这些理论。"[④]

在《媒介环境学：思想沿革与多维视野》的绪论篇里，林文刚提出三个"媒介环境学深层的理论命题"：①传播媒介不是中性的；②传播媒介

---

① 何道宽：《媒介环境学辨析——媒介环境学评论之二》，《国际新闻界》，2007 年第 1 期。

② ［美］林文刚编：《媒介环境学：思想沿革与多维视野》，何道宽译，北京大学出版社，2007 年，第 23 页。

③ ［美］林文刚编：《媒介环境学：思想沿革与多维视野》，何道宽译，北京大学出版社，2007 年，第 171 页。

④ ［美］林文刚编：《媒介环境学：思想沿革与多维视野》，何道宽译，北京大学出版社，2007 年，第 1—2 页。

有 7 种偏向；③传播技术对社会、文化、政治、经济、心理各方面产生影响。他的表述分别是：

"传播媒介不是中性的、透明的和无价值标准的渠道，只管把数据或信息从一个地方传送到另一个地方。实际上，媒介固有的物质结构和符号形式发挥着规定性的作用，塑造着什么信息被编码和传输，如何被编码和传输，又如何被解码。在这样的理论表述层面上，一种媒介的符号形式产生它编码的特征，而媒介则用这样的编码来表达信息（比如模拟式符号和与之相对的数字式符号）；同时，媒介的符号形式又决定着符号组合的结构（比如命题式结构和与之相对的表现式结构）。"①

"每一种媒介独特的物质特征和符号特征都带有一套偏向。为了便于理解，我们可以借用尼斯特洛姆设计的一套理论来概括。"这 7 种偏向是：思想和情感偏向，时间、空间和感知偏向，政治偏向，社会偏向，形而上偏向，内容偏向。②

"传播技术促成的各种心理或感觉的、社会的、经济的、政治的、文化的结果，往往和传播技术固有的偏向有关系。"③

1996 年，波斯曼在《教育的终结：重新界定学校的价值》里对媒介环境学的 10 个命题做了这样的总结：①一切技术变革都是双刃剑，利弊同在，都是浮士德式的交易；②新技术的利弊使有些人获利，有些人受害；③每一种技术都有一种哲学理念，都对人产生深刻的影响；④一种新技术往往挑战一种旧技术，在时间、注意力、金钱、威望和"世界观"上向旧技术发起攻击；⑤技术变革不是叠加性的，而是生态性的——一种新技术并非仅仅是追加什么东西，而是改变一切；⑥因为信息的编码是符号的形

① ［美］林文刚编：《媒介环境学：思想沿革与多维视野》，何道宽译，北京大学出版社，2007 年，第 30 页。

② 同上，第 31 页。

③ 同上。

式，所以不同的技术就有不同的思想和情绪偏向；⑦因为技术容易获取的程度和速度不一样，所以不同的技术就有不同的政治偏向；⑧因为有不同的物质形式，所以不同的技术就有不同的感知偏向；⑨因为我们注意技术的情况不一样，所以不同的技术就有不同的社会偏向；⑩因为技术的内部结构和经济结构不一样，所以不同的技术就有不同的内容偏向。①

四、学派源流

我们将尽力追溯媒介环境学的几种思想渊源，理清其流变。根据我们的理解，媒介环境学主要的源头是语言相对论、城市生态学、芝加哥社会学派和英国的新批评。

媒介环境学认为，最重要、最早诞生的人类媒介是口语，这是人类媒介演化的第一场革命，所以把语言作为人与环境交流的最重要的中介。为此，学派第二代学者的代表人物沃尔特·翁写了专著《口语文化与书面文化》来研究口语、拼音文字和印刷术。

克里斯琴·尼斯特洛姆把学派的思想追溯到20世纪初的相对论思想及其在人类语言学里的表现：语言相对论。她探讨本杰明·李·沃尔夫和苏珊·朗格如何把相对论思想转化为媒介环境学的基石。她说，我们认识的环境是我们的感官、符号和工具提供的现实："这个观点认为，人们接触的现实并非外在于人的存在，而是我们的感知、探索、表征和传播工具提供的外在现实的版本。我把这个思想当作20世纪具有界定性的思想，而且是媒介环境学赖以建立的思想。"②

---

① [美]林文刚编：《媒介环境学：思想沿革与多维视野》，何道宽译，北京大学出版社，2007年，第183—184页。

② 同上，第212页。

她把相对论思想追溯到柏拉图的洞穴寓言："柏拉图的洞穴寓言说明了现实的相对性、现实的社会构建的相对性以及感官偏向的相对性。"[1]

她把语言作为最重要的媒介来研究："语言及一切表征经验的符号系统扮演重要的角色，影响我们如何构建现实，进而影响我们在现实里如何做事……最系统、最有力地表达这个观念的并不是物理学家，而是人类语言学家本杰明·李·沃尔夫和爱德华·萨丕尔。"[2]

媒介环境学的另一思想源头是刘易斯·芒福德的城市生态学。芒福德是一位自学成才的百科全书式的奇才，这位社会哲学家、大学教授、建筑师、城市规划师、评论家留下传世之作数十部，他的媒介环境学著作中最为人称道的代表作有《技艺与文明》《城市文化》《历史名城》《人类的境遇》《城市的发展》《公路与城市》《机器的神话之一：技术与人类发展》《机器的神话之二：权力的五边形》《都市的前景》等。[3]

芒福德是北美最杰出的公共知识分子和社会批评家之一，在生态运动和环境保护运动、城市发展和更新、地区规划、艺术批评和文学批评等方面，他都做出了杰出的贡献。他和媒介环境学相关的思想主要有三个方面：他技术历史分期的思想；他有关技术和人类发展的技术有机理论（techno-organicism）；他对"王者机器"（meta-machine）即非人性的技术垄断和国家机器的批判。[4]

林文刚和兰斯·斯特雷特研究并吸收了芒福德的思想，他们合作的文章《刘易斯·芒福德与技术生态学》已有中文译文。[5]

---

[1]　［美］林文刚编：《媒介环境学：思想沿革与多维视野》，何道宽译，北京大学出版社，2007年，第212页。

[2]　同上，第215页。

[3]　同上，绪论；第三章。

[4]　同上，第三章。

[5]　同上，第三章。

媒介环境学者继承了芒福德强调知与行关系的思想，看重践行。芒福德、伊尼斯、麦克卢汉、伊尼斯、莱文森都有强烈的现实关怀，他们抨击时弊、研究大众文化、关心教育改革、进行对策研究，代表著作有麦克卢汉的《机器新娘》、波斯曼的《认真的反对》和《作为保存活动的教学》、莱文森的《捍卫第一修正案》。①

伊尼斯继承了芝加哥社会学派的思想。20 世纪 20 年代，他在芝加哥大学求学，专攻政治经济学，师从凡勃伦，但同时又浸淫在芝加哥社会学派的生态思想和传播思想里，罗伯特·帕克、欧内斯特·伯吉斯、罗德里克·麦肯锡、查尔斯·霍顿·库利、约翰·杜威、乔治·赫伯特·米德都对他产生了影响。胡翼青认为："尽管伊尼斯很少引用凡勃伦和帕克的研究成果，也很少提及他们与自己的关系，但他的研究从理论到方法，却有很大一部分建立在以帕克为首的芝加哥学派的基础之上。"②"另一方面，伊尼斯的研究在学术基调上纠正了芝加哥学派传播研究存在的高度理想主义的缺陷……这集中表现在他对西方文明的空间偏向的忧心忡忡。伊尼斯认为这最终将为西方文明带来灾难。"③

麦克卢汉认为，伊尼斯的很多论调几乎就是帕克言论的翻版："人人都能在帕克以下这类言论中听到伊尼斯的调子：'技术设备自然要改变人们的习惯，并且必然改变社会的结构和功能。''按照这个观点，似乎可以说，每一种技术设备，从手推车到飞机，就其提供一种更加有效的新的移动装置来说，已经而且也应该标志社会发展的一个新纪元。同理，据说每一种文明自身就携带着自我毁灭的种子。这个种子可能就是那些引进新的社会

----

① ［美］林文刚编：《媒介环境学：思想沿革与多维视野》，何道宽译，北京大学出版社，2007 年。

② 胡翼青：《再度发言：论社会学芝加哥学派的传播思想》，中国大百科全书出版社，2007 年，第168 页。

③ 胡翼青：《再度发言：论社会学芝加哥学派的传播思想》，中国大百科全书出版社，2007 年，第169 页。

形态、送走旧的社会形态的技术设备。'"①

麦克卢汉发扬光大英国新批评（new criticism）的思想。他在剑桥大学师从新批评的旗手理查兹（I. A. Richards）、燕卜荪（William Empson）和利维斯（F. R. Leavis）。这几位大师推翻了传统的文学研究，他们讲授的文学课程偏重认知、美学和社会学，这感染了麦克卢汉，使他学会扮演桥梁的角色。他把人文学科中的文化艺术产业连接起来，把社会科学中的主干学科连接起来，把文学文化和科学文化两大"对立"的文化连接起来。②

新批评最重要的思想是注重语言的形式，而不是其内容。这对麦克卢汉产生了至关重要的影响。麦克卢汉"媒介即是讯息"就是从新批评学来的。语言和媒介的形式是"看门狗"的比方就是从艾略特学到的。麦克卢汉说，媒介的"内容"就像是一片滋味鲜美的肉，媒介的"形式"像看门狗，撬门贼用"内容"来涣散看门狗的注意力，使人不注意"形式"。③

新批评顺理成章的结论不就是把人类语言当作最重要的传播媒介吗？理查兹、燕卜荪、利维斯不是教他要特别注意语言这种技术的影响吗？人类通过语言感知世界，语言塑造人感知世界的方式。

燕卜荪的《晦涩的七种类型》对麦克卢汉产生了很大的影响。如果说语词晦涩，研究语词的最好办法不是研究其"内容"（即词典中的意义），而是研究其语境效果；如果说这些效果是潜意识的，那么其他的人工制造物的效果也应该是潜意识的——轮子、印刷机等都是如此。④

利维斯的《文化与环境》对麦克卢汉产生了持久的影响，因为实用的文学批评是用来培养环境意识的："实用的文学批评——散文和诗歌的分

① ［美］沃尔特·翁：《口语文化与书面文化》，何道宽译，北京大学出版社，2008年，麦克卢汉序。
② ［加］菲力普·马尔尚：《麦克卢汉：媒介及信使》，何道宽译，中国人民大学出版社，2003年，第10页。
③ 同上，第41页。
④ 同上，第38页。

析——可以推及广告的分析（分析其吸引力和文体特征），还可以将新闻体裁和大众小说相比较。"①

五、评价与诠释

如何给以麦克卢汉为代表的传播学派命名？这是一个长期困扰学界的问题。给这个学派命名有一个绕不开的问题，这就是如何评价麦克卢汉。麦克卢汉媒介思想的实质是什么？又如何命名？是技术决定一切？技术乐观主义？技术决定论？如何从他诗意的表述洞悉他悲天悯人的博大胸怀？

麦克卢汉遭遇到一切"先知"的共同命运。20世纪60年代，几乎整个北美的宣传机器都开动起来为他服务。但就在他如日中天时，其名声也是毁誉参半的。北美学界和新闻界撕裂为两半，赞誉者把他捧上天，封他为"继牛顿、达尔文、弗洛伊德、爱因斯坦和巴甫洛夫之后最重要的思想家"，"电子时代的代言人，革命思想的先知"；毁之者把他打入地狱，贬他为"攻击理性的暴君""走火入魔的形而上巫师""为半拉子艺术家做黑弥撒的教士"。学界对他的两极评价很快就集结为两本文集：《麦克卢汉：冷与热》（1967）和《麦克卢汉：毁誉参半》（1968）。②

学界的困扰还来自该学派内部。以保罗·莱文森为例，他对麦克卢汉的评价就经历了很大的变化。从1977年到1980年，莱文森和麦克卢汉结下了深厚的友谊，他不止一次从纽约北上到多伦多去"朝觐"麦克卢汉，但围绕麦克卢汉思想的实质，两人的意见却迥然不同。莱文森的博士论文《人类历程回放：媒介进化理论》（1979）认为，麦克卢汉的思想是技术决定论，读到这样的评价之后，麦克卢汉立即打电话予以反驳。

① ［加］菲力普·马尔尚：《麦克卢汉：媒介及信使》，何道宽译，中国人民大学出版社，2003年，第39页。
② 何道宽：《天书能读：麦克卢汉的现代诠释》，《四川外语学院学报》，2003年第1期。

　　10 年后，莱文森修正了对麦克卢汉的评价，有他的话为证："1978 年，事实本身似乎证明，麦克卢汉持媒介决定论。如今，用事后诸葛亮的眼光来看问题——在后视镜里回顾他，回顾我最初对他的研究——我可以清楚地看见，用媒介决定论来描写他未必是妥当的。"①

　　30 年后，美国学者林文刚采用了非常冷静的考察和自省，他认为技术媒介与文化的关系可以用一个理论命题的连续体来表现，执其两端的是硬技术决定论和软技术决定论，执其中端的是技术 / 文化共生论，麦克卢汉偏向硬决定论，莱文森偏向软决定论，林文刚本人主张技术 / 文化共生论。②

　　围绕麦克卢汉的思想是否是"技术决定论"的问题，中国学者的评价也经历长期的争论和思考，如今的趋势是能够同情并深刻地理解他思想的实质，而不是简单地给他扣上一顶"技术决定论"的帽子。③

　　1998 年，北美媒介环境学派正式定名为 Media Ecology。从诞生到举旗，这个学派经历了几十年的坎坷。中国学者给这个学派定名也经过了十来年的反复琢磨。因为北美的媒介环境学和中国学者提出的媒介生态学的英文同名，均为 Media Ecology，所以北美 Media Ecology 学派的中文译名也经历了一个过程。最近三年，笔者和林文刚教授、陈世敏教授以及深圳大学的几位同事反复琢磨，决定将其定名为"媒介环境学"。

　　林文刚对此做了一些说明："为了维持理念上的一致和清晰度，我建议把迄今为止我一切中文著作里的 Media Ecology 的译名从'媒介生态学'一词更名为'媒介环境学'。"他还进一步解释如此定名的原因："我们用媒介环境学来翻译英语的 Media Ecology，主要是因为波斯曼（1970 年）在就这门学科的定义和范式的首次公开讲话里做了这样的表述：媒介环

---

① ［美］保罗·莱文森：《数字麦克卢汉》，何道宽译，社会科学文献出版社，2001 年，第 260 页。

② ［美］林文刚编：《媒介环境学：思想沿革与多维视野》，何道宽译，北京大学出版社，2007 年，第 32 页。

③ 何道宽：《异军突起的第三学派——媒介环境学评论之一》，《深圳大学学报》，2006 年第 6 期。

境学把环境当作媒介来研究……我们选择媒介环境学来翻译英语的 Media Ecology，还有一个重要的原因——这个词本身体现并唤起环境保护主义（environmentalism）的观念和实践，它同时使人看清媒介环境学人文主义（humanism）和行动主义（activism）的一面，说明它是一种实践哲学、一种社会思想学说……'践行'媒介环境学和'研究'媒介环境学，具有同等重要的意义。"①

2005 年以后，李明伟和丁未两位博士到深圳大学任职，台湾政治大学的陈世敏教授和美国新泽西州威廉·帕特森大学的林文刚教授分别来校讲学，我们几人认真切磋这个学派的译名问题。我们决定将其定名为"媒介环境学"。

笔者对这个定名做了详细的说明："这个最后崛起的学派叫什么名字好呢？它既是麦克卢汉研究、伊尼斯研究、波斯曼研究，又不完全是对这些个别学者的研究……Media Ecology 的中文译名起初直译为'媒介生态学'。但这个'媒介生态学'和国内学者关注的'媒介生态学'并不是一回事……2005 年秋，李明伟博士从中国社会科学院到深圳大学任职。自此，我们开始切磋北美这个学派的译名问题。他的博士论文《媒介形态理论研究》里的所谓"形态理论"就是北美的 Media Ecology 学派，因为这个学派强调媒介的形式而不是内容……同时，丁未博士从同济大学到深圳大学任职，她刚刚翻译出版了媒介环境学派代表人物詹姆斯·凯利的代表作《作为文化的传播》。于是，我们三人就开始考虑北美 Media Ecology 学派的译名问题……台湾政治大学的陈世敏教授和美国新泽西州威廉·帕特森大学的林文刚教授分别访问深圳大学传媒与文化发展研究中心……经过几个月的跨洋飞鸿，我们决定采用究其实而不据其形的办法给这个学派定名，也

---

① ［美］林文刚编：《媒介环境学：思想沿革与多维视野》，何道宽译，北京大学出版社，2007 年，第2—3 页。

就是说，根据该学派的根本性质和主要追求，Media Ecology 应该定名为"媒介环境学"，而不是采用几年来已经在使用的'媒介生态学'。我们先后考虑过的其他译名比如'媒介哲学'和'媒介形式学'都一一放弃了。"①

迄今为止，国内研究媒介环境学派最全面、客观、冷静、公允的成果是李明伟先生的博士论文《媒介形态理论研究》（2005）。据我所知，他正在根据近三年研究的心得修订论文，准备出版。我在此对这篇博士论文做一些介绍，借以反映国内对媒介环境学研究比较有分量的水平。

《媒介形态理论研究》分"导论""媒介形态理论""理论与时俱进""媒介形态及其社会影响分析""作为一个研究范式的媒介形态理论""问题与批评""媒介形态与社会化""研究结论"等八部分。

李明伟博士对自己的博士论文做了比较客观的评价："本文首先分析了学者们在研究内容和研究方法上的共性，并从科学哲学的高度论证了他们作为一个研究范式的合法性。其次，注重从社会历史背景和每个学者的个人情况，解读这一研究范式的发展纵线。然后，对他们的理论进行实事求是的批判和评价。"

论文主张对麦克卢汉做实事求是的分析和评价："有人说，麦克卢汉是电子媒介的狂热宣教者。但是，从他提出的这个媒介定律来看，麦克卢汉在对新媒介的态度上表现出罕有的冷静、务实和周全。实际上，麦克卢汉自始至终都抱有这种认真的态度：理解媒介，而不是哗然或愕然。"

论文的结论之一是："伊尼斯、麦克卢汉、波斯曼、梅罗维茨、莱文森等人的研究是一个比较规范的研究范式。我称之为'媒介形态理论'。"

论文的结论部分列举媒介环境学派的"六个规定性特点"：①立论的中心和原点是媒介；②侧重研究的是媒介本身，而不是媒介传播的具体内

---

① ［美］林文刚编：《媒介环境学：思想沿革与多维视野》，何道宽译，北京大学出版社，2007年，第2—3页。

容；③区别对待不同媒介的特性，反对泛论媒介；④注重考察媒介形态变化的动态历史；⑤研究的旨归是从媒介形态及其变化的角度来解读社会历史变迁；⑥考察的媒介效果和可能影响发生在长远的时期和广大的范围。

　　这是他三年前对媒介环境学派进行的评价和诠释，至少在一定程度上反映了当时国内学者的共识。如今，国内至少有十来位学者注意对麦克卢汉及其学派的重估，随着该学派自觉反省的深入，我们对它的研究也将步步深入。麦克卢汉和媒介环境学派的研究不仅有利于推动国内的媒介生态学研究，而且有利于推动人文学者、科技专家和普通的中国读者面向未来的技术发展和社会进步。

第一部

总论

"媒介环境学译丛"总序

　　20世纪50年代初，哈罗德·伊尼斯的《帝国与传播》《传播的偏向》和《变化中的时间观念》问世。1951年，马歇尔·麦克卢汉的《机器新娘》出版。20世纪60年代，麦克卢汉又推出《谷登堡星汉》和《理解媒介》，传播学多伦多学派形成。

　　20世纪80至90年代，尼尔·波斯曼的传播批判三部曲《童年的消逝》《娱乐至死》《技术垄断》陆续问世，传播学媒介环境学派形成。

　　1998年，媒介环境学会成立，以麦克卢汉为代表的传播学第三学派开始问鼎北美传播学的主流圈子。

　　2007年，以何道宽和吴予敏为主编、何道宽主译的媒介环境学译丛由北京大学出版社推出，印行四种，为中国的媒介环境学研究奠基。

　　2011年，以麦克卢汉百年诞辰为契机，世界范围的麦克卢汉学和媒介环境学进一步发展，进入人文社科的辉煌殿堂。中国学者不遑多让，崭露头角。

　　2018年，深圳大学传播学院与中国大百科全书出版社达成战略合作协议，推出媒介环境学译丛，计划在三年内印行十余种传播学经典名著，旨在为传播学修建一座崔巍的大厦。

我们重视并推崇媒介环境学派。它主张泛技术论、泛媒介论、泛环境论、泛文化论。换言之，凡是人类创造的一切、凡是人类加工的一切、凡是经过人为干扰的一切都是技术、环境、媒介和文化。质言之，技术、环境、媒介、文化是近义词，甚至是等值词。这是媒介环境学派有别于其他传播学派的最重要的理念。

它的显著特点是：①深厚的历史视野，关注技术、环境、媒介、知识、传播、文明的演进，跨度大；②主张泛技术论、泛媒介论、泛环境论，关注重点是媒介而不是狭隘的媒体；③重视媒介长效而深层的社会、文化和心理影响；④深切的人文关怀和现实关怀，带有强烈的批判色彩。

从哲学高度俯瞰传播学的三大学派，其基本轮廓是：经验学派埋头实用问题和短期效应，重器而不重道；批判学派固守意识形态批判，重道而不重器；媒介环境学着重媒介的长效影响，偏重宏观的分析、描绘和批评，缺少微观的务实和个案研究。

21世纪，新媒体浩浩荡荡，人人卷入，世界一体，万物皆媒介。这一切雄辩地证明：媒介环境学的泛媒介论思想是多么超前。媒介环境学和新媒体的研究已融为一体。

在互联网时代和后互联网时代，媒介环境学的预测力和洞察力日益彰显，它自身的研究和学界对它的研究都在加快步伐。吾人当竭尽绵力。

2018年9月

媒介环境学宣言书：创新、突围、反规制^①

五六年来，在策划和实施深圳大学传播学院"媒介环境学译丛"的过程中，有一个问题挥之不去：媒介环境学如何发展？

一、媒介环境学：小百科全书

1998 年，媒介环境学会（Media Ecology Association）在纽约成立，标志着这个学派走向成熟。2006 年，旅美的林文刚（Casey Man Kong Lum）教授编纂《媒介环境学：思想沿革与多维视野》（*Perspectives on Culture, Technology and Communication: The Media Ecology Tradition*）为媒介环境学画了一个圈，这是媒介环境学的小百科全书。

二、从"传承与创新"到"创新与突围"

本次研讨会的主题原定"媒介环境学·传承与创新"，于晓峰博士建议

---

① 2023 年 4 月在深圳大学"媒介环境学·创新与突围"学术研讨会上宣讲。

更名为"媒介环境学·创新与突围"，画龙点睛。

今天发布的五本书里有一本名为《伟大的发明：从洞穴壁画到人工智能时代的语言演化》（*The Great Invention, Language as technology to GPT-3*）。一年前，在两位作者开始写作这本书时，其中的"GPT-3"可以说是新锐的人工智能语言，今天它却已然陈旧。科技界、知识界、媒体甚至普通人已经在玩"GPT-4"，且即将玩"GPT-5"。但"Open AI"和"ChatGPT"可能有负面影响，甚至可能危害人类，世界上的超级技术精英和人文学者已经在敲响警钟……

两年前，中国社会科学院新闻所的朱豆豆在博士论文里为媒介环境学提出了尖锐的问题：规制和反规制。我的理解是，当林文刚教授及其同人完成学科的规制时，反规制的反向运动已相伴而生。如今，反规制的任务落到了今天与会同人的肩上。

三、媒介环境学：大百科全书

2018 年，深圳大学传播学院与中国大百科全书出版社达成战略合作协议，推出大型媒介环境学译丛，旨在为传播学修建一座巍峨的大厦。

2019 年至今，多伦多大学荣休教授、麦克卢汉的嫡系传人德里克·德克霍夫（Derrick de Kerckhove）积极参与本丛书建设，担任译丛首席顾问。他撰写《文化的肌肤》（第二版）和《数字孪生体》，推荐《数据时代》《被数字分裂的自我》《伟大的发明》《假新闻》等几种新锐著作，大大拓宽了本译丛的学术视野，所以我说，他为媒介环境学画了一个更大的圈，我将这个圈称为"媒介环境学：大百科全书"。

四、学科交叉与融合：大文科与新文科

我们这套译丛的最大特色是，文理交叉，突破禁区，开拓新边疆，不画地为牢。我们志在担任新文科的突击队，为新型的新闻传播学探路。

五、新十六字方针

2022 年 4 月 21 日，《中国社会科学报》第三版刊文《探讨新时代中国传播学转型方向》，报道 3 月 26 日中国传播学界的一次重要会议。

40 年前，首届全国传播学研讨会提出了传播学的十六字方针："系统了解、分析研究、批判吸收、自主创造"。

40 年后，新时代中国传播学研讨会提出了传播学的"新十六字方针"："守正创新、融通中外、根植实践、引领时代"。

六、面向未来：创新、突围、反规制

我们向麦克卢汉学什么？创新、突围、反规制——这是他毕生的追求，也是媒介环境学的生存要义。

麦克卢汉求学期间四次转型，拿到五个学位。在家乡的曼尼托巴大学求学时，他从工科转向文学再转到哲学，拿到学士和硕士两个学位。1934 年，他将已有的两个学位清零，投奔学术殿堂剑桥大学，师从世界著名文学大师理查兹、利维斯和燕卜荪，得到文学理论"新批评"（new criticism）的真传，并获得学士、硕士、博士三个学位。1936 至 1946 年，在北美四所大学执教后，他转投多伦多大学，直到 1980 年去世。

1936 年登上讲台时，他发现自己正宗的"新批评"理论卖不动，因为学生感兴趣的是通俗文化。于是他义无反顾地转向广告和通俗文化研

究。1946 年，在多伦多大学经济学同事伊尼斯（Harold Innis）的影响下，他进一步转向传播研究和媒介理论。1951 年，他的第一部专著《机器新娘》（*The Mechanical Bride*）问世。这本书礼赞通俗文化，是广告批评和美国文化研究，又是一本超前的图文书，由 50 篇豆腐块随笔组成。1962 年，他的第二本专著《谷登堡星汉》（*The Gutenberg Galax*）问世，研究对象是印刷文化，文本颇像短小的博客。1964 年，他的第三本专著《理解媒介》（*Understanding Media*）震惊世界，奇异的媒介理论诞生，七条原理和 26 种媒介让人步步惊心。

麦克卢汉是不守成规的齐天大圣，也是大文科不懈的开拓者。他的后继者星汉璀璨。洛根（Robert K. Logan）和波斯曼（Neil Postman）自成一家，莱文森（Paul Levinson）和德克霍夫八面威风。他们的共同特点是不断开拓新的边疆，闯入无名的领地。今天新文科的建设者要向他们学什么？我的回答是，创新、突围、反规制，不自缚手脚、画地为牢，而是围绕媒介理论文理交叉、学科融合，并坚持不懈地开拓创新。

媒介环境学主张泛技术论、泛媒介论、泛环境论、泛文化论。质言之，技术、环境、媒介、文化是近义词，甚至就是等值词。就传播学三大学派比较而言：经验学派埋头于实用问题和短期效应，重器而不重道；批判学派固守意识形态批判，重道而不重器；媒介环境学派则道器并重。

媒介环境学如何发展？它的精气神是什么？我们如何学习它？我的回答是：不懈创新，无尽延伸；道器并重，知行合一；遥望未来，深耕当下。

2023 年 4 月 22 日

异军突起的第三学派 ①

一、中国学界的反思

传播学引进中国大陆 20 年有余。这门学科如何发展？这是新千年以来传播学界关注的重点。就我所知，朱光烈预言传播学将会成为显学，陈力丹每年以年终专搞的形式追踪并评述传播学的发展，国内著名的新闻出版学界众多网站上论学科发展的文章难以计数。

近年来，学界敲响传播学学科危机的警种，呼唤传播学范式革命的自觉意识。突出的成果有：陈卫星的《麦克卢汉的传播思想》和《传播的观念》，胡翼青的《传播学：学科危机与范式革命》，陈力丹的《试论传播学方法论的三个学派》和《胡翼青〈传播学：学科危机与范式革命〉笔记》。

同时出现的创新苗头，令人鼓舞。邵培仁等探索的媒介生态学就具有原创的价值。

传播学是舶来品，任何的发展创新都必须以引进为先行。中国媒介生态学的发展必须以理清北美媒介环境学派为前提。媒介环境学是什么样的

---

① 原刊登于《深圳大学学报》，2006 年第 6 期，有删节。

流派呢？西方传播学有一些什么流派呢？它们彼此之间有一些什么样的关系呢？笔者准备用几篇文章谈谈初步心得，就教于同人。

中国学界对传播学的划分众说纷纭，但大同小异，多则五派，少则三派，五派之说一般是：经验－实证学派、法兰克福学派、英国文化研究学派、政治经济学学派和技术学派。三派之说持论者比较多，但主张各有不同：①经验－功能、控制论和结构主义；②经验－功能、技术控制和结构主义符号－权力；③结构功能主义、政治经济学和文化研究；④社会科学研究、诠释研究和批判研究。

然而，一般地说，为了简明起见，学界比较喜欢突出两个影响最大的学派：经验学派和批判学派。圈内人士认为有必要深入研究影响最大的另一个学派，是近年才出现的潮流。陈力丹对这个潮流做了很好的概括：

> 我们历来把传播学划分为两大派：经验主义学派和批判学派。近来读了陈卫星和胡翼青的书《传播的观念》《传播学：学科危机与范式革命》，很受启发。我赞同他们将传播学划分为三个学派，虽然表述方面存在差异，但是总的看法相同。陈卫星划分为经验－功能、控制论、结构主义方法论三个学派；胡翼青划分为经验主义、技术主义、批判主义三种研究范式。

但是，对这个影响很大的第三学派如何命名，一时却难以统一意见，我自己也有一个深化认识的过程。

2002 年，和国内大多数学者一样，我认为这个学派的思想是技术决定论。在《多伦多传播学派的双星：伊尼斯与麦克卢汉》这篇文章里，我说："20 世纪下半叶，多伦多大学升起两颗学术明星：麦克卢汉和伊尼斯。他们背景殊异，却情趣相同，共同建立了传播学的一个学派：媒介决定论。"

2003 年，我试图修正对麦克卢汉的判断，指出他是面向未来的技术乐观主义者。在《天书能读：麦克卢汉的现代诠释》一文里，我写下了这样一段话："他绝对不是鼓吹技术决定论的人，他是要我们回归身心一体、主客一体的理想境界。麦克卢汉不仅是当代人的朋友，而且是子孙后代的朋友。他是一个面向未来的人、预言希望的人。有他的话为证：'为什么不可以实现思想的前馈呢？就是说，为什么不可以把世界意识联入世界电脑呢？凭借电脑，从逻辑上说，我们可以从翻译语言过渡到完全绕开语言，去求得一种与柏格森预见的集体无意识相似的、不可分割的宇宙无意识。因此，电脑预示了这样一个前景：技术产生的普世理解和同一，对宇宙理性的浓厚兴趣。这种状况可以把人类大家庭结为一体，开创永恒的和谐与和平。'"

近年来，学者们给这个学派的命名还有唯技术决定论、技术哲学、媒介生态学。总体上说，对该学派的批评有三个显著的特色：一是批评多于研究，肤浅有余，深入不足；二是评价逐渐趋于肯定和公允；三是开始考虑如何给它重新命名。

2002 年，在《媒介分析：传播技术神话的解读》一书里，张咏华重新认识并肯定了麦克卢汉的学术地位，尽管如此，她还是持比较挑剔的立场，认为麦克卢汉"陷入唯技术决定论的极端"。2000 年，在《新形势下对麦克卢汉媒介理论的再认识》的文章里，她认为麦克卢汉缺乏辩证的观点："麦克卢汉媒介理论的主要缺陷，在于他在探讨媒介与人类文明发展史的关系中缺乏对于因果关系的辩证认识，一味只将传媒技术当作变化的动因，既不考察导致媒介技术本身的产生与发展的社会历史原因，也不探索引起不同历史阶段的社会变迁复杂现象之多因复杂组合，试图以机械的媒介单因说解释一切变迁。我们应将麦氏肯定科技的决定作用的观点，同他在认识论上的机械化区分开来。"

与此同时，学界也出现另一种倾向：同情和理解麦克卢汉的立场。在《媒介决定论？有失公允——麦克卢汉技术哲学观评析》（2004）里，蒋宁平旁征博引，把立论重点从批评转向肯定。他对"技术决定论"提出反批评，把麦克卢汉的思想命名为技术哲学。他指出有必要深入研究麦克卢汉："许多著作或论文介绍麦氏媒介理论时都只是'老三论'：延伸论、讯息论、冷热论，然后就判定为'媒介决定论'或'技术决定论'。高度趋同的意见并不一定完全正确，我们有必要对此做出深入分析。"同时，他认为，麦克卢汉的技术哲学可以称之为温和的技术决定论，并且断言温和决定论是一种非决定论："从严格意义上讲，温和决定论已经是一种非决定论了，是一种走向了互动、融合的观点。"然后他明确指出，既然麦克卢汉是技术乐观主义者，我们就不该说他是技术决定论者。

近年来，国内研究麦克卢汉学派的视野逐渐扩大，引进该学派的代表作品逐渐增加，要者有尼尔·波斯曼的《娱乐至死》和《童年的消逝》，保罗·莱文森的《数字麦克卢汉》《思想无羁》《软边缘》（似应译为《软利器》），约书亚·梅罗维茨的《消失的地域》，凯利的《作为文化的传播》。

2003 年，崔保国尝试给这个学派命名。他意识到，北美的 Media Ecology 和国内的"媒介生态学"并不是一回事，所以他说："中国学者的媒介生态研究意识是原发的，而不是引进的，从一开始学者的关心就侧重于媒介的发展生存环境研究方面"；"目前我们国家的媒介生态学研究的切入点，主要是媒介，方法上接近政治经济学和媒介经营管理学。"然而遗憾的是，虽然他意识到这两个学派性质、对象和宗旨不同，他还是把北美的 Media Ecology 翻译成"媒介生态学"。这就引起了不必要的混乱。那么，应该如何翻译 Media Ecology 呢？我们又应该如何区分这两个不同的学派呢？

二、媒介环境学辨析

在《媒介是条鱼：理解媒介生态学》里，崔保国指出中国"媒介生态学"和北美 Media Ecology 的区别："从全球来看，媒介生态学研究的起源应该是在北美。在北美的媒介生态学研究中，又分为加拿大的多伦多学派和美国的纽约学派。提起媒介生态学，人们通常会联想到多伦多学派……"遗憾的是，他却用同样的名字来称呼中国和北美这两个取向不同的学派。

但要比较准确地给这个学派命名，却不是一件容易的事情。首先，这个学派从 1968 年命名到 1998 年成立学会，整整经过了 30 年的时间。笔者对这个学派的认识，也经历了一个比较长期的过程。我关注、译介并研究北美 Media Ecology 这个学派，将近 20 年，发表论文 7 篇（《麦克卢汉在中国》《媒介革命与学习革命》《媒介即是文化》《硕果永存：麦克卢汉媒介理论述评》《多伦多传播学派的双星》《天书能读：麦克卢汉的现代诠释》《麦克卢汉的学术转向》），出版译著 10 余部（《理解媒介》《麦克卢汉精粹》《数字麦克卢汉》《麦克卢汉：媒介及信使》《思想无羁》《传播的偏向》《帝国与传播》《手机：挡不住的呼唤》《机器新娘》《麦克卢汉书简》《真实空间：飞天梦解析》等）。目前，我参与主持的 4 个传播学译丛和这个学派关系密切，它们是"新闻与传播学译丛·大师经典系列"、"麦克卢汉研究书系"、"莱文森研究书系"（中国人民大学出版社）、"媒介环境学译丛"（北京大学出版社）。

然而，如何命名这个学派，却是我近两年才认真考虑的问题。促使我注意给 Media Ecology 这个术语定名的，有这么几个因素：①思考多伦多学派和纽约学派的关系；②思考给"技术决定论"一个更加妥帖的命名；③根据旅美学者孙振滨先生的建议，开始研读 Media Ecology 学会的网站，阅读尚未读过的相关书籍；④从国内外学者蔡骐、陈力丹、陈卫星、崔保国、胡翼青、刘建明、潘忠党、陶鹤山、王怡红、杨茵娟等人的著作中得到启示；⑤李明伟和丁未两位博士的到来、几位著名学者的到访，对我的思考起到了很大的推动作用。

Media Ecology 这个术语的首创者是麦克卢汉，但正式使用者是尼尔·波斯曼。根据麦克卢汉建议，波斯曼在纽约大学创办了 Media Ecology

专业和博士点。起初，大陆学者把 Media Ecology 直译为"媒介生态学"，旅美学者林文刚也采用直译的办法。但这个"媒介生态学"和国内学者首创的"媒介生态学"并不是一回事。应该怎么翻译才妥当呢？

2005 年秋，李明伟博士从中国社会科学院到深圳大学任职。自此，我们开始切磋北美这个学派的译名问题。他的博士论文题名《媒介形态理论研究》，其中所谓的"形态理论"就是北美的 Media Ecology 学派，因为这个学派强调媒介的形式而不是内容。

同时，丁未博士从同济大学到深圳大学任职，她刚刚翻译出版了媒介环境学派代表人物詹姆斯·凯利的代表作《作为文化的传播》。于是，我们三人就开始考虑北美 Media Ecology 学派的译名问题。

去年底和今年初，台湾政治大学的陈世敏教授和美国新泽西州威廉·帕特森大学的林文刚教授分别访问深圳大学传媒与文化发展研究中心，使我们有机会进一步切磋这个北美传播学派的译名。经过几个月的跨洋飞鸿，我们决定采用究其实而不据其形的办法给这个学派定名，也就是说，根据该学派的根本性质和主要追求，Media Ecology 应该定名为"媒介环境学"，而不采用几年来一直在使用的"媒介生态学"。我们先后考虑过的其他译名，比如"媒介哲学"和"媒介形式学"，都一一放弃了。

林文刚博士任媒介环境学会副会长，为弘扬媒介环境学而撰写并编辑了该学派的一本小百科全书似的文集《媒介环境学：思想沿革与多维视野》。这本书甫一出版即获殊荣，半年之内就售出中文、韩文、西班牙文版权，并获 2006 年媒介环境学会"刘易斯·芒福德杰出学术成就奖"。他委托我担任中文版翻译。在该书的中文版序里，林文刚博士写了这样三段话：

"我们用媒介环境学来翻译英语的 Media Ecology，主要是因为波斯曼（1970 年）在首次公开就这门学科的定义和范式讲话时做了这样的表述：'媒介环境学把环境当作媒介来研究。'在这个意义上，媒介环境学至少有 3 个层次上的概念：符号环境、感知环境和社会环境。换句话说，媒介环境学研究作为符号环境的媒介、作为感知环境的媒介和作为社会环境的媒介（即传播媒介在社会里的角色）。这些概念显示，媒介环境学如何强调人在媒介研究中的作用，它又如何研究人与传播媒介的关系。"

"之所以选择媒介环境学来翻译英语的 Media Ecology，还有一个同样重要的原因。这个词本身体现并唤起环境保护主义（environmentalism）的观念和实践；反过来，它使人看清媒介环境学人文关怀和身体力行的一面，说明它是一种实践哲学、一种社会思想学说……'践行'媒介环境学和'研究'媒介环境学，具有同等重要的意义。媒介环境学的天然使命是促使这个世界成为更加适合人生存的地方和环境。"

"为了维持理念上的一致和清晰度，我建议把迄今为止我的一切中文著作里 Media Ecology 的译名从媒介生态学一词更名为媒介环境学。"

三、从边缘到中心

早在 20 世纪 50 年代初，麦克卢汉在致伊尼斯的信里就憧憬组织一个传播学派。但是，这个学派在他们两人去世几十年以后，才打进北美传播学的中心。

正如美国的大多数学科一样，北美传播学一开始就具有强烈的现实关怀，强调务实，打上了强烈的实证主义烙印，非常注重研究竞选、宣传效应、通信控制、管理操作、广告实务、公关方略、媒体经营、传媒的直接和短期影响，等等。思辨的、哲学的、形而上的、宏大叙事的、人文关怀和道德关怀的研究，不太容易打进核心的学术圈子。批判学派从欧洲向北美的流布也是非常缓慢的，德国法兰克福学派、英国新左派的文化研究和政治经济研究进入北美传播学的核心也经历了一个过程。

麦克卢汉批评美国文化和广告崇拜的《机器新娘》（1951）居然卖不出去，那是因为他太超前了，他比英国文化研究学派早了十几年！他在批评学派里超前的地位，至今没有受到应有的承认和重视，传播学主流学派的学术霸权实在是盘根错节。

伊尼斯以深刻的历史洞察力给加拿大人敲响警钟，呼吁政府和人民抵制和反抗美国的文化霸权，所以他没有得到主流学派足够的尊重。麦克卢汉编辑《预警线通讯》(*DEW-LINE*)，自诩为美国文化的远程预警系统。他认为，加拿大具有"边疆人"的优势，因为加拿大人可以拉开距离观照美国文化，而且拥有英国传统和北美传统的双重优势。他说，加拿大是"远程预警系统的国家，这是看不见的环境的组成部分。这是一个纯信息的边疆，是各种边疆中独特的边疆……这是 20 世纪出现的边疆，它改变了我们与自己的关系，也改变了我们与世界的关系"。

尼尔·波斯曼以犹太学者特有的精明洞悉电视等电子媒介对文化素养的侵蚀，旗帜鲜明地提倡传播学和教育学的现实关怀、人文关怀和道德关怀。他不囿于传播学琐细的数据研究、统计分析，不进行命题作文式的对策研究，不为资本和选举机器服务，反而主张学者发出逆潮流的呼号、提出认真反对的异见。

20 世纪 60 年代，麦克卢汉在北美的影响蒸蒸日上，但北美主流的学术圈子对他的挑剔多于肯定。学界对他的评价反映在两本批评论集里：《麦克卢汉：冷与热》和《麦克卢汉：毁誉参半》。如果说这两本书对麦克卢汉的批评还比较公允，那么 1983 北美传播学主流刊物《传播学杂志》的特刊《传播研究领域的发酵》，仍然把以麦克卢汉为代表的媒介环境学派拒之门外，甚至到 10 年之后的 1993 年，《传播学杂志》的两期特刊《学科展望之一》和《学科展望之二》，仍然顽固地漠视媒介环境学的存在。

然而，就在这个 90 年代，北美媒介环境学的滚滚洪流再也阻挡不住了。此后的 10 多年里，麦克卢汉的大型专题研讨会先后在纽约、多伦多、悉尼等地召开，《澳大利亚国际媒介》2000 年春季号出了一个《重温麦克卢汉》的专栏，刊发了 8 篇分量厚重的文章。媒介环境学的研究队伍迅速壮大，研究对象从伊尼斯、麦克卢汉扩大到尼尔·波斯曼、詹姆斯·凯利、沃尔特·翁、埃里克·哈弗洛克、刘易斯·芒福德、伊丽莎白·爱森斯坦、本杰明·李·沃尔夫、雅克·艾吕尔、苏珊·朗格、帕特里克·格迪斯、阿尔弗雷德·科日布斯基（Alfred Korzybski）、诺伯特·维纳（Norbert Weiner）等。

到了世纪之交，媒介环境学会（MEA）终于打进北美传播学的主流圈子。学会发展的三座里程碑是：1999 年成为美国传播学会（NCA）的分会，2002 年成为美国东部传播学会的分会，2003 年成为国际传播学会的团体会员。目前，它编辑出版的刊物有《媒介环境学探索》(*Explorations in Media Ecology*) 和《媒介环境学通讯》(*Media Res*)，均由汉普敦出版社出版发行。

2006 年，林文刚博士撰写和编辑的《媒介环境学：思想沿革与多维视野》是该学派的另一座里程碑。这本书是媒介环境学的小小百科全书，由 13 位学者分头执笔撰写。甫一出版，它立即引起世界各地学者的注意，中文版、韩文版、西班牙文版即将问世。在 2006 年的媒介环境学会年会上，它又在候选的 35 部著作中脱颖而出，获得"刘易斯·芒福德杰出学术成就奖"。在研读并翻译这本书的过程中，我有幸进一步研究了这个学派。现在看来，媒介环境学派已经进入自觉反思、系统总结、清理遗产、推陈出新、问鼎主流的新阶段。

在未来的几年里，笔者准备写几篇文章推荐并重估这个学派，同时从该学派的 30 余部代表作里挑选急需引进的几部著作，用译丛的形式交由北京大学出版社出版，以呼应国内传播学界对学科发展的反思和批评。

媒介环境学辨析 [①]

一、媒介环境学的成长

本文准备从几个有限的角度和层次去回答媒介环境学的性质、对象和宗旨，并研究几个最重要的概念和命题。

1988 年 8 月 4 日，纽约一批传播学者在纽约市的福德姆大学相聚，宣告组建一个独立的传播学学会——媒介环境学会（Media Ecology Association）。这一年离他们开始酝酿学会的 1992 年，已经过去 6 年，离麦克卢汉去世已经过去 18 年。学会领导由 5 人执委会组成，兰斯·斯特雷特（Lance Strate）担任会长，林文刚（Casey Man Kong Lum）担任副会长，保罗·莱文森被推举为顾问。

这 5 个人同出一源。他们都是纽约大学媒介环境学博士点的毕业生，全都受业于尼尔·波斯曼门下。这个博士点 1970 年由波斯曼创建，一共培养了 100 多位博士。他们和麦克卢汉一脉相承，所以波斯曼坦承，他们是麦克卢汉的孩子："到 1996 年，我们有 100 多位学生拿到了博士学位，400

---

① 原刊登于《国际新闻界》，2007 年第 1 期。有删节。

多人拿到了硕士学位。我担保，他们都知道，自己是麦克卢汉的孩子。当然我也认为自己是他的后代，不是很听话的一个孩子，可是这个孩子明白自己从何而来，也明白他的父亲要他做什么。"

　　然而，麦克卢汉并不是媒介环境学的老祖宗，这个学派的思想应该追溯到 20 世纪初的相对论原理，应该追溯到 19 世纪的德国动物学家恩斯特·海克尔，可以追溯到帕特里克·格迪斯，还可以追溯到 20 世纪 30 年代成名的刘易斯·芒福德、本杰明·李·沃尔夫和苏珊·朗格。

　　如果兼顾生物学意义上的世代和学术思想传承的世代，我们可以说，媒介环境学每 20 年为一代，已经走完了三代人的生命历程。20 世纪 50 年代以前成名的格迪斯、芒福德、沃尔夫、朗格等人是先驱，50 年代成名的埃里克·哈弗洛克、哈罗德·伊尼斯和马歇尔·麦克卢汉是第一代，尼尔·波斯曼、沃尔特·翁、詹姆斯·凯利等人是第二代，保罗·莱文森、约书亚·梅罗维茨、兰斯·斯特雷特、林文刚、埃里克·麦克卢汉、德里克·德克霍夫是非常活跃的第三代。

　　20 世纪 70 年代，传播学的多伦多学派和纽约学派都走向成熟。它们都具备了学派成熟的三大标志——思想领导、组织领导和制度构建，也产生了一批世界级水平的研究成果。早在 50 年代，以麦克卢汉为首的多学科研究项目获得了充足的经费，吸引了一批学科背景殊异的同人，形成了麦克卢汉思想圈子，成为北美最早的多学科研究中心；《探索：文化与传播研究》杂志（1953—1959）成为多学科交流的思想平台和麦克卢汉思想的催化剂；1963 成立的"麦克卢汉研究所"成为新思想的发动机，吸引了一批有才华的客座研究员，他们把麦克卢汉的思想传遍北美，北美的宣传机器又把麦克卢汉的思想传遍世界。哈弗洛克和麦克卢汉本人把媒介环境学的思想传到纽约，两人又成为多伦多和纽约的桥梁。20 世纪后期以来，以纽约大学和福德汉姆大学为中心的纽约学派展示了强大的生命力，仅仅纽约大学的媒介环境学学位点就"生产"了数以百计的硕士和博士。21 世纪，媒介环境学会以纽约为核心，正在把纽约和多伦多纽结起来，形成问鼎北美主流传播学的强大力量。

长期处在传播学边缘的媒介环境学派已经和经验学派、批判学派三足鼎立。

二、什么是媒介环境学？

媒介环境学的定名经历了一个漫长的过程。20 世纪 60 年代，麦克卢汉建议尼尔·波斯曼在纽约大学创建 Media Ecology 专业。在此之前，媒介环境学派的先驱者和第一代人物没有一个自称为媒介环境学者，波斯曼不但创办了这个专业，而且是给这个学派命名的第一人。自此，他本人和其他学者从不同的角度试图给这个学派下定义。

媒介环境学学会章程的第一条对媒介环境学做了非常简明的界定："媒介环境学研究符号、媒介和文化彼此之间那一套复杂的关系。"

波斯曼在不同的语境下做了大同小异的界定。

1971 年，波斯曼与人合著的《软性的革命》里有这样一段话："媒介环境学研究人的交往、人交往的讯息及讯息系统。具体地说，媒介环境学研究传播媒介如何影响人的感知、感情、认识和价值，研究我们和媒介的互动如何促进或阻碍我们生存的机会。其中包含的'生态'一词指的是环境研究——研究环境的结构、内容以及环境对人的影响。毕竟，环境是一个复杂的讯息系统，环境调节我们的感觉和行为。环境给我们耳闻目睹的东西提供结构，所以，环境就构成我们耳闻目睹的事物的结构。"

1976 年，《纽约大学年鉴》记录了波斯曼给媒介环境学下的定义："媒介环境学研究人的交往、人交往的讯息及讯息系统。具体地说，媒介环境学研究传播媒介如何影响人的感知、感情、认识和价值。它试图证明我们对媒介的预设，试图发现各种媒介迫使我们扮演的角色，并解释媒介如何给我们所见所为的东西提供结构。"

1979 年，他的巅峰之作《作为保存活动的教学》对媒介环境学做了非常简明的界定："媒介环境学研究信息环境。它致力于理解传播技术如何控制信息的形式、数量、速度、分布和流动方向，致力于弄清这样的信息形貌或偏向又如何影响人们的感知、价值观和态度。"

2006 年，林文刚在《媒介环境学：思想沿革与多维视野》里说："媒介环境学不可能（大概也不应该）等同于波斯曼研究或麦克卢汉研究，也不能和芒福德研究、艾吕尔研究、沃尔特·翁研究或朗格研究画上等号。从整体上来看，媒介环境学的思想超过了它思想成分的总和。"

所以我们说，媒介环境学既是麦克卢汉研究、伊尼斯研究、波斯曼研究、沃尔特·翁研究，又不完全是对他们的研究。

三、媒介环境学的理论框架

在《媒介环境学：思想沿革与多维视野》中文版序里，林文刚博士提炼了该学科的四个核心课题：①重要思想，包括界定性理念、理论或主题，以及文化、技术与传播的关系；②这些思想背后的主要学者，比如刘易斯·芒福德、哈罗德·伊尼斯、马歇尔·麦克卢汉；③这些思想产生的社会、政治和思想语境；④当代学者如何运用这些理论。

在这篇序文里，他把媒介环境学的研究对象划分为符号环境、感知环境和社会环境三个层次，而且对这三个层次做了简明的解释："换句话说，媒介环境学研究作为符号环境的媒介、作为感知环境的媒介和作为社会环境的媒介（即传播媒介在社会里的角色）。"

媒介环境学认为，"媒介即是环境"，"环境即是媒介"，它有三个互相联系的理论命题。在《媒介环境学：思想沿革与多维视野》的长篇绪论里，林文刚对这三个理论命题做了简要的阐述：

1. 传播媒介不是中性的。媒介的物质属性结构和符号形式具有规定性的作用，对信息的编码、传输、解码、储存产生影响，对支撑这些传播过程的物质设备也产生影响。

2. 传播媒介的偏向性。他借用媒介环境学会创始人之一的克里斯琴·尼斯特洛姆提出的 7 种偏向——思想和情感偏向，时间、空间和感知偏向，政治偏向，社会偏向，形而上偏向，内容偏向，认识论偏向，和波斯曼在另一场合提出 5 种偏向异曲同工：思想和情绪偏向，政治偏向，感知偏向，社会偏向和内容偏向。这些后继者的偏向论显然发展了伊尼斯的时空偏向论。

3. 传播技术对文化的影响，即技术和文化的问题。这是媒介环境学范式内容的关键理论问题，也是争论最激烈、最容易引起误解的问题。

在 1979 年出版的《教育的终结》里，波斯曼提出媒介环境学的理论框架，共 10 个命题：

1. 一切技术变革都是双刃剑，利弊同在，都是浮士德式的交易。

2. 新技术的利弊使有些人获利，有些人受害。

3. 每一种技术都有一种哲学理念，都对人产生深刻的影响。

4. 一种新技术往往挑战一种旧技术，在时间、注意力、金钱、威望和"世界观"上向旧技术发起攻击。

5. 技术变革不是叠加性的，而是生态性的。一种新技术并非仅仅是追加什么东西，而是改变一切。

6. 因为信息的编码是符号的形式，所以不同的技术就有不同的思想和情绪偏向。

7. 因为技术信息容易获取的程度和速度不一样，所以不同的技术就有不同的政治偏向。

8. 因为有不同的物质形式，所以不同的技术就有不同的感知偏向。

9. 因为我们注意技术的情况不一样，所以不同的技术就有不同的社会偏向。

10. 因为技术的内部结构和经济结构不一样，所以不同的技术就有不同的内容偏向。

四、媒介即是文化

媒介环境学主张泛媒介论、泛技术论、泛环境论、泛文化论。媒介环境学所谓环境分为三个层次：符号环境、感知环境和社会环境，所谓社会环境就是多重中介的环境。

"媒介即文化"，这是麦克卢汉想说而没有点破的命题。2000 年，我撰文详细论述麦克卢汉的泛媒介论和泛文化论。现抄录两段予以说明。

"麦克卢汉所谓的媒介却是广义的媒介，泛指一切人工制造物和一切技术。这使他有别于常人，也有别于其他的学者。仅举一例，就可以说明他的媒介是多么的宽泛无边、稀奇古怪。他在《理解媒介》中列举细说了 26 种媒介，每一种媒介自成一章，且都用了一个奇妙的比喻。"

"'媒介是人的延伸。'按照他这个定义，弓箭是手臂的延伸，轮子是腿脚的延伸，衣服是皮肤的延伸，口语是思想的延伸，文字是口语的延伸，拼音文字是视觉的延伸，印刷术是文字的延伸，近代机械文明、民主政治和个人主义等是印刷术的延伸，电子媒介是大脑的延伸，网络是大脑的延伸，如此等等。这就是麦克卢汉的媒介史观，也就是他的文明史观。在他看来，文明史就是传播史，就是媒介演进史。"

五、技术即是媒介

麦克卢汉、波斯曼和莱文森都持泛技术论、泛媒介论。

1962 年，麦克卢汉在《谷登堡星汉》里，率先提出媒介历史分期，提出口语、拼音文字、机器印刷和电子技术等四大媒介革命。这个思想不但被所有的媒介环境学者接受，而且成为绝大多数人文学科和社会学科学者的共识。在他的心里，一切人造物，包括有形的人造物和无形的人造物，比如口语，都是技术，一切技术都是媒介，一切技术都是环境，一切技术都是文化。

波斯曼始终是麦克卢汉迷，就此而言，他发现麦克卢汉把媒介和技术画等号的观念有一定的好处。媒介和技术都是人的延伸，我们把它们放在我们自己和环境之间，以便使自己能够拓展潜力——即使说不上是操纵、影响和超越极限的能力。

麦克卢汉把媒介与技术混为一体之后，我们对技术也可以持类似的观点了：技术成为文化——技术就是文化。

麦克卢汉唤醒人们的媒介意识，他要使人认识到，一切技术都是媒介，一切媒介都是我们自己的外化和延伸。一旦获得这样的意识，我们就可以在一定程度上控制媒介，正如我们能够从修辞的角度控制我们说话一样。

波斯曼和他的同事们在纽约大学筹建媒介环境学博士点的时候给"环境"下了这样的定义："媒介是文化发展的环境。"这个定义的比方指向两个观点。第一个观点是，媒介即环境。其余的一切技术包括人们一般不会认为是媒介的技术也是环境，比如前文提到过的典型的技术——枪炮和核武器也是环境。媒介未必改变我们文化中的一切，但它们必定改变有关我们文化的一切。第二个观点是，在这个方面，媒介不仅影响文化，而且变成文化，媒介就是文化。所以我们不能不做出这样一个定义：我们的文化由传播活动组成，其构造成分只能是传播活动，包括一切传播活动，除此之外，别无其他。波斯曼关于媒介环境学的最重要的观点是，我们必须要理解这个偏向、这个环境、这个文化，并找到抗衡和平衡的办法。

麦克卢汉关于技术、环境、媒介关系的论述数以百计。限于篇幅，笔者仅仅从《麦克卢汉精粹》里撷取几条语录献给读者，其余请读者自己查证。

"口语是最早的技术，凭借这一技术，人类用一种新的方法去摆脱环境以便于去掌握它。"

"每一种技术都创造一种环境，这种环境往往被当成是腐败的、堕落的。然而这种新技术往往把此前的技术变成为一种艺术的形式。"

"电脑之类的技术没有它固有的无能为力的事情。这种技术使我们的意识延伸，成为一种普世一体的环境。人们有一种感觉，我们受到电力技术信息的包围，这种环境就是我们意识的延伸。"

"环境不仅是容器，它们还是使内容全然改变的过程。"

"环境的首要特征是隐而不显、难以察觉的。这似乎是种系发育过程的必然结果。每一个新的发展阶段都成为此前一切阶段的环境。然而，我们只觉察到过去的阶段，也可以说是只觉察到环境的内容。"

"环境有一种奇怪的力量，它能够避开我们的知觉。"

"环境具有使人难以感知的奇怪力量。过去的环境受到新环境的包围时，几乎就获得了一种使人怀旧的魅力。"

"新环境形成的时候，我们看到旧环境时，仿佛生活在似曾相识的幻觉之中。"

莱文森"人性化趋势"的论述中，把技术的起源推回到口语和原始工具出现之前，认为口语出现之前的技术是"前技术"，"前技术"也是环境，也是文化。他说：

"我的媒介演化理论可以叫作一种'人性化趋势'（anthropotropic）的理论。根据这个理论，演化过程中的媒介选择，越来越支持"前技术"的人类传播模式，形式上和功能上都是如此。因此，我这个理论，与麦克卢汉媒介观中充满活力和人性的成分，是非常契合的。"[1]

六、媒介（技术）决定论?

麦克卢汉的思想是不是技术（媒介）决定论？媒介环境学派的杰出学者是否都是技术（媒介）决定论者？围绕这个问题，美国华裔学者林文刚提出了三种偏重不同的理论概括。这 3 种理论概括是，硬决定论（伊尼斯，麦克卢汉）、软决定论（莱文森、梅罗维茨）、技术和文化共生论（林文刚）。林文刚认为这三种偏重不同的理论概括构成一个连续体：处于两极的是硬决定论和软决定论，处于中间的是共生论。他说："处在这个连续体中部的是我所谓的'文化／技术共生论'。这个视角认为，人类文化是人与技术或媒介不间断的、互相依存的因而互相影响的互动关系。"

詹姆斯·凯利认为，伊尼斯持典型的技术决定论，麦克卢汉有此嫌疑。凯利本人则是技术实用主义者。布卢斯·格龙贝克（Bruce E. Gronbeck）认为，"技术实用主义者感兴趣的是技术如何与某时某地社会里的其他力量相互作用。詹姆斯·凯利就是这样的实用主义知识分子……凯利倾向于把媒介当作场所，我们在这样的场所里看人们在特定环境中追求的希望和梦想。对凯利而言，我们不能够假定传播、文化和意识之间的因果关系，而是必须通过所有这些层面同时研究人间发生的事情。正如人们倾向于预期的那样，几乎所有的传播媒介史学家都倾向于技术实用主义的解释。"

莱文森对麦克卢汉的"技术决定论"持暧昧的态度。1978 年，他请麦克卢汉审读他的博士论文初稿，论文批评麦克卢汉的技术决定论。审读论文之后，麦克卢汉在 8 月份给莱文森的电话留言里说："我喜欢你的论

---

[1] ［美］保罗·莱文森：《数字麦克卢汉：信息化新千纪指南（第 2 版）》，何道宽译，北京师范大学出版社，2004 年，第 108 页。

文，但是你的表达有误。你把伊尼斯和我说成是'媒介决定论者'，是不妥当的……"

但是，莱文森很快就以同情的态度检查自己的判断。看来，他对技术决定论的认识也有一个发展过程。同理，我本人和国内外的不少学者对麦克卢汉的"技术决定论"也有一个认识过程。

莱文森1979年定稿的博士论文提出媒介演化的两种理论："人性化趋势"理论和"补救性媒介"理论，他旗帜鲜明地张扬人的主观能动性，表现出强烈的乐观主义。他用这两个理论同时开辟两个战场，一是反对硬技术决定论，一是反对悲观主义。

然而20年后，到1999年写《数字麦克卢汉》时，他写下了这样一段话："1978年，事实本身似乎证明，麦克卢汉持媒介决定论。如今，用事后诸葛亮的眼光来看问题——在后视镜里回顾他，回顾我最初对他的研究——我可以清楚地看见，用'媒介决定论'来描写他未必是妥当的，虽然我依然认为，那些观点把人放在面对技术时较低的位置。至今，有一个问题我依然与他意见相左：他强调技术，贬低人对技术的控制力。这是他那些观点必然的内涵。不过，我可以理解，为什么他要反对'媒介决定论'的帽子。他的抵制和他置身事外，不愿意预告未来有关系。"

紧接着，莱文森又说："在这个领域，我和麦克卢汉已经有两点不同。然而殊途同归，我们的结论都是一个开放的、不可预测的、不可规定的未来。"1977年，他有幸为麦克卢汉的天鹅绝唱《媒介定律》撰写评介序文。序文高度评价麦克卢汉企图建立媒介定律的"新科学"。1999年，在《数字麦克卢汉》里，莱文森指出《媒介定律》的辩证法思想，强调麦克卢汉"四元律"的非决定论、非线性因果关系的思想："我们用它（麦克卢汉的"媒介定律"）来给媒介做保健工作，看媒介的健康状况、心跳和预后……这些定律还是开放的、多向度的。每一种媒介都有四种功能：提升、过时、再现和逆转，都可能转换成许多东西或效果。"

2001 年 2 月 7 日，我在《数字麦克卢汉》的译者序里也呼应了莱文森的反思："许多人为此而给他扣上一顶帽子：媒介决定论。其实，为了矫枉得正，麦克卢汉不得不向人们大喝一声：不能只见媒介的内容，而不见其形式，即媒介本身。他有一个经典的比方：媒介的形式是窃贼，内容是肉，我们是看门狗，我们看媒介时，往往是只见肉不见贼。"

2001 年 7 月 3 日，我在给《传播的偏向》作译者序时开始意识到，应当重新思考"媒介决定论"："伊尼斯认为，媒介的偏向和强大影响，不等于媒介具有决定性；媒介的作用仅限于'加速''促进'或'推动'复杂的社会进程。他认为影响社会进程的还有其他许多因素。由此观之，后人给他和麦克卢汉强加的帽子"媒介决定论"，未必是妥当的。"

2002 年 1 月 15 日，我在《麦克卢汉：媒介及信使》的译者序里说："麦克卢汉是一种社会现象，而不仅仅是一位作者或文人。他不号称理论家，却成为影响深远的思想巨人。他张扬大众文化的角色，他对传播学的开拓，给我们的日常世界提供了启示，给数字时代的生活提供了指南；他的启示超过了理论家、分析学家和诠释家的水平。世界范围的麦克卢汉学，已经并继续吸引无数的后继者去诠释、去创新。"

媒介环境学的思想谱系 ①

一、多伦多的双星

媒介环境学多伦多学派第一代最著名的代表人物一共四人，他们是刘易斯·芒福德、埃里克·哈弗洛克、哈罗德·伊尼斯和马歇尔·麦克卢汉，伊尼斯和麦克卢汉是其中双璧。两人为多伦多大学同事，20世纪50年代初完成媒介环境学经典，同属第一代，但伊尼斯不幸英年早逝（1952），麦克卢汉则继续活跃在学坛，直至1979年中风而失去语言能力。所以虽然两人同属第一代，却有学术上的承继关系。

伊尼斯留下传世经典《帝国与传播》（1950）、《传播的偏向》（1951），其中最重要的遗产是媒介偏向论、传播偏向论、时间偏向、空间偏向、帝国组织、口头传统、知识垄断等理论和概念。在古希腊口头文化的研究方面，他既向几位古典学的同事学习，又反过来对埃里克·哈弗洛克产生重大影响，激励他完成传世之作《柏拉图导论》。

---

① 原发布于南京大学新闻传播学前沿课题研讨会，2007年5月，有删节。

28

伊尼斯的研究成果可以叫作传播理论、媒介理论或媒介环境学的早期版本。

伊尼斯对麦克卢汉的影响已经广为人知。麦克卢汉的"媒介讯息论"就是伊尼斯"传播偏向论"的继承和发展。麦克卢汉说乐意把自己的经典《谷登堡星汉》（1962）当作伊尼斯的注脚，赞许伊尼斯是研究传播媒介的千古一人。他对伊尼斯的推崇传为佳话，以至有人说，如果没有麦克卢汉的大力宣扬，伊尼斯或许会默默无闻。

麦克卢汉坦言："伊尼斯研究技术的影响，2400年来，仅此一人，这确实令人吃惊，因为有机会从事这种研究的了不起的思想家真是太多了。研究文字对人的影响，或任何东西对人的影响的，唯有他一人。这是伊尼斯独步天下的原因。亚里士多德和柏拉图从来没有研究过任何东西对任何人的影响。"

麦克卢汉的传记作者菲利普·马尔尚也认为，"伊尼斯是口头文学的百科全书，是修辞学家梦寐以求的楷模。他正在紧锣密鼓地写1000页左右的著作，论加拿大的传播史，表达他对纸浆和纸张、报纸和舆论的影响深远的思考。实际上，他做了许多麦克卢汉想做的研究工作。"

马尔尚又写道："伊尼斯给麦克卢汉留下了许多空间去填补，同时又给他留下了极其珍贵的提示，说明如何去构建一种新的文化理论……麦克卢汉在致友人的信中说，伊尼斯给他'特别的激励'，推动他进入媒介研究的领域。"

二、伊尼斯和麦克卢汉孰高孰低?

对伊尼斯和麦克卢汉学术地位孰高孰低的评价，后继的学者尤其是媒介环境学派的学者持论略有不同，有人认为麦克卢汉在上，也有人认为伊尼斯在上。前者有保罗·莱文森和菲利普·马尔尚，后者有尼尔·波斯曼和詹姆斯·凯利。

马尔尚的评价有："麦克卢汉以痛惜的口气质问：'伊尼斯那么多学生，有几个听他的话？有几个认真读他的书？'至少在这一点上，麦克卢汉可以居功自傲。他把自己的《谷登堡星汉》称为伊尼斯的注脚，这似乎有点过分慷慨。不过，将来人们读伊尼斯时，伊尼斯就要成为麦克卢汉的注脚了，不会倒过来的。"

他又说："麦克卢汉很快就超越伊尼斯，向前跨进一步。他认为，虽然每一种媒介对人的一切感官都产生影响，但是它们特别突出的影响，要么是视觉，要么是声觉。"

莱文森以几部名著阐述并发展了麦克卢汉的思想，成为当之无愧的"数字时代的麦克卢汉"，但他对伊尼斯却吝啬笔墨，所以我们说，他认为麦克卢汉在伊尼斯之上。

除了莱文森之外，研究伊尼斯卓有成效的学者有波斯曼、凯利、丹尼尔·齐特洛姆（Daniel Czitrom）、乔舒亚·梅罗维茨等，其中最雄辩、最多产地阐述伊尼斯的是波斯曼，最坚持不懈地研究伊尼斯的是凯利。凯利和波斯曼两人倾向于认为，伊尼斯在麦克卢汉之上。凯利的评价比较极端，波斯曼的评价比较平和公允。

凯利说："在这块大陆上，对传播学做出最伟大贡献的是伊尼斯的著作，而不是麦克卢汉的著作。"

波斯曼断言，伊尼斯是"现代传播学之父"，但他同时又坦陈自己和众弟子是"麦克卢汉的孩子"。

波斯曼指出，伊尼斯和麦克卢汉在人性关怀上略有差别："麦克卢汉常常否认媒介人性化的观念，伊尼斯则从来不否认这个观念。麦克卢汉认为，如果人们使用媒介有助于感官的平衡，那就是比较好的媒介。伊尼斯则认为，如果媒介促进时空观念的平衡，那就是比较好的媒介。"

伊尼斯和麦克卢汉两人都具有强烈的爱国主义情操，表现却不一样。伊尼斯表现出对英国帝国主义的失望，对稍后美国的冷战态度和技术主义也感到失望。他反感美国文化的霸道，警惕加拿大沦为美国的"殖民地"，为批评美国文化中的军事主义而撰写《美国宪法的军事命题》。在加拿大对抗美国文化的国策研究中，他发挥过相当重要的作用。

麦克卢汉也非常热爱自己的祖国，但他的表现形式却稍有不同。20 世纪 60 年代，几所美国大学不惜重金，想要把麦克卢汉从多伦多大学挖走，均遭失败。为了请他到美国工作，热心人不得不退而求其次。在福德姆大学的传播学教授约翰·卡尔金的积极推动下，纽约州议会特设的"施韦策讲座教授"特聘他到福德姆大学任教一年；这次"猎头术"的成功，得力于卡尔金的"夫人路线"，而不是对麦克卢汉本人说服的结果。麦克卢汉感到最骄傲的是，加拿大比美国略胜一筹，因为加拿大是美国的"反环境"，加拿大人旁观者清，能够给美国人提供"早期预警"。他最得意的荣耀是加拿大功勋章（Order of Canada），去世前夕患失语症之后，时常佩戴，以此示人，因为这种勋章只颁发给在重要领域里做出杰出贡献的加拿大人。

三、波斯曼：纽约学派第二代的精神领袖

媒介环境学第二代的代表人物有尼尔·波斯曼、沃尔特·翁、詹姆斯·凯利。

沃尔特·翁（Walter Ong, 1912—2003）是麦克卢汉的弟子，20 世纪 50 年代成名，在古典学、口头文化研究上自成一家，相信他的名著《口头文化与书面文化》（1982）中译本不久会与读者见面。

詹姆斯·凯利（James Carey, 1934—2006）是美国新闻学家和传播学家，最大贡献是引入传播的仪式功能，他把传播作为文化来研究。他推动新闻学的教育和研究，对媒介环境研究也做出了贡献，主要表现是：①推崇、阐释并光大伊尼斯的思想；②生平的最后 10 年转向媒介环境学研究。但总体上说，他和媒介环境学的关系若即若离，对麦克卢汉的成就估

计不足。他的文集《作为文化的传播》业已引进国内。

波斯曼率先在纽约大学创建"媒介环境学"博士点，在思想史、组织上和体制上为媒介环境学的迅猛发展提供了坚实的保障。到 1996 年，他领导的这个专业已经培养出 100 多位博士、400 多位硕士，包括林文刚和孙振滨两位华人博士。他的弟子正在把媒介环境学普及到全球。由他的同事和弟子创建的媒介环境学会几年之内迅速壮大，使媒介环境学派成为北美传播学鼎立三足之一。

由此可见，波斯曼对媒介环境学的发展做出的贡献无与伦比。他对该学派前辈学者思想的发扬光大不仅表现在他的大量著作中，而且体现在他培养的数以百计的硕士和博士身上，他的许多弟子成为卓有建树的人物，至今活跃在新闻、传播、教育的学术和实务战线上。

他起初是美国英语教育家、教育学家，20 世纪 70 年代开始在英语教育和传播研究两个领域齐头并进，成为著名的社会批评家。然而，他又绝不仅仅是个别领域的专家，他是一个超越学科边疆、没有学科界线的人。

他是一个印刷文化人，坚守印刷文化，警惕电子文化对文化素养的侵蚀。令人称奇的是，他终身只用钢笔写字，从来不用打字机和电脑；他从来不作即兴讲演，也不用提纲，一切讲稿、论文和书稿都用手写的方式完成全文。与此同时，他又是讲故事的一流高手，课堂教学令人倾倒，所以我们说，他又是口头文化人。

他高扬人文主义的旗帜，旗帜鲜明地主张现实关怀、人文关怀和道德关怀，与麦克卢汉自称的道德中立分道扬镳，而且揭示麦克卢汉言语背后深刻的道德关怀和宗教情怀。

他对麦克卢汉一往情深，对麦克卢汉的评价却比较谨慎适度。他不是麦克卢汉的学生，却自认为是其私淑弟子。早在 20 世纪 50 年代初，他就结识麦克卢汉。那时他在哥伦比亚大学读本科，就教于著名教育家和媒介环境学家路易斯·福斯戴尔。应福斯戴尔的邀请，麦克卢汉前来做报告，令波斯曼为之倾倒。

波斯曼欣然为《麦克卢汉传：媒介及信使》作序。这篇序文是笔者至今看到的对麦克卢汉最简洁明快、客观公允、恰如其分、入骨三分的评论。在此，他自称是"麦克卢汉的孩子"，却又"不是很听话的孩子"。在这篇短文里，他解读麦克卢汉关于媒介演化的宏大主题和精彩故事，挖掘麦克卢汉何以胜人一等的原因，揭示麦克卢汉隐而不显的宗教关怀，解释他的名气为何远在同类学者之上。

在43年的教学生涯里，他辛勤培育桃李，浇灌媒介环境学这棵幼苗，使之成为参天大树。他传世的著作25种，其中独著13种，合著10种，合编2种，主要分布在英语教育和媒介环境学两个领域，全都浸透着深刻的社会文化批评。

他奖掖后生的精神令人感动。尽管他的弟子保罗·莱文森常常与他的意见相左，他却扶持莱文森很快成名。1977年，他刚刚接手担任国际普通语义学会会刊《如此等等》的主编，就发表了莱文森的两篇文章。一篇是莱文森的成名作《玩具、镜子和艺术》，另一篇是为麦克卢汉的论文《媒介定律》所作的小序。

中国读者对波斯曼的了解始于他的《娱乐至死》（1985）和《童年的消逝》（1982），2004年广西师范大学出版社推出这两个的中文版，大获成功。他的其他重要著作比如《技术垄断》（1992）、《作为保存活动的教学》（1979）和《修建通向18世纪的桥梁》（1999），相信不久也会在国内翻译出版。

1985年，波斯曼在《娱乐至死》里提出"媒介即隐喻"的命题，这个命题和麦克卢汉"媒介即讯息"一脉相承。但该书对电视戕害读写文化能力的控诉，使他既有别于麦克卢汉，又有别于他的弟子莱文森。

1982年，他以《童年的消逝》捍卫印刷文化。在这一点上，他和大多数的媒介环境学者的观点接近。

波斯曼有一篇讲话重要而精彩。这是他 1998 年在媒介环境学会成立大会上的主题讲演，题名《媒介环境学的人文关怀》。这既是媒介环境学的宣言书，又是他个人的自白书。他借此机会简明扼要地阐述了媒介环境学的由来和宗旨，旗帜鲜明地张扬媒介环境学的现实关怀、人文关怀和道德关怀，严厉批评缺乏道德关怀的倾向。文章收入林文刚博士撰写并编辑的《媒介环境学：思想沿革与多维视野》里，该书的中文版即将由北京大学出版社推出。

在这里，波斯曼提出四条人文主义原则，用以指导媒介研究：①媒介在多大程度上对理性思维的发展做出了贡献？②媒介在多大程度上对民主进程的发展做出了贡献？③新媒介在多大程度上使人能够获取更多有意义的信息？④新媒介在多大程度上提高或有损我们的道德感、我们向善的能力？

总而言之，波斯曼是印刷文化人的典范，对电子技术的负面影响忧心忡忡。他主张媒介环境的完美平衡：语言环境、感知环境、媒介环境、多重媒介环境和社会环境的平衡。在道德关怀上，他的立场和言论都比麦克卢汉更加旗帜鲜明。

和一切著名学者的遭遇一样，波斯曼受到的评价也褒贬不一，包括来自自己弟子的批评。这个问题留待下一节介绍。

四、波斯曼和莱文森对麦克卢汉的继承和超越

麦克卢汉和他的两位私淑弟子波斯曼和莱文森的师承关系非常有趣，三位学者一条线，有传承，也有偏离，亦有"反叛"，更有超越。波斯曼偏离麦克卢汉，莱文森"反叛"波斯曼和麦克卢汉。师徒三人差别很大，却形成一条线，聚焦一个共同点：他们都十分关注媒介对人类的影响，认为媒介的影响超乎常人的意识和想象。

　　这一节首先接着上文说波斯曼对麦克卢汉的继承和超越，然后论第三代学人里的佼佼者。

　　波斯曼在《娱乐至死》里提出"媒介即隐喻"。他认为，媒介用隐蔽而强大的暗示来"定义现实世界"，媒介的形式极为重要，因为特定的形式会偏好某种特殊的内容，并最终塑造整个文化的特征。

　　波斯曼谦和虚心，不张狂，不文过饰非，对人的评价往往比较中肯。他不同意麦克卢汉在媒介批评上所持的中性立场，所以戏称自己"不是很听话的孩子"。

　　他赞赏麦克卢汉胜人一筹："我认为麦克卢汉并不是原创性的人，可是他略胜一筹。原因之一是，他站在哈罗德·伊尼斯、刘易斯·芒福德这些学者的肩头上，也可以说是站在雅克·艾吕尔的肩头上……"

　　他解释麦克卢汉胜人一筹的原因："我们许多人学着去理解媒介，为什么要转向麦克卢汉而不是转向其他人呢？也许有很多原因吧。但是这里有一个我认为最能够说明问题的原因：伊尼斯、芒福德和艾吕尔全都是他们这个世纪的敌人。麦克卢汉却是其朋友……麦克卢汉不蔑视流行艺术……麦克卢汉不是本世纪的朋友，而是下一个世纪的朋友。他是一个主张改良的人、面向未来的人、预言希望的人。"

　　媒介环境学第三代学者数以百计，活跃在世界各地，其中的佼佼者有多伦多学派的埃里克·麦克卢汉和德里克·德克霍夫，纽约学派的莱文森、梅罗维茨、兰斯·斯特拉特、林文刚等。限于篇幅这里只介绍梅罗维茨和莱文森。

　　梅罗维茨和莱文森师出同门，且是同窗，梅罗维茨略长，是为师兄，两人均受业于波斯曼门下。梅罗维茨的代表作《消失的地域》是媒介环境学发展的一个路标，译介到国内后也产生了相当大的影响。莱文森对师兄的大作做了恰如其分的评价："梅罗维茨把麦克卢汉与社会学的观点糅合起来，尤其把戈夫曼（Ervin Goffman）的公共面具和私人面具联系起来。但他的《消失的地域》写得太早，不可能完全抓住数字时代飘然降临的势头。他评价的主要是电视，而不是电脑。然而他比较全面地论述了各种大众电子媒介正在淡化的区别和边界。"

莱文森继承、发展并超越了他的偶像麦克卢汉和恩师波斯曼。笔者将在下文专辟一节论述他的杰出成就。

莱文森的代表作有《学习赛博空间》《软利器》（清华版《软边缘》书名不妥）、《数字麦克卢汉》《思想无羁》《手机》和《真实空间》6部，除《学习赛博空间》外，均已在国内出版。他是当之无愧的"数字时代的麦克卢汉"，后"麦克卢汉主义"第一人。

《软利器》献给知识进化论的著名学者坎贝尔（Donald Campbell, 1916—1996），是迄今为止最全面的媒介演化史和媒介演化理论；《数字麦克卢汉》献给他读硕时的老师卡尔金，是三合一的书，既是麦克卢汉评传，又是媒介理论专著，也是数字时代网民的指南；《思想无羁》献给麦克卢汉，是技术、媒介和知识进化以及太空探索的哲学－史学－传播学专著；《手机》献给他的"精神之父"波斯曼，论述继因特网之后的媒介革命，断言手机是超越电脑的新媒体，预言将来的手机要把因特网纳入麾下；《真实空间》揭示虚拟空间的不足，戳破其乌托邦面目，调子冷峻，反思深刻，主张网上冲浪和物质空间的结合，指出人类的出路是走向太空，到太空去探索和殖民。

莱文森对麦克卢汉和波斯曼充满敬佩感激之情，却也显示出"吾爱吾师，吾更爱真理"的论辩精神。他既有继承，也有"反叛"。现引他的几段话予以证明。

1977年读博期间，他携新婚妻子北上"朝觐"麦克卢汉。从麦克卢汉家做客返回宾馆的路上，他们激动不已，弃车步行。他用梦幻之笔留下了一段感人肺腑的文字："这一天的经历和发人深省的谈话使我们激动不已。所以我们手拉手走了一个多小时，穿过多伦多的大街小巷，一直走回旅店。

那天晚上，那些大街小巷仿佛是铺满了魔力。事实上，我在写作本书每一页的过程中，似乎还走在这条充满魔力的道路上。"

他钦佩麦克卢汉的智慧与口才："我们在他（麦克卢汉）的住宅区散步时的聊天、在餐桌上的闲谈、在电话上的交谈、在开会休息时交换的意见，无不闪耀着他的智慧光芒，他妙语连珠而洞见横溢，狂言无羁又不无道理。他言如其人，文如其人。他的言谈和信札、书文一样精彩纷呈。实际上，有时闲聊中他随口抛出的一句话，往往浓缩了大量的双关诙谐，可能还要胜过他的文字表达，可能会澄清他书中不能说明的问题。"

他肯定麦克卢汉的历史地位："麦克卢汉是对的。至少他提供的框架是对的。这个框架可以帮助我们理解人和技术的关系、和世界的关系、和宇宙的关系。这个框架是重要的。它和理解人的心理、生活和物质宇宙的框架一样重要。"

他铭记波斯曼的师恩。在 2003 年 10 月 3 日致尼尔·波斯曼的悼词中，莱文森说："尼尔是我最亲近的思想之父。"2004 年初，他把《手机：挡不住的呼唤》献给波斯曼，献词是："谨以此书献给尼尔·波斯曼，他教我学会如何教书。"

在《数字麦克卢汉》中，莱文森由衷感激导师的恩情，却也流露出孤芳自赏的情绪。兹引他的两段话为例。

"尼尔·波斯曼不仅是我攻读的博士点的精神领袖，而且是我的博士论文导师。他对电视和电脑持尖锐的批判态度，我的意见与他相左。我认为，它们对我们的文化大有裨益，比他说的要好。而且，它们的效应也很不一样。我常常说俏皮话，我是他的老师，他是我最不争气的学生——学生班门弄斧，向老师兜售自己的媒介理论。但是，深究之下的真相却与玩笑大相径庭。是他告诉我们，为何要认真研究麦克卢汉。他鹤立鸡群的风范，过去如此，现在亦如此。"

"我们这个博士点的指路明灯当时是尼尔·波斯曼，现在仍然由他执掌。他不仅教我如何上课，而且使我洞悉麦克卢汉，洞悉麦克卢汉对世界的影响。他不仅给我引路，而且把麦克卢汉本人介绍给我。此事对我后来写这本书意义重大，容我下面细说。波斯曼是颇有影响的媒介理论家。虽然有时我不敢苟同他对媒介的过分悲观的批评。"

莱文森常常与恩师的意见相左。还在读博期间，他就撰文《看电视的好处》批评老师对电视的看法，当面指出老师的看法不对，且戏称波斯曼"是我最不争气的学生"。在《手机》扉页的谢词里，他感谢波斯曼"教我学会如何教书"，却又巧妙地回避两人在学术观点上的分歧，但在同一本书的文献述要里，他就急忙补充说："虽然我们观点不同，我还是把本书献给他，因为他是我最有才华、最有奉献精神、最善于激励学生的老师。"

五、我为什么偏爱莱文森？

莱文森超越了麦克卢汉和波斯曼，他用媒介乐观主义、人类沙文主义、人性化趋势理论和补救性媒介理论，树起后麦克卢汉的大旗。他绝不会鞭笞任何一种新媒介。他认为，一切媒介的缺点都是可以补救的；媒介的演化服从人的理性，有无穷的发展潜力，越来越人性化，越来越合理，越来越完美。他坚信人无穷无尽的主观能动性：人既然发明了媒介，就有办法扬其长而避其短。

尽管麦克卢汉、波斯曼和莱文森风格迥异，却一脉相承。我熟悉他们的著作，但我偏好莱文森，所以我译介了他的大部分专著。如今，我为中国人民大学出版社主持的"莱文森研究书系"已基本完成，书系的选目暂定三种：《手机：挡不住的呼唤》《真实空间：飞天梦解析》和《莱文森精粹》。

在我的印象里，在世学者出选集的很少，中国人为外国学者编选集的更少。莱文森为何享此殊荣？这要费一点笔墨，容我先介绍其他学者的评论，为我的解释做一点铺垫。

《思想无羁》的封底评论有 6 条赞词，现抄录两条："莱文森的思想提升了传播人扮演的角色，使人成为遨游宇宙的船长……在他绝妙的笔端，复杂的东西……成为明白如话的言语。""莱文森跻身名流，成为大名鼎鼎的媒介理论家。他与芒福德、伊尼斯、麦克卢汉比肩而立，和沃尔特·翁、埃吕尔、波斯曼不相伯仲。他思路清晰，洞察媒介演化的历史，把这个历史放在媒介环境学的环境之中去考察。"

《真实空间》封底也有几条评论，亦抄录两段："凡是对赛博空间、真实空间和外层空间的关系感兴趣的读者，应该喜欢这本挑战思路、大开眼界的新作。""《真实空间》内容丰富、富有创见、思想深刻，无论对科幻小说迷，还是对科学技术史和科学技术社会学，这部著作都是值得一读的。"

《数字麦克卢汉》封底有两条评论，《连线》编辑科文·凯利（Kevin Kelly）的评论是："保罗·莱文森用这本力作完成了麦克卢汉开创的未竟之作。如果你想解读屏幕上的赛博生活，你就得读这本书。"

另一条评论是他恩师波斯曼的赞誉："《数字麦克卢汉》提供的内容完全兑现了本书小标题所做的承诺——信息化新千纪指南。"

现在我尝试对莱文森享有的殊荣做一些解释。

先引述我在"莱文森研究书系"总序里写的一段话："莱文森扬弃麦克卢汉的'媒介决定论'，提出了与之相左的'人性化趋势论'，张扬人在技术发展中的创造能力和理性选择，对媒介演进和人类前途抱积极乐观的态度……他不仅是媒介哲学家，还是科幻小说家、教育公司总裁、音乐人。他的多才多艺展现了相当理想而完美的知识分子形象……英国著名学者 C. P. 斯诺主张科学文化和文学文化的结合，莱文森卓尔不群的理论著作和科幻小说就是这两种文化的完美结合。"

三代学人的薪火传承^①

一、三代学人速写

媒介环境学已经走完了三代人的生命历程。20 世纪 50 年代以前，媒介环境学尚在萌芽，该学科的先驱和奠基人有帕特里克·格迪斯、刘易斯·芒福德、本杰明·李·沃尔夫、苏珊·朗格等人。50 年代以后，媒介环境学渐趋成熟，第一代的代表人物有埃里克·哈弗洛克、哈罗德·伊尼斯和马歇尔·麦克卢汉。第二代的代表人物到 70 年代以后日趋活跃，他们有尼尔·波斯曼、沃尔特·翁、詹姆斯·凯利。第三代的代表人物有保罗·莱文森、约书亚·梅罗维茨、兰斯·斯特雷特、林文刚、埃里克·麦克卢汉、德里克·德克霍夫，他们多半在 20 世纪 90 年代以后登场，目前活跃在世界各地。

媒介环境学（Media Ecology）这个术语由麦克卢汉（1911—1980）创造，但他没有公开使用。1968 年，尼尔·波斯曼（1931—2003）首次公开

---

① 原文于中国传播学高端学术研讨会上宣讲，南昌，2007 年 8 月，有删节。

使用这个术语。1970 年，他接受麦克卢汉的建议，在纽约大学创建媒介环境学博士点。按照他的界定，媒介是复杂的讯息系统，媒介环境学试图揭示其隐含而固有的结构，揭示媒介对人的感知、理解和感情的影响。

学派的创生必须同时具备三个条件：领军人物、原创思想和制度构建。媒介环境学的创建满足了上述三个条件。

媒介环境学的多伦多学派成熟于 20 世纪 50 年代。伊尼斯是奠基人，麦克卢汉是旗手。

伊尼斯的学术背景是政治经济学，他擅长加拿大经济史，在芝加哥大学获政治经济学博士，旋即回多伦多大学执教。20 年代至 40 年代，他已经出版经济学专著 4 部，成为著名的经济史家；40 年代以后，他的研究重点转向传播学。50 年代初，他出版《帝国与传播》和《传播的偏向》，成为著名的历史哲学家、媒介理论家、传播学家。他不幸于 1952 年英年早逝，留下 1000 余页的"传播史"手稿，可惜未刊。伊尼斯最著名的贡献是"媒介偏向论"，认为任何媒介都有时间偏向和空间偏向。

麦克卢汉 1946 年从美国回到多伦多大学执教，任英语教授。在和伊尼斯短暂而有限的交往中，他们互相激励。麦克卢汉推崇伊尼斯，他说："我乐意把自己的《谷登堡星汉》看成是伊尼斯观点的注脚。"他欣然为《帝国与传播》《传播的偏向》作序，在传播伊尼斯的思想上立下了汗马功劳。有人说，如果没有麦克卢汉，伊尼斯也许会默默无闻。这一判断似乎有所夸张，但也不无道理。

麦克卢汉的"媒介讯息论"就是伊尼斯"传播偏向论"的继承和发展。

多伦多大学学派在麦克卢汉的经营下，20 世纪 50 年代蓬勃发展，60 年代扬名全球。50 年代初，麦克卢汉获福特基金会慷慨赞助，建立北美第一个跨学科研究小组，形成了一个麦克卢汉思想圈子；他和埃德蒙·卡彭特（Edmond Carpenter）主持编辑出版跨度将近 10 年的丛刊《探索：文化与传播研究》，他参与持久的咖啡屋"清谈"，1963 年组建"文化与技术研究所"，10余年如一日在研究所主持每周一晚上的研讨会。60年代中期，北美的整个宣传机器开足马力为他服务，仅1966年一年，"报刊上介绍麦克卢汉的文章就达120篇，差不多每一种重要的美国、加拿大和英国的报刊都参与了这场运动。人们以激动的心情思量，这可能是一位洞见堪与达尔文和弗洛伊德一比高低的重量级人物。"20世纪60年代后期，他和儿子埃里克·麦克卢汉编辑的《预警线通讯》（*Dew-Line*）把他的思想传播到学术界之外的技术权力圈子。

麦克卢汉共有10余部著作传世，其中的代表作有三部，分别是：1951年的《机器新娘：工业人的民俗》，研究工业人和广告，批判美国文化，在批评现代文化方面，他走在欧洲批判学派的前头；1962年的《谷登堡星汉：印刷人的诞生》，论述印刷文化，提出著名的口语、拼音文字、印刷术和电子革命的媒介史分期，这个思想成为学界普遍接受的公式；1964年的《理解媒介》，论述电子人，提出著名的"老三论"和14条媒介理论，把传播学从书斋里解放出来。他批判工业人，批判印刷人，欢呼电子人，憧憬美好的未来，高扬乐观的调子。

伊尼斯和麦克卢汉是多伦多学派的两驾马车、一体两面。21世纪之前，加拿大学者和美国的詹姆斯·凯利往往不能够正确对待两人的学术地位，他们采取贬低麦克卢汉、褒扬伊尼斯的态度。重要的原因有三个：①伊尼斯的现实关怀胜过麦克卢汉；②伊尼斯谨守校园学术，是书斋型学者的楷模，而麦克卢汉却成为公众偶像；③伊尼斯讲究学术的规范，麦克卢汉讲究华丽的修辞。

然而，在伊尼斯去世后的20多年里，麦克卢汉全方位地继承并超越了伊尼斯的"媒介偏向论"，把媒介环境学推向全球。

第一代多伦多学派的学者，以麦克卢汉的思想圈子为核心，以麦克卢汉主持的"文化与技术研究所"为组织保障，以《探索：文化与传播研究》丛刊和《预警线通讯》小册子为宣传阵地。四位最杰出的学者是埃里克·哈弗洛克、伊尼斯、麦克卢汉和埃德蒙·卡彭特。哈弗洛克、麦克卢汉和卡彭特又是多伦多学派和纽约学派的桥梁，因为他们长期在加拿大和美国的几所大学工作。

多伦多学派第二代的代表人物有特唐纳德·特沃尔和罗伯特·洛根。特沃尔是麦克卢汉的第一位博士生，曾任特伦特大学校长，著有两部麦克卢汉传记：《媒介是后视镜：理解麦克卢汉》和《虚拟麦克卢汉》。洛根是物理学教授，是麦克卢汉思想圈子的活跃人物，著有《字母表效应》。第三代的代表人物有麦克卢汉的儿子埃里克·麦克卢汉和现任麦克卢汉研究所所长德里克·德克霍夫。德克霍夫继承了麦克卢汉跨学科研究的才干，他的著作涵盖传播学和管理学等学科，代表作有《字母与大脑》《文化肌肤》《连接智能》《智能建筑》《经理们的麦克卢汉》等。

纽约学派第一代的代表人物有刘易斯·芒福德、埃里克·哈弗洛克、路易斯·福斯戴尔和约翰·卡尔金。芒福德继承了老师格迪斯的百科全书思想，发展了人类生态和媒介环境的学说，晚期有意识地使用"媒介环境学"这个术语。埃里克·哈弗洛克是著名的经典学者，先后在美国和加拿大几所著名的大学执教，是多伦多学派和纽约学派的重要桥梁。1967年，纽约福德姆大学的约翰·卡尔金教授自称麦克卢汉迷；经过他的不懈努力和纽约州议会的批准，麦克卢汉应聘到福德姆大学担任施韦策讲座教授，任期一年。

纽约学派的大器晚成是在20世纪70年代。1970年，尼尔·波斯曼在纽约大学创建媒介环境学博士点，扛起了媒介环境学的大旗，直至他2003年去世。他和美国、加拿大两国的第一代媒介环境学者有很深的缘分。他是福斯戴尔教授的博士生。早在1955年，麦克卢汉应福斯戴尔教授的邀请到哥伦比亚大学讲学时，他就结识了麦克卢汉。70年代以后，波斯曼创建的媒介环境学博士点发挥了成熟学派的三大功能：思想领导、组织领导和制度构建。于是，这个博士点的三驾马车波斯曼、特伦斯·莫兰（Terence

Moran）、克里斯琴·尼斯特洛姆（Christian Nystrom）就成为媒介环境学第二代的核心人物。波斯曼著作等身，出书20余部，他的作品《作为保存活动的教学》和《娱乐至死》成为第二代学者的代表作。除了这些纽约地区的学者之外，纽约学派的第二代代表人物还有与他们若即若离的詹姆斯·凯利。凯利是著名的传播学家和传播教育学家，他继承和发扬伊尼斯的思想，贡献良多；他区别传播的传输功能和仪式功能，独树一帜。他的代表作有《作为文化的传播》。

1998年，媒介环境学会的成立，使学科发展有了更加坚实的制度保证。几年来，每年一届的年会规模迅速扩大，优秀成果大批涌现，媒介环境学者大展拳脚，开始问鼎北美传播学的核心圈子。这个学会成为沟通和整合纽约学派和多伦多学派的桥梁，成为媒介环境学发展的坚强堡垒。

如今活跃在纽约学派里的第三代代表人物有保罗·莱文森、约书亚·梅罗维茨、兰斯·斯特雷特和林文刚。莱文森是数字时代的麦克卢汉，任媒介环境学会顾问，他的传播学名著均已在国内翻译出版。梅罗维茨的《消失的地域》也在中国问世。这本书嫁接麦克卢汉的媒介理论和社会学家欧文·戈夫曼的戏剧分析手法，提出情景理论，成为媒介环境学的标志性成果之一。

二、先驱者的贡献

限于篇幅，本节只简略介绍一位先驱者的贡献及直接影响。

帕特里克·格迪斯（1854—1932）是媒介环境学的先驱，他首创了"人类生态"（human ecology）这个术语，率先研究自然环境和人造环境以及人类文化的相互关系，成为人类生态学之父。他构建了生物学和社会科学的桥梁。

格迪斯是百科全书式的学者，苏格兰人，在云游北美期间，他对北美一大批杰出的知识分子产生了重大的影响。这些人有哲学家杜威，经济学家凡勃伦，芝加哥学派的社会学家罗伯特·E.帕克、欧内斯特·W.伯吉斯和罗德里克·D.麦肯锡；区域规划学会的创始人刘易斯·芒福德、吉福德·平肖、亨利·赖特也深受他的影响。

受格迪斯直接影响的媒介环境学代表人物有伊尼斯和芒福德。

一般认为，刘易斯·芒福德是媒介环境学的奠基人之一。他是格迪斯最著名的弟子，格迪斯对他的影响表现在三个方面：①人类生态学思想，②跨学科的思维方式、治学方法和城市规划思想；③学以致用、践行学术和现实关怀的思想。

芒福德是北美最杰出的公共知识分子和社会批评家之一；在生态运动和环境保护运动、城市发展和更新、地区规划、艺术批评和文学批评等方面，他都做出了杰出的贡献。他著作等身、思想新锐，和媒介环境学相关的思想主要有三个方面：技术历史分期的思想；有关技术和人类发展的技术有机理论（techno-organicism）；对"王者机器"（meta-machine）即非人性的技术垄断和国家机器的批判。他的一些思想走在麦克卢汉之前。伊尼斯、麦克卢汉和波斯曼都受到他的影响，然而不幸的是，虽然他的成就当在三人之上，但他反而被大名鼎鼎的三人遮蔽了。究其原因，我想有三个：①他学科领域跨度太大，名气反而不如研究领域比较狭窄、单兵突进的人；②他主要依靠自学成才，他的学术活动多半游离在高校之外，缺乏学术梯队的世代相传，其实就是缺乏博士弟子为他抬轿子、吹喇叭；③虽然他体现媒介环境学的主要思想，但最有影响的理论概括却是由伊尼斯、麦克卢汉和波斯曼完成的。

1971年，威廉·昆斯（William Kuhns）在《后工业时代的先知：对技术的诠释》里所指的先知，实际上是媒介环境学的先驱和第一代的代表人物。他们是芒福德、西格弗里德·吉迪恩、诺伯特·维纳、伊尼斯、麦克卢汉、雅克·艾吕尔和巴克敏斯特·富勒。吉迪恩是建筑师，维纳是通信工程师，艾吕尔是社会学家和神学家，富勒是建筑师。由此可见，媒介环境学和其他传播学派都是十字路口的学科，由许多学科背景的学者共同创建。

2006年，林文刚编辑的《媒介环境学》以纪传体的方式研究媒介环境学的思想史，重点研究媒介环境学的先驱和杰出学者，计10余人。他们是麦克卢汉、伊尼斯、波斯曼、哈弗洛克、艾吕尔、凯利、本杰明·李·沃尔夫、苏珊·朗格、沃尔特·翁、伊丽莎白·爱森斯坦。

从这两本书的研究对象来看，媒介环境学的先驱不止一人。这篇文章只能够介绍格迪斯一人，其余先驱尚待另文介绍。

三、影响与继承

同样限于篇幅，本文不可能细致而深入地介绍媒介环境学10余位最著名的学者，我们只能够非常简略地介绍哈弗洛克、伊尼斯、麦克卢汉等三人。

哈弗洛克是北美著名的古典学家，曾在多伦多大学执教，是媒介环境学多伦多学派第一代代表人物，但他不属于麦克卢汉思想圈子。在多伦多大学供职期间，哈弗洛克、伊尼斯和麦克卢汉彼此影响，但因为哈弗洛克和伊尼斯的学术生涯略早于麦克卢汉，所以他们对麦克卢汉的单向影响似乎更多一些。我们引用麦克卢汉的几段话来看麦克卢汉对哈弗洛克和伊尼斯思想的继承和发展：

"哈罗德·伊尼斯对人类经验的书面形式和口头形式之间跨越边疆的互动有浓厚的兴趣。伊尼斯的兴趣也许给他的老朋友埃里克·哈弗洛克提供了灵感，使他能够对古希腊的口头传统做出绝妙而独到的研究。哈弗洛克的《柏拉图导论》（*Preface to Plato*）研究书面传统与口头传统之间的社会边疆，研究这两种传统在古代世界里对塑造人类感知和行为的影响。"

"埃里克·哈弗洛克的《柏拉图导论》和哈罗德·伊尼斯的《帝国与传

播》已经为我们证明，西方人是如何被拼音字母表和印刷机塑造的……今天电子技术的影响至大至深，再也不容我们忽视了。埃里克·哈弗洛克和哈罗德·伊尼斯等学者已经对此做了研究，而且发现，技术对个人变化的影响是完全能够证明的。文字、印刷或广播构成新的服务环境，新环境使所有的人为之一变。"

"在伊尼斯有生之年的最后岁月里，我和他成为朋友……伊尼斯研究技术的影响，2400 年来仅此一人，这确实令人吃惊，因为有机会从事这种研究的了不起的思想家真是太多了。研究文字对人的影响，或任何东西对人的影响的，唯他一人。这是伊尼斯独步天下的原因。"

"在《传播的偏向》中，伊尼斯用大量的篇幅描写了学习过程中的口头方法和书面方法的对立。在论文《挑剔的批评》中，他解释说：'我偏向于口头传统，尤其是希腊文明中反映出来的口头传统。我认为有必要捕捉其精神。'曾与他共事的哈弗洛克在最近的一本书中，以全部的篇幅讲希腊口头文化和新兴书面文化的冲突。他的《柏拉图导论》会使伊尼斯含笑九泉。伊尼斯的许多话应该成为如此充分研究的题材。"

"我乐意把自己的《谷登堡星汉》看成是伊尼斯观点的注脚，首先是他关于文字的心理和社会影响的观点，然后是他关于印刷术心理和社会影响的观点……伊尼斯的著作本身是不容易读懂的。但是，只要尝试读那么一次，显然就可以知道，他是值得一读的。这样去读他，虽然费时间，但还是节省时间。每一句话都是一篇压缩的专论。他的每一页书上都包含了一个小小的藏书室，常常还有一个参考文献库。"

"H. A. 伊尼斯是开拓传播媒介经济和社会影响的先驱。今天，所有的文人都感谢他。他使人看见，由于媒介的变化，我们对时间和空间的态度也发生变化。"

媒介环境学：从边缘到庙堂 [1]

中国社会科学院新闻与传播所牵头编纂的《新闻传播学名词》即将告成，将媒介环境学纳入其中。媒介环境学在中国的新闻传播学学科体系中，登堂入室了。

我有幸负责媒介环境学名词的撰写，半年多来，几上几下的磋商过程使我有机会重新审视该学派的思想，重温麦克卢汉、伊尼斯、波斯曼、莱文森、林文刚等人的成就，评估国内学者研究该学派的成果，今借《新闻与传播研究》一席之地，撷取一鳞半爪的心得做一次汇报。

媒介环境学从酝酿到成熟经历了艰难曲折的长期过程。20世纪初，社会学的芝加哥学派孕育了其胚胎。20世纪上半叶，一些多学科的巨人成为其先驱。20世纪中叶，传播学的多伦多学派和纽约学派融合，结成一支强大的学术队伍。新千年之际，媒介环境学跻身传播学核心，成为与经验学派和批判学派并列的三大学派之一。本文从几个方面检视并评价这个学派的思想、简史、成就和地位。

---

① 原刊登于《新闻与传播研究》，2015年第3期。这里省略了参考文献和注释。

一、独创的理念和理论

媒介环境学者独创的媒介理念和传播理论数以十计，难以尽述，更难以评说，最广为人知者有：伊尼斯的偏向论、帝国论、知识垄断论；麦克卢汉的延伸论、讯息论、地球村、四定律；波斯曼的技术垄断论、人类文化三分论、泛娱乐论；洛根的语言演化链、口语文化三分说；沃尔特·翁的口语文化二分说；莱文森的人性化趋势理论、补救性媒介理论、媒介发生三阶段论、三个地球村论、新新媒介论；林文刚的技术与文化共生论等。

媒介环境学各家所论荦荦大端、精彩纷呈，然其最基本的共同理念是媒介的理念，最基础的理论是泛媒介论。

媒介环境学主张泛技术论泛媒介论、泛环境论、泛文化论。换言之，一切技术都是媒介、环境和文化。麦克卢汉说，"一切技术都是媒介，一切媒介都是我们自己的外化和延伸"。他又说，"每一种技术都创造一种环境"。

人成为环境的一部分，对新环境浑然不觉。麦克卢汉说："任何技术都创造一个新环境，造成感官的彻底麻木，因为人的本能是躲避未知而奇异的东西，所以人对新环境是浑然不觉的。"他又说，"我们可以把自身机体的延伸外化为环境"。

换言之，凡是人类创造的一切、凡是人类加工的一切、凡是经过人为干扰的一切都是技术、环境、媒介和文化。质言之，技术、环境、媒介、文化是近义词，甚至是等值词。这是媒介环境学有别于一切其他传播学派的最重要的理念。

媒介环境学所谓的环境分为三个层次：符号环境、感知环境和社会环境。难怪，媒介环境学有独特的跨学科追求，因为符号环境理念亲近语言学，感知环境理念亲近心理学，社会环境理念亲近社会学和批判理论。

媒介环境学将"技术"理念回溯到史前的"前技术"（pre-culture），又延伸到未来的新技术。

莱文森把技术的起源推回到口语和原始工具出现之前。他认为，口语出现之前的技术是"前技术"，"前技术"也是环境、媒介、文化。他说："媒介给我们提供的实际上是越来越人性化的、自然的和'前技术'的交流方式。"

洛根提出语言演化链的创见，他回眸语言演化史，指出 7 种互动式语言媒介："我们业已确认的 7 种语言是互动式媒介。它们是言语、文字、数学、科学、计算语言、互联网和谷歌。"他还前瞻语言演化链的未来发展："数据空间也有独特的语义和句法……因此我们建议把数据空间视为人类认知能力演化中的第 8 种语言。"

二、为什么定名为媒介环境学？

以麦克卢汉等人为代表的传播学技术学派为什么叫媒介环境学派？其英文名字是 Media Ecology，汉译名有两种可能：媒介环境学、媒介生态学。上文所论的泛媒介论和泛环境论揭示了该学派的实质和追求，所以 Media Ecology 译为"媒介环境学"是必然的选择。该学会的副会长林文刚借用波斯曼的话对这个译名做了详细而有力的说明。波斯曼说："亚里士多德使用的 ecology 的本原意义是'家居环境'（household）。他说的意思是让我们的家庭保持精神上的安稳，强调精神安稳的重要性。ecology 一词的'生态'意义，是 19 世纪德国动物学家恩斯特·海克尔赋予的。"

林文刚又说，"我们用媒介环境学来翻译英语的 Media Ecology，主要是因为波斯曼（1970 年）在首次公开就这门学科的定义和范式的讲话中做了这样的表述：媒介环境学把环境当作媒介来研究……这些概念显示，媒介环境学强调人在媒介研究中的重要角色，其重点关怀是如何研究人与传播媒介的关系。"

因此林文刚强调指出，"为了维持理念上的一致和清晰度，我建议把迄今为止我的一切中文著作里 Media Ecology 的译名从媒介生态学一词更名为媒介环境学。"

我个人梳理了这个汉译名的定名过程："Media Ecology 的中文译名起初直译为'媒介生态学'。但这个'媒介生态学'和国内学者关注的'媒介生态学'并不是一回事……2005 年，台湾政治大学的陈世敏教授和美国新泽西州威廉·帕特森大学的林文刚教授分别访问深圳大学传媒与文化发展研究中心……经过几个月的跨洋飞鸿，我们决定采用究其实而不据其形的办法给这个学派定名，也就是说，根据该学派的根本性质和主要追求，Media Ecology 应该定名为'媒介环境学'，而不是采用几年来一直在使用的'媒介生态学'。我们先后考虑过的其他译名，比如'媒介哲学'和'媒介形式学'，都一一放弃了。"

国内的媒介生态学和北美媒介环境学的英文名称均为 Media Ecology，两者的关怀却大不一样。大体上说，媒介生态学关心媒体的经营管理、媒体之间的关系、媒体与社会的关系，关心媒体如何健康发展、如何为社会和谐做出贡献。相比而言，媒介环境学主张泛媒介论，其关注点涵盖整个人类文化的健康与平衡，既有微观的媒介研究，也有宏观的文明演进研究。他关心媒介史和传播思想史，注重广义的技术－环境－媒介－文化的发生和发展，具有强烈的人文关怀和道德关怀。

为了说明媒介环境学的首要追求和关怀，我们征引麦克卢汉和波斯曼的两段文字。

1963 年，麦克卢汉对其研究生课程"媒介与社会"做了这样的描绘："本课程把媒介作为人造环境来考察。这些环境利弊同在，既有促进作用，又有阻碍作用，塑造使用者的知觉。这些能动的环境，具有神秘形式的无所不包属性，成为一切活动的隐蔽运作背景。本课程训练学生的感知，使之能够感知这些不断变动的结构的性质和效果。"

1976 年，他提出一个更简明的定义："媒介环境学研究人的交往、人交往的讯息及讯息系统。具体地说，媒介环境学研究传播媒介如何影响人的感知、感情、认识和价值。它试图说明我们对媒介的预设，试图发现各种媒介迫使我们扮演的角色，并解释媒介如何给我们所见所为的东西提供结构。"

三、媒介环境学派的四大要件

任何学派的成熟都必须具备四大要件：①一套独创的理念和理论；②一个或一群杰出的领袖，以其卓越的学术成就高扬帅旗；③一个相对完善的组织制度保证；④一些稳定的成果园地。

媒介环境学满足了这四个条件。本文第一节"独创的理念和理论"已论及第一个要件，此地不赘。

关于领军人物，伊尼斯、麦克卢汉、波斯曼、莱文森闻名遐迩，成就卓著，作用显赫。20 世纪 50 年代初，伊尼斯与死亡赛跑，三年间出版名垂青史的传播三部曲《帝国与传播》《传播的偏向》和《变化中的时间观念》。1950 年和 1951 年，麦克卢汉为伊尼斯的《帝国与传播》与《传播的偏向》作序。1951 年 3 月 14 日，麦克卢汉致信伊尼斯，响应组建一个学派的思想。20 世纪 50 年代和 60 年代，麦克卢汉出版《机器新娘》《谷登堡星汉》《理解媒介》等名震全球的专著，拥有无数粉丝，受到波斯曼和莱文森等学术大腕的景仰。1970 年，波斯曼在纽约大学创办媒介环境学博士点。在此后的 30 年间，他培养了数十位博士和数百位硕士，成为传播学纽约学派的领军人物，为媒介环境学提供了坚强的思想领导。

至于第三要件，学派的组织制度保证，则需要一点笔墨。

20 世纪 50 年代，传播学的多伦多学派走向成熟，伊尼斯是奠基人，麦克卢汉是旗手。50 年代初，麦克卢汉获福特基金会慷慨赞助，组建了北美第一个跨学科研究小组，他主导持久的跨学科咖啡屋"清谈"，麦克卢汉思想圈子随即形成。在麦克卢汉的经营下，该学派60年代扬名全球。1963年，多伦多大学用极其宽松的政策专为麦克卢汉组建了"文化与技术研究所"。10余年间，麦克卢汉在此主持每周一晚上的研讨会，交流、切磋，这个研究所成了多伦多学派坚强的学术堡垒。

20世纪70年代，传播学的纽约学派以福德姆大学和纽约大学为阵地。此前，约翰·卡尔金在福德姆大学创建媒介研究教学系和理解媒介中心。1967年，他从州政府申请到专项经费，延聘麦克卢汉在此任"施韦策讲座教授"。1970年，尼尔·波斯曼在纽约大学创建媒介环境学博士点，扛起了媒介环境学的大旗，直至他2003年去世。实际上，这个博士点发挥了成熟学派的三大功能：思想领导、组织领导和制度建构。

至于媒介环境学派的第四个要件，研究成果的发表园地，也需要予以介绍。

50年代，麦克卢汉和埃德蒙·卡彭特主持编辑出版跨学科研究丛刊《探索：文化与传播研究》（1953—1959）。60年代，麦克卢汉及其儿子编辑《预警线通讯》，拥有横跨学界和业界的广大读者群；这是一个多学科交流的平台，也是麦克卢汉思想的宣传机。

自1977年起，波斯曼主编国际普通语义学会会刊《如此等等》（*ETC: A Review of General Semantics*），为他个人和弟子提供了发表论文的便捷平台。

波斯曼是横跨教育学和媒介环境学的权威，共有著作25种，他最著名的媒介批判三部曲《童年的消逝》《娱乐至死》和《技术垄断》均有中译本。

四、媒介环境学登堂入室

20世纪50年代初，《帝国与传播》《媒介的偏向》《变化中的时间观念》

密集出版，伊尼斯登上世界舞台。

1964 年，《理解媒介》问世，麦克卢汉名震全球。整个 20 世纪 60 年代，北美的宣传机器几乎全部开动起来为麦克卢汉效劳，几十种大大小小的报刊发表数以百计的文章颂扬他，他被封"先知"、"圣贤"、20 世纪"最重要的思想家"，等等。仅 1966 年一年，"报刊上介绍麦克卢汉的文章就达120 篇，差不多每一种重要的美国、加拿大和英国的报刊都参与了这场运动。人们以激动的心情思量，这可能是一位洞见堪与达尔文和弗洛伊德一比高低的重量级人物"。

1965 年 11 月，《纽约先驱论坛报》宣告麦克卢汉是"继牛顿、达尔文、弗洛伊德、爱因斯坦和巴甫洛夫之后的最重要思想家……"说他是"电子时代的代言人，革命思想的先知"。《生活》杂志封他为"媒介教师爷"、电气时代的预言家。

1969 年 3 月，《花花公子》以超乎寻常的篇幅发表了几万字的《麦克卢汉访谈录》，称他为"高级祭司""北方圣人"。20 世纪 60 年代和 70 年代，各界的邀请应接不暇；几所大学想用诱人的高薪挖走他，纽约的福德姆大学以首位"施韦策讲座教授"特聘他工作一年，其年薪高出一般教授好几倍；欧洲的麦克卢汉迷创造了 mcluhanism、mcluhanist 等词；日本人几乎翻译了麦克卢汉的全部著作，所谓"麦克卢汉学"随之而起。

1993 年，连线一代的"圣经"《连线》杂志创刊，刊头上封他为"先师圣贤"。

20 世纪 90 年代，多伦多学派和纽约学派携手并进，媒介环境学蓬勃发展。

1998 年，媒介环境学会（MEA）成立，旋即成为美国传播学会（NCA）的会员，2002 年加入美国东部传播学会，2003 年又加入国际传播学会。莱文森任学会顾问，斯特拉特（Lance Strate）任会长，林文刚任副会长。

同时，斯特拉特主编"媒介环境学"丛书，由汉普敦出版社（Hampton Press）印行。学会创办了季刊《媒介环境学探索》（*Explorations in Media Ecology*）、《媒介环境学会通讯》（*Media Res*）和网站 http://www.media-ecology.org。这些著作、刊物和网站成为催生下一代媒介环境学者的阵地。

有了学会强大的组织力量，麦克卢汉和波斯曼的后继者再也不用各自为战，强大的队伍更容易在世界各地的学术阵地上"攻城略地"了。

2006 年，林文刚主编并撰写《媒介环境学：思想沿革与多维视野》，这是该学派的小百科全书、学派发展的重要路标，甫一问世即售出中文（含繁简字体两种版本）、韩文和西班牙文版权。这个学派的历史和现状、深度和广度、宏观和微观、学术关怀和社会关怀都展现在世人面前，一览无余了。媒介环境学进入世界各国的学术殿堂。

2015 年，媒介环境学以新闻传播学分支学科的身份进入中国的《新闻学与传播学名词》。

五、三代学人的思想谱系

媒介环境学经过了三代人的生命历程。

先驱人物有罗伯特·帕克（Robert Park）、帕特里克·格迪斯（Patrick Geddes）、刘易斯·芒福德、本杰明·李·沃尔夫、苏珊·朗格（Susanne K. Langer）等人。帕克是社会学芝加哥学派的主帅，格迪斯是百科全书式人物，芒福德是城市生态学的创始人，沃尔夫首创语言相对论，朗格是符号论美学代表人物。

第一代的代表人物有伊尼斯和麦克卢汉，他们是该学派的奠基人和旗手、两驾马车、一体两面。麦克卢汉继承并超越了伊尼斯的"媒介偏向论"，将其思想推向全球。

第一代的埃里克·哈弗洛克先后在加拿大和美国几所大学任教，是多伦多学派和纽约学派的桥梁，著有《柏拉图导论》《缪斯学会写字》《希腊的拼音文字革命及其文化影响》《希腊政治的开明气质》《西方书面文化的源头》，其重点关怀是口语文化和口头传统。

20世纪70年代，第二代的代表人物登场。尼尔·波斯曼、沃尔特·翁和詹姆斯·凯利国内学界已相当熟悉。沃尔特·翁的代表作《口语文化与书面文化》、凯利的《作为文化的传播》均已引进。

沃尔特·翁是麦克卢汉的第一位博士生，著有两部麦克卢汉传记：《媒介是后视镜：理解麦克卢汉》和《虚拟麦克卢汉》。

跨越第二代和第三代的核心人物还有罗伯特·洛根、德里克·德克霍夫和特伦斯·戈登。洛根的《字母表效应》和《理解新媒介：延伸麦克卢汉》已由复旦大学出版社推出，戈登主编的麦克卢汉《理解媒介》增订评注本已由译林出版社印行。

第三代的代表人物有保罗·莱文森、约书亚·梅罗维茨、林文刚、德里克·德克霍夫、兰斯·斯特雷特、埃里克·麦克卢汉，他们多半在90年代以后登场，目前活跃在世界各地。前四位的著作已陆续引进国内。北美和世界各地新一代有成就的媒介环境学者群星璀璨。

莱文森的学术著作已悉数引进国内。梅罗维茨《消失的地域》也在中国问世。

2014年卸任的麦克卢汉研究所所长德里克·德克霍夫已广为人知，其代表作的中译本也在陆续问世。

六、麦克卢汉研究的三次飞跃

世人的麦克卢汉研究完成了三次飞跃，三次飞跃的代表是三本书。它们是莱文森的《数字麦克卢汉》、特伦斯·戈登编辑的《理解媒介》增订评注本和洛根的《理解新媒介：延伸麦克卢汉》。莱文森是麦克卢汉的私淑弟子，戈登是麦克卢汉的传记作者和批评家，洛根是麦克卢汉的同事及其思想圈子的核心成员。

中国读者非常熟悉莱文森，因为他的 7 部哲学和传播学著作已经悉数引进国内。他是"数字时代的麦克卢汉"，横跨哲学、传播学、媒介理论、科幻文艺和音乐的奇才。

第一次飞跃由莱文森的《数字麦克卢汉》完成。这是一本三合一的书，既是麦克卢汉评传，又是一部专著，而且是"信息化新纪元指南"。它痛快淋漓，论说清晰，内容丰赡，分 14 个专题研究麦克卢汉。每个专题用一条麦克卢汉语录破题，同时用作者的一句话解题。有了它的解读，难以读懂的麦克卢汉就容易理解了。该书已出两版中译本，第二版（2014）进入北京师范大学出版社的"西学经典书系"。

第二次飞跃由戈登编辑的《理解媒介》增订评注本完成。该书 2003 年编订，2011 年由译林出版社推出中译本，以纪念麦克卢汉百年诞辰。这个增订评注本的最大贡献是：

1. "规范"了麦克卢汉。加上了注释、附录，编制了人名索引、主题索引。

2. "特伦斯·戈登序"提炼了麦克卢汉的 10 条理论：泛媒介论，媒介成双结对，言语和电光是不结对的两个例外，媒介影响，新媒介不替代旧媒介，媒介冷热的意义，媒介对神经系统的"关闭"和"截除"影响、媒介的"内爆"产生"地球村"，媒介引起感知比率的变化，理解媒介就是理解新旧媒介的关系。

3. 增补了两个非常重要的"附录"和"关键词"。"附录一"是麦克卢汉的"理解新媒介研究项目报告书"（1960 年 6 月 30 日），首次刊布，这是 1964 年版《理解媒介》的雏形。读者可以借此追溯麦克卢汉思想形成和发酵的过程，体会他创新思想坎坷的命运。

4. "附录二"梳理、批驳了"评论界对《理解媒介》的批评"。

5. 为每一章节撰写编者按，提供理解麦克卢汉思想的钥匙和指南。

第三次飞跃由洛根完成，集中的体现就是他的新作《理解新媒介：延伸麦克卢汉》（复旦大学出版社，2012）。全书分三部，第一部是作者的媒介理论，第二部逐一讲解新媒介对麦克卢汉所论媒介的影响，有所更新；第三部用麦克卢汉的视角解读"新媒介"，有所发明。

洛根对麦克卢汉的方法论做了很全面的小结。这是莱文森《数字麦克卢汉》和戈登《理解媒介》增订评注本之后的重大成就，是对麦克卢汉媒介理论最详尽、最权威的解读。

七、媒介环境学的学科优势

30多年来，我参与传播学三大学派经典名著的译介，对各派理论有所了解。

几十年来的历史证明：经验学派一派独大；批判学派在欧洲有市场，在美国"水土不服"；媒介环境学派长期在美国受经验学派排挤。我深感有必要矫正传播学圈子失衡的缺憾，我非常希望批判学派和媒介环境学派能够问鼎北美传播学的主流圈子。

从哲学高度俯瞰这三个学派，其基本轮廓是：经验学派埋头实用问题和短期效应，重器而不重道；批判学派固守意识形态批判，重道而不重器；媒介环境学着重媒介的长效影响，偏重宏观的分析、描绘和批评，缺少微观的务实和个案研究。

在传播学发展史上，首先成气候的是经验学派。它在第二次世界大战期间正式诞生，由保罗·拉扎斯菲尔德（Paul Lazarsfeld）、库尔特·勒温（Kurt Lewin）、哈罗德·拉斯韦尔（Harold Lasswell）与卡尔·霍夫兰（Carl Hovland）等四位先驱开拓，战后由"祖师爷"威尔伯·施拉姆（Wilbur Schramm）钦定，具有明显的热战背景和冷战背景，其首要关怀是宣传、说服、舆论、民意测验、媒介内容、受众分析和短期效果，其哲学基础是实用主义和行为主义，其方法论是实证研究和量化研究，其研究对象是宣传、广告和媒体效果，其服务对象是现存的政治体制和商业体制。该学派称霸美国传播研究达数十年，其根源在于美国文化里根深蒂固的实用主义和"崇美主义"。它骨子里抗拒和恐惧马克思主义，鄙视兴起于北美的媒介环境学派。

批判学派的代表有德国法兰克福学派、英国文化研究学派、传播政治经济学派和法国结构主义学派。法兰克福学派和因果文化学派对美国传播学产生影响的代表人物有霍克海默（M. Max Horkheimer）、阿多诺（Theodor W. Adorno）、马尔库塞（Herbert Marcuse）、席勒（Herbert Schiller）、本雅明（Walter Benjamin）、斯图尔特·霍尔（Stuart Hall）、雷蒙德·威廉斯（Raymond Williams）等。这些学派对既存的美国体制产生强大的冲击，它们高扬意识形态的旗帜，因水土不服，故只能够在高校和文人的圈子里产生影响。

真正摆脱服务现存体制、解放传播学的是以麦克卢汉为代表的北美传播学的第三学派——媒介环境学派。该学派有强烈的人文关怀、道德关怀、社会关怀，具有明显的批判倾向。

哈罗德·伊尼斯的"传播三部曲"批判了英帝国和当代资本主义在空间上的极度扩张，警惕美国文化对加拿大文化的负面影响，批判美国的帝国主义和好战倾向。

麦克卢汉的《机器新娘》是极其辛辣的美国广告批评、社会批评和文化批评。

尼尔波斯曼的"传播三部曲"捍卫严肃文化，批判"娱乐至死"和技术垄断。

媒介环境学以人、技术和文化的三角关系为研究重点，以泛环境论著称，主要旨趣在技术和媒介对人和社会心理的长效影响。这个学派的崛起有力地矫正了经验学派独霸、批判学派式微的局面，为传播学研究开辟了一方新的天地。

八、中国学者的媒介环境学研究

中国学者研究媒介环境学，成绩斐然。研究伊尼斯、麦克卢汉、波斯曼、沃尔特·翁、莱文森等学者的文章难以计数。这里的介绍只限于最重要的论文和专著。

2002年，张咏华的《媒介分析：传播技术神话的解读》（复旦大学出版社）问世，这是国内第一部从技术哲学视角研究麦克卢汉及其学派的专著。2000年，她发表论文《新形势下对麦克卢汉媒介理论的再认识》（《现代传播》2000年第1期），修正自己对麦克卢汉的"酷评"。

2002年，何道宽率先评论多伦多学派，发表论文《多伦多传播学派的双星：伊尼斯与麦克卢汉》（《深圳大学学报》，2002年第5期）。

2005年，国内第一篇研究麦克卢汉及其学派的博士论文问世，题名《媒介形态理论研究》（李明伟）。

2006年，媒介环境学会副会长林文刚博士访问深圳大学，我们决定将Media Ecology定名为"媒介环境学"，而不是"媒介生态学"。

2006年和2010年，林文刚主编并撰写的《媒介环境学：思想沿革与多维视野》的简体字版和繁体字版先后问世。

2007年至2010年，何道宽主编并翻译的"媒介环境学译丛"由北京大学出版社印行，它们是《媒介环境学》《口语文化与书面文化》《技术垄断》和《作为变革动因的印刷机》。

2008年和2011年，范龙从现象学角度研究麦克卢汉及其学派的两部专著先后问世，它们是《媒介的直观：论麦克卢汉传播学研究的现象学方法》（暨南大学出版社）和《媒介现象学：麦克卢汉传播思想研究》（南京大学出版社）。

2010 年，国内第一部以"媒介环境学"命名的专著问世。李明伟在博士论文的基础上修订出版了《知媒者生存：媒介环境学纵论》（北京大学出版社）。

2004 年，胡翼青的《传播学：学科危机与范式革命》（首都师范大学出版社）全面考察传播学各学派，满怀忧思，推进学科发展，自然也助推了麦克卢汉研究。

2007 年，胡翼青追踪媒介环境学的源头，出版专著《再度发言：论社会学芝加哥学派传播思想》（中国大百科全书出版社），提醒学界注意传播学的平衡发展，功莫大焉。

同年，吴予敏主编的《传播与文化研究》（北京大学出版社）刊布了媒介环境学研究专辑，收录了何道宽、陈世敏、胡翼青、李明伟等人的论文。

2011 年前后，国内学者纪念麦克卢汉百年诞辰，呼应麦克卢汉研究的第二次飞跃和第三次飞跃，发表了大量的成果。要者有：

2011 年，《理解媒介》增订评注本中译本印行，这本书是麦克卢汉研究第二次飞跃的标志。

同年，国内纪念麦克卢汉百年诞辰的几个研讨会召开，数十家媒体刊布了数十篇文章和访谈，影响较大者有《国际新闻界》（2011 年第 7 期）推出的纪念麦克卢汉专辑，含 4 篇文章，撰稿人为何道宽、胡翼青、范龙和王晓刚。

同年，紫金网刊布麦克卢汉百年诞辰的"媒介环境学专辑"，含 20 余篇论文，供稿者有何道宽、胡翼青、秦州、李明伟、魏武挥等。这个专辑比较全面地反映了国内媒介环境学研究的水平。

2012 年，复旦大学出版社出版了罗伯特·洛根的《字母表效应：拼音文字与西方文明》和《理解新媒介：延伸麦克卢汉》，两者都是媒介环境学的代表作，后者是麦克卢汉研究第三次飞跃的标志。

　　同年，我发表了麦克卢汉和莱文森的简明评传，各三万字，收入《影响传播学发展的西方学人》（戴元光主编，中国大百科全书出版社），题名分别为《麦克卢汉：媒介理论的播种者和解放者》和《莱文森：数字时代的麦克卢汉，立体型的多面手》。

　　多年来，中国社会科学院文学所的金惠敏先生一直进行麦克卢汉、庄子和海德格尔思想的比较研究。2012 年，他发表纪念麦克卢汉百年诞辰的文章《"媒介即信息"与庄子的技术观》（《江西社会科学》2012 年第 6 期）。2014 年，他主持麦克卢汉《理解媒介》发表 50 周年纪念专辑共 4 篇文章（《中国图书评论》2014 年第 11 期），他比较研究的中英文专著即将问世。

　　中国的媒介环境学研究在世界学林享有一席之地，受人尊敬。

　　然而，传播学是舶来品，媒介环境学正式登上中国传播学的殿堂，历史不久。任何东渐的西学都有一个消化吸收发展的过程，传播学的本土化任重而道远，我们正在向这个崇高的目标迈进。

媒介环境学的小百科全书 [①]

一、缘分

1980 年，我在留美期间读到麦克卢汉的《理解媒介》，就和媒介环境学结下了不解之缘，迄今 26 年有余。

1987 年夏天，我着手翻译这本传世之作，开始引介媒介环境学派，迄今快 20 年。

新千年的第一年，我开始认真研究媒介环境学派，迄今发表论文 7 篇：《麦克卢汉在中国》《媒介革命与学习革命》《媒介即是文化》《硕果永存：麦克卢汉媒介理论述评》《多伦多传播学派的双星》《天书能读：麦克卢汉的现代诠释》和《麦克卢汉的学术转向》。

2000 年至今，我出版的译著大多数是媒介环境学派的经典或名著，这些译作是《理解媒介》《麦克卢汉精粹》《数字麦克卢汉》《麦克卢汉：媒介及信使》《思想无羁》《传播的偏向》《帝国与传播》《手机：挡不住的呼唤》《机器新娘》《麦克卢汉书简》《麦克卢汉如是说》《真实空间：飞天梦

① 《媒介环境学》(北京大学出版社，2017) 的中译者序，有删节。

解析》。

我现在参与主持的 4 个传播学译丛和媒介环境学关系密切，它们是："新闻与传播学译丛·大师经典系列"、"麦克卢汉研究书系"、"莱文森研究书系"（中国人民大学出版社）、"未名社科·媒介环境学译丛"（北京大学出版社）。

在今后的几年里，我的研究重点之一注定是媒介环境学。

二、三分天下

如上所示，迄今为止我的研究重点是多伦多学派。2005 年开始，我的目光开始投向纽约学派。这是媒介环境学的两个重要学派。

多伦多学派第一代的代表人物一共有 4 人：哈罗德·伊尼斯、马歇尔·麦克卢汉、埃里克·哈弗洛克和埃德蒙·卡彭特。伊尼斯和麦克卢汉已经广为人知。从现在开始，我们要关注哈弗洛克、卡彭特和麦克卢汉思想圈子的其他学者。

如今活跃在多伦多学派里的代表人物有唐纳德·F.特沃尔、埃里克·麦克卢汉、德里克·德克霍夫等。

纽约学派的领军人物尼尔·波斯曼于 2003 年去世之后，纽约学派的薪火却越烧越旺，如今该学派最活跃的学者有保罗·莱文森、约书亚·梅罗维茨、林文刚、兰斯·斯特拉特等。

1998 年组建的媒介环境学会是以纽约学派为骨干，如今这个学会正在把纽约学派和多伦多学派的学者团结起来，问鼎北美传播学的主流圈子，成为继经验学派和批判学派之后的第三大学派。

林文刚博士撰写和编辑的《媒介环境学：思想沿革与多维视野》说明，媒介环境学派开始进入了自觉反思、系统总结、清理遗产、推陈出新的阶段。

三、定名

这个最后崛起的学派叫什么名字好呢？它既是麦克卢汉研究、伊尼斯研究、波斯曼研究，又不完全是对这些个别学者的研究。学派的定名始于 1968 年，英文叫 Media Ecology，首创者是麦克卢汉，但正式使用者是尼尔·波斯曼。根据麦克卢汉的建议，波斯曼在纽约大学创办了 Media Ecology 专业和博士点。Media Ecology 的中文译名起初直译为"媒介生态学"。但这个"媒介生态学"和国内学者关注的"媒介生态学"并不是一回事。应该怎么翻译才妥当呢？

2005 年秋，李明伟博士从中国社会科学院到深圳大学任职。自此，我们开始切磋北美这个学派的译名问题。他的博士论文《媒介形态理论研究》里的所谓"形态理论"就是北美的 Media Ecology 学派，因为这个学派强调媒介的形式而不是内容。

同时，丁未博士从同济大学到深圳大学任职，她刚刚翻译出版了媒介环境学派代表人物詹姆斯·凯利的代表作《作为文化的传播》(*Communication as Culture: Essays on Media and Society*)。于是，我们三人就开始考虑北美 Media Ecology 学派的译名问题。

去年底和今年初，台湾政治大学的陈世敏教授和美国新泽西州威廉·帕特森大学的林文刚教授分别访问深圳大学传媒与文化发展研究中心，使我们有机会进一步切磋这个北美传播学派的译名；以后，经过几个月的跨洋飞鸿，我们决定采用究其实而不据其形的办法给这个学派定名，也就是说，根据该学派的根本性质和主要追求，Media Ecology 应该定名为"媒介环境学"，而不采用几年来已经在使用的"媒介生态学"。我们先后考虑过的其他译名，比如"媒介哲学"和"媒介形式学"，都被一一放弃了。

四、长短

林文刚教授编辑的《媒介环境学：思想沿革与多维视野》既是介绍媒介环境学派的入门之作，也是媒介环境学派的小百科全书。

林文刚教授现任美国媒介环境学会副会长，是媒介环境学会的创建人之一，曾任国际中华传播学会会长，是媒介环境学第三代代表人物之一。他活跃于北美传播学界和中国传播学界，近年频频在中国交流讲学。

该书的 12 位撰稿人，除已故的波斯曼教授之外，均是活跃在世界各地的传播学者。

该书共 14 章，除编者林文刚的序跋和波斯曼的讲演词这 3 章之外，其余 11 章用纪传体的方式描绘并评价了 10 位媒介环境学的先驱、奠基人和代表人物，他们是尼尔·波斯曼、刘易斯·芒福德、雅克·艾吕尔、马歇尔·麦克卢汉、哈罗德·伊尼斯、詹姆斯·凯利、本杰明·李·沃尔夫、苏珊·朗格、沃尔特·翁和伊丽莎白·爱森斯坦。

该书凸现四个焦点：①媒介环境学的基本理念、理论和主题，即理论价值和学派地位；②文化、技术与传播的关系，即本书的多维视野；③上述理念产生的社会、政治和思想背景，即学派的现实关怀；④媒介环境学的现实意义，即该理论的旺盛生命力。

媒介环境学、经验学派和批判学派是比肩而立的三大传播学派，迄今为止，国内学者把研究重点放在经验学派和批判学派之上，对媒介环境学派的研究则用力不够、着墨不多。本书的出版有助于纠正这个偏向，在一定意义上可以给中国传播学提供新的参照系并注入新的活力。

《媒介环境学：思想沿革与多维视野》是媒介环境学思想传统、经典文本和多维视野的集萃，是该学派第一部自觉反省的历史记述和思想批评之作，它系统地提炼、归纳和阐述了该学派从萌芽、诞生、成熟到壮大的历程。由于其杰出贡献，在 2006 年媒介环境学会的评奖中，它击败 34 个竞争对手，在候选的 35 部著作中脱颖而出，赢得了"刘易斯·芒福德杰出学术成就奖"。颁奖词里有这么一段话："刘易斯·芒福德杰出学术成就奖授予在下列领域做出原创性学术贡献的成果：科技史研究、科学哲学史研究、媒介及其社会文化心理影响的研究、科技社会或信息社会的分析与批评等领域的杰出成就。"

　　美中不足的是，由于篇幅所限，这部小百科全书偏重纽约学派，对加拿大学派（即多伦多学派）的成就反映不够。由于同样的原因，媒介环境学走向成熟的历史和成就反映比较多，其萌芽和奠基时期的成就反映则比较少；波斯曼的研究比较深，麦克卢汉的研究则比较浅。本书编者林文刚博士也认识到本书的遗憾，他在本书绪论篇里说："讲述媒介环境学这个故事并不轻松，原因很简单，其中涉及的问题、视野和阐释太复杂、枝蔓丛生……我只能提出一个不成熟的、初步的、粗略的历史框架，为理解媒介环境学略尽绵力。之所以邀请 12 位学者从不同的角度来讲述并解说这个故事，是因为我感到力不从心。"

　　一部 40 余万字的著作，当然不可能成为媒介环境学的大百科全书。我热切地希望，加拿大的学者能够编辑第二部媒介环境学的小百科全书。等到这部续集完成之时，媒介环境学的双喜日子就来临了。

媒介环境学研究的新气象 [1]

一、祝贺

李明伟博士的专著《知媒者生存：媒介环境学纵论》完成了，我感到由衷的高兴。

2005 年，他从社科院荣获博士学位后来深圳大学与我共事，他富有创见的博士论文《媒介形态理论研究》使我感到振奋。因为他研究的"媒介形态理论"就是我近 20 年来译介的"麦克卢汉"学派。

此前，我译介了这个学派几员大将的著作：《传播的偏向》《帝国与传播》《理解媒介》《麦克卢汉精粹》《麦克卢汉：媒介及信使》《思想无羁：技术时代的认识论》《麦克卢汉书简》《手机：挡不住的呼唤》《真实空间：飞天梦解析》；同时发表了几篇介绍麦克卢汉及其学派的文章：《媒介即是文化——麦克卢汉媒介思想述评》《麦克卢汉在中国》《和而不同息纷争》《媒介革命与学习革命》《多伦多传播学派的双星：伊尼斯与麦克卢汉》《麦克卢汉在中国》《天书能读：麦克卢汉的现代诠释》《麦克卢汉的学

---

[1] 原文是《知媒者生存：媒介环境学纵论》（北京大学出版社，2010）的序。

术转向》。与此同时，我还为中国人民大学出版社主持或参与主持三个译丛："新闻与传播学译丛·大师经典系列""麦克卢汉研究书系""莱文森研究书系"。

然而，到 2005 年，我对这个学派的研究还是见树多，见林少。李明伟的博士论文《媒介形态理论研究》推动我前进一步，使我从总体上去思考如何给该学派定名，如何深入研究该学派的理论框架的地位。

几乎在同时，丁未博士从同济大学转来深圳大学工作，接着，台湾政治大学的陈世敏教授和美国新泽西州威廉·帕特森大学的林文刚教授分别来访。经过认真切磋，我们决定采用究其实而不据其形的办法给这个学派定名"媒介环境学"。此前的"媒介生态学"，李明伟博士提出的"媒介形态理论"以及其他的考虑，诸如"媒介哲学"，都逐一放弃了。

在共同的努力下，我们代表深圳大学传媒与文化发展研究中心为北京大学出版社承担的"媒介环境学"译丛进展顺利，两年来已经出版三种书：《媒介环境学：思想沿革与多维视野》《技术垄断：文化向技术投降》《口语文化与书面文化：词语的技术化》。

明伟博士的专著《知媒者生存：媒介环境学纵论》是中国学者研究媒介环境学的第一部作品，它的问世必将拓宽和深化国内学者对这个学派的研究。

国内以专著形式研究这个学派的先驱是张咏华教授。2002 年，她的《媒介分析：传播技术神话的解读》（复旦大学出版社）开风气之先，认真研究以麦克卢汉为代表的传播学派。由于历史的局限，国内大部分关于麦克卢汉的研究都有一些误读。我自己对这个学派的认识，也经历了一个从"误读"和"苛求"到"公允"和"客观"的过程。

2002 年，我在《多伦多传播学派的双星：伊尼斯与麦克卢汉》（《深圳大学学报》，2002 年第 5 期）里说："20 世纪下半叶，多伦多大学升起两颗学术明星：麦克卢汉和伊尼斯。他们背景殊异，却情趣相同，共同建立了传播学的一个学派：媒介决定论。"

2003 年，我试图修正对麦克卢汉的判断，指出他是面向未来的技术乐观主义者。在《天书能读：麦克卢汉的现代诠释》（载于《四川外语学院学报》2003 年第 1 期）里，我写下了这样一段话："他绝对不是鼓吹技术决定论的人，他是要我们回归身心一体、主客一体的理想境界。麦克卢汉不仅是当代人的朋友，而且是子孙后代的朋友。他是一个面向未来的人、预言希望的人。"

经过三年的深入钻研和艰苦努力，明伟博士以其博士论文《媒介形态理论研究》为基础，在纵横两个维度上开拓，终于更新了他自己对这个学派的研究和批评。这对深化麦克卢汉研究、媒介环境学派研究，对中国传播学健康、平衡的发展贡献不小，令人高兴，值得祝贺。

二、学派简史

媒介环境学派的正名和定名经历了一个漫长的过程。它问鼎北美传播学核心和主流的征途也历经磨难。

该学派滥觞于 20 世纪初，却定名于 20 世纪后半叶。1998 年 8 月 4 日媒介环境学会才正式成立。从萌芽到举旗的历程几乎长达一百年！

该学派经过了三代人的生命历程。

先驱人物有帕特里克·格迪斯、刘易斯·芒福德、本杰明·李·沃尔夫、苏珊·朗格等人。格迪斯是百科全书式人物，芒福德是城市生态学的创始人，沃尔夫主张语言相对论，强调语言对思维的影响，朗格是符号论美学代表人物。

第一代的代表人物有伊尼斯和麦克卢汉，他们是该学派的奠基人和旗手，他们的学问在 20 世纪 50 年代以后走向成熟。

第二代的代表人物在 20 世纪 70 年代登场。其中的三位代表人物尼尔·波斯曼、沃尔特·翁、詹姆斯·凯利国内学界也相当熟悉了。

第三代的代表人物有保罗·莱文森、约书亚·梅罗维茨、林文刚、德里克·德克霍夫、兰斯·斯特雷特、埃里克·麦克卢汉，他们多半在 20 世纪 90 年代以后登场，目前活跃在世界各地。前四位的著作已陆续引进国内。

麦克卢汉的地位大起大落。20 世纪 60 年代声震全球，70 年代则一落千丈，世纪交替时又再次震撼世界，不过这一次的震动既渗透到真实世界又穿透于虚拟世界。

三、坎坷的道路

姑不论媒介环境学的萌芽和滥觞，即使从伊尼斯算起，其历史也在半个世纪以上；从 20 世纪 60 年代到世纪之交，麦克卢汉的名声又一次高涨。如果以媒介环境学会正式成立的 1998 年为准，这个学派从诞生到举旗，经历了几十年的坎坷。质言之，它难以打入美国传播学的主流和核心。

命运坎坷的岂止是它呢，传播学的批判学派包括马克思主义和非马克思主义的批判都难以撼动美国传播学经验学派的霸主地位。

媒介环境学派的两个中心是多伦多和纽约。多伦多学派以麦克卢汉为精神领袖，以"文化与技术研究所"为制度保证，以《探索》和《预警线通讯》为学术阵地。这里形成了一个跨学科研究的麦克卢汉圈子。

纽约学派和多伦多学派有明显的承继关系，福德姆大学和纽约大学是媒介环境学纽约学派的重镇。

20 世纪 60 年代，麦克卢汉来福德姆大学播种，约翰·卡尔金在此培育，莱文森在这里拓展，经过三代人的耕耘，媒介环境学在该大学蔚为壮观。

尼尔·波斯曼是纽约学派的精神领袖和旗手。1970 年，他在纽约大学创建媒介环境学博士点，迄今已经培养 100 多位博士生、400 多位硕士生。

他的诸多学生已经成为媒介环境学会的骨干。

多伦多学派和纽约学派都产生了一批世界级的传播学研究成果。然而，即使在网络时代和数字时代麦克卢汉"复活"的狂潮巨澜中，这个强大的学派却长期不能挟麦克卢汉的余威，难以旗帜鲜明地问鼎北美传播学的主流圈子。为什么？

因为美国是实用主义的故乡，诞生于斯的传播学自然就要沿袭实用主义的治学传统，所以美国主流的传播学派顽固地坚守经验主义、实证主义和量化研究的路子。传播学先驱之一的拉扎斯菲尔德将其命名为行政研究，与此相似，稍后兴起的哈佛社会学派以及施拉姆奠基的伊利诺伊传播学派、拉扎斯菲尔德领衔的哥伦比亚传播学派也始终沿袭实用主义、行为主义和功能主义的路子。

正如美国的大多数学科一样，北美传播学一开始就具有强烈的现实关怀，强调务实，打上了强烈的实证主义烙印，非常注重研究政治竞选、宣传效应、通信控制、管理操作、广告实务、公关方略、媒体经营、传媒的直接和短期影响等。思辨的、哲学的、形而上的、宏大叙事的、人文关怀和道德关怀的研究，不太容易打进核心的学术圈子。

北美本土的批判研究难以扎根，伊尼斯、麦克卢汉、波斯曼、詹姆斯·凯利的批判思想被传播学的经验学派视为另类。

欧洲传入的各种批判思潮在这里水土不服。德国法兰克福学派、英国新左派的文化研究和政治经济学研究、法国的结构主义引进北美传播学后，长期难以进入主流圈子。这是因为美国人有两个难以克服的情结：对马克思主义天生的恐惧，"美国主义"使美国成为天生的例外！

麦克卢汉 1980 年底去世，不久之后北美传播学主流刊物《传播学杂志》在 1981 年的一期特刊里发表了 8 篇纪念文章，亦臧亦否，毁誉参半，并未赋予他一派宗师的地位。

1983 年《传播学杂志》的特刊《传播研究领域的发酵》接受了批判学

派，却仍然把以麦克卢汉为代表的媒介环境学派拒之门外。

10 年之后的 1993 年，《传播学杂志》又推出两期特刊，重估传播学的最新动态，分别题为《学科展望之一》《学科展望之二》。然而"媒介环境学"这个术语再次遭到漠视，没有得到这两期特刊的承认。

新千年以后，媒介环境学会一年一度的学术盛会再也不需要谁的施舍，经验学派也不能不承认了。在前瞻性和历史积淀上，经验学派有和媒介环境学派一比高低的实力吗？

四、后生可畏

我曾经撰文赞许明伟的博士论文《媒介形态理论研究》："迄今为止，国内研究媒介环境学派最全面、客观、冷静、公允的成果是李明伟先生的博士论文《媒介形态理论研究》。"读了他据此修订的专著以后，我想在这个评价基础上再加上一个修饰语：《知媒者生存》"是一部相当有深度的研究专著"。以下的评论先从表面上的修订和扩容开始，然后挑选几个亮点予以发挥。

从论文到专著，明伟博士这部书在结构上做了调整，《媒介形态理论研究》共分八章，分别是导论、媒介形态理论、理论与时俱进、媒介形态及其社会影响分析、作为一个研究范式的媒介形态理论、问题与批评、媒介形态与社会化、研究结论；《知媒者生存》只有七章：媒介矢量、重新认识媒介环境学、媒介环境学的代际传承、媒介环境学的理论框架、媒介环境学的范式革命、媒介环境学的深刻与片面、媒介环境的变革与社会化的历史变化。章节少了，篇幅却增加了近一倍，计 26 万字余字。"媒介矢量"取代"导论"，内容更扎实丰厚。从第二章到第六章，思辨色彩更加耀眼，思想的锋芒更加犀利。

从《媒介形态理论研究》到《知媒者生存》，作者对媒介环境学派的

"规定性特点"做了调整。《媒介形态理论研究》指出六个"规定性特点"：立论的中心和原点是媒介；侧重研究的是媒介本身，而不是媒介传播的具体内容；区别对待不同媒介的特性，反对泛论媒介；注重考察媒介形态变化的动态历史；研究的旨归是从媒介形态及其变化的角度来解读社会历史变迁；考察的是长远时期和广大范围内的已然结果和可能效果。《知媒者生存》把这些"规定性特点"浓缩为五个：立论的原点是"媒介本身"；承认和讨论具体媒介的特性；注重考察媒介环境的历史变化；研究的重心是解读社会历史的变迁；考察的是长远时期广大范围内的已然结果和可能影响。经过这样的调整，作者的思想突出，主题更加鲜明，论辩更加张扬。

《媒介形态理论研究》一书的亮点不少，现择要介绍之。

首先，媒介环境学的"规定性特点"是目前笔者见到的最佳概括，有助于我们认识该学派的本质和特征。

其次，第一章第四节"媒介环境学研究综述"对近年来国内外对该学派的再认识和重新评价做了相当客观而全面的扫描，为全书的立论提供了很高的起点与合理的平台。读者可以由此而比较感性地认识媒介环境学派势不可挡的蓬勃发展，很自然地过渡到第二章"重新认识媒介环境学"。

第三章"媒介环境学的代际传承"以纪传体的方式介绍和评介了媒介环境学派三代学者中的四位代表人物——伊尼斯、麦克卢汉、梅罗维茨和莱文森，编织了一个色彩斑斓的人物画廊，纵向追溯了该学派的历史发展和承继关系，横向勾勒了这几位学者各自的成就和地位。

第四章是作者深思好学的结晶，是该书的创新亮点之一。李明伟博士将媒介环境学的理论框架解析为三个层次：媒介分析、媒介演化分析和媒介的社会影响分析。他认为这是三个依次递进的研究主题。这是诸多媒介批评中难得一见的成果。李明伟博士打通了哲学、社会学、媒介理论，构筑了自己的立论框架。

第五章"媒介环境学的范式革命"是本书最高层次的哲学思辨，分别从媒介环境学的本体论、目的论和方法论论证媒介环境学的革命性与合法性，为其问鼎北美传播学主流提供了最难以辩驳的依据。

第六章"媒介环境学的深刻与片面"对该学派进行再评价，从哲学的高度有力地捍卫了媒介环境学，摘掉其"技术决定论"的帽子，同时又指出其不足之处。

第七章"媒介环境的变革与社会化的历史变化"是我非常欣赏的章节之一。作者把人类学和社会学的"濡化"和"社会化"概念引入媒介环境学，独树一帜，对媒介环境学反复阐述的媒介历史分期做了生动的社会化描述，别开生面，语言幽默，通俗易懂。

明伟博士博览群书、好学深思，书中涉及的参考文献数以百计，注释亦数以百计。作者的治学功夫由此可见一斑。

五、几点建议

瑕不掩瑜，但瑕亦为憾。如有机会修订，我建议考虑以下几点：

首先，第三章第四节介绍媒介环境学派的四位代表人物伊尼斯、麦克卢汉、梅罗维茨和莱文森，却没有给该学派第二代的精神领袖和领军人物尼尔·波斯曼专辟一节论述。这恐怕是比较大的疏漏，是笔者不敢苟同的。

其次，作者在四位详细介绍的代表人物中，褒扬梅罗维茨，对莱文森的贡献和地位估计不足。这也是笔者不敢苟同的。梅罗维茨和莱文森是师兄弟，同出尼尔·波斯曼门下。两人相比，无论在传播学和媒介理论著作的数量和质量上、在"反叛"和创新上、在扬弃麦克卢汉思想开创后麦克卢汉时代上、在学派内部的地位上，莱文森似乎都要略高一筹。早在读博期间，他就旗帜鲜明地批评他的偶像麦克卢汉和恩师波斯曼；1977 年，他就提出了"玩具、镜子和艺术"关于媒介演化的三阶段论，用以补充麦克卢汉关于媒介演化的"提升—过时—再现—逆转"四定律；1979 年，他的博士论文提出了极具原创性的有关媒介演化的"人性化趋势"理论和"补救性媒介"理论；在媒介环境学派内部，他的媒介理论著作当数第一，计有6种（《学习赛博空间》《软利器》《数字麦克卢汉》《思想无羁》《手机》和《真实空间》）；在这个学派内部，他的思想频谱之广、学科跨度之大罕有与其匹敌者；他的哲学思考很有深度，他的著作与时俱进；他在学派内部担任顾问，这是同人对他地位的最高赞誉。我在其他地方阐述过他的七大贡献，容不赘。我对莱文森极为推崇，所以才主动提出并参与《莱文森精粹》的编辑和翻译工作。《莱文森精粹》在中国的问世，实在是实至名归，相信这一选集对传播学界的同人会有所启示。

感谢明伟博士给我提供一个发表意见的机会。感谢他对中国的麦克卢汉研究和媒介环境学研究奉献的精心之作。

2009 年 1 月 16 日

第二部

人论

伊尼斯在中国①

一、海峡两岸的伊尼斯研究概述

海峡两岸率先研究伊尼斯的学者各一人：台湾政治大学的陈世敏教授②和深圳大学的何道宽教授。1982—1983学年，陈世敏留英初识伊尼斯，尚未对其进行研究，未曾意识到巨人伊尼斯的历史定位。更为有趣的是，20世纪70年代他留美数年，却浑然不知伊尼斯，伊尼斯显然是被美国人遮蔽了。他回忆道："媒介效果（行政研究）的教学和研究主宰了整个学术界。"

1983年，陈世敏教授研究伊尼斯的第一篇文章问世，为其专著《大众传播与社会变迁》的附录二《殷尼斯的大众传播与社会变迁》。自此至2005年的20多年，台湾地区罕有人研究伊尼斯，只是有一点例外。在他

---

① 本文是我为《帝国与传播》和《传播的偏向》中译本第三版撰写的"附录一"，2021年5月6日由《新闻记者》公众号刊布，此地照发。

② 参见陈世敏的文章《邂逅伊尼斯》，载于吴予敏主编的《传播与文化研究》（北京大学出版社，2007）。

的引荐下，台湾巨流出版社 1990 年出版了中译本的《帝国与传播》（曹定人译）。2010 年，同样在他的引荐下，台湾巨流出版社出版了我翻译的《媒介环境学：思想沿革与多维视野》（林文刚编）。这本书是媒介环境学的小百科全书，其中第六章"哈罗德·伊尼斯的媒介环境学遗产"也推进了台湾的伊尼斯研究。

陈世敏教授推进海峡两岸的伊尼斯研究，功莫大焉。2005 年和 2006 年，他和旅美的林文刚教授先后访问深圳大学，肯定并促进我们的麦克卢汉研究、伊尼斯研究和媒介环境学研究。他们委托我翻译出版林文刚教授主编的《媒介环境学：思想沿革与多维视野》。由我所译的该书的中译本先后在海峡两岸出版（台湾巨流出版社、北京大学出版社）。

1980 年 12 月，我旅美时首次读到麦克卢汉的《理解媒介》，初识他，却浑然不知伊尼斯。这一事实印证了陈世敏教授的印象：伊尼斯显然是被美国人遮蔽了。对于多伦多大学这两位传播学巨人，美国人显然是厚此薄彼，因为麦克卢汉研究美国通俗文化，虽有批判，却大体上"温和"，而伊尼斯却批判美国文化对加拿大的负面影响，甚至痛批美国的"军事主义"和"帝国主义"。

2003 年，中国人民大学出版社同时出版我翻译的《帝国与传播》和《传播的偏向》。如此，伊尼斯晚年的两部巨著一并纳入该社的"新闻传播学译丛·大师经典书系"。稍后，他 1952 年临终前完成的《变化中的时间观念》也由我翻译，入选中国传媒大学出版社的"新闻学与传播学经典译丛·大师系列"。至 2013 年，伊尼斯的传播研究三部曲的汉英双语版就由我翻译出齐了。

2021 年，这个三部曲的前两本《帝国与传播》和《传播的偏向》纳入我主译的"媒介环境学译丛"。这是它们在中国大陆中译本的第三版。

伊尼斯在中国学界的影响有多大？2021 年 4 月 24 日下午 5 时，在中国知网上检索，在"参考文献"内输入"伊尼斯"和"英尼斯"（异译而同人），结果如下：学术期刊 23，学位论文 77，引用率相当高。此前，用他的著作名"帝国与传播"和"传播的偏向"进行检索，结果发现，引用率十分惊人。

二、细说伊尼斯在中国的传播

2001 年 10 月，我在西安外国语大学参与并主持中国跨文化交际研究会第四届双年会后，旋即出席南京大学承办的全国第七届传播学年会，这是我第一次闯入新闻与传播学界的会议圈子。虽然我已经出版《理解媒介》《麦克卢汉精粹》和《数字麦克卢汉》等三部译著，与会者大多读过我翻译的书，欣然接受我这个外语界的人。中国人民大学出版社的司马兰女士盛情邀请我参与并主持正在筹办的"新闻传播学译丛·大师经典系列"的工作。同年稍晚，她邀请我赴京出席该丛书的专家论证会，我在会上推荐了 4 本书，包括《帝国与传播》和《传播的偏向》。

中国人民大学这套丛书于 2003 年启动，我的两本译著同时出版，受到专家和读者的一致好评，影响甚巨。仅举一例，2003 年 11 月 14 日，《中国图书商报》发表靖枫的书评《帝国经济史与"媒介决定论"》，高度评价伊尼斯及其"帝国论"。

2005 年，中国人民大学出版社出版 50 周年华诞纪念文集，我应邀撰写了《抢占引进版学术著作的制高点》，这两本书就是我书写的重点。

2018 年，在深圳大学校内申请学术创新奖时，我曾经在中国知网检索（2018 年 11 月 30 日）伊尼斯及其作品的影响，结果如下：

1.《帝国与传播》被引用 10742 条，细分的结果是：被 87 篇 CSSCI 文章引用，被 84 篇博士论文引用，被 220 篇硕士论文引用，被 170 篇期刊论文引用。

2.《传播的偏向》被引用 3040 条，细分的结果是：被 219 篇 CSSCI 文章引用，被 117 篇博士论文引用，被 512 篇硕士论文引用，被 413 篇期刊论文引用。

由此可见，21 世纪初，《帝国与传播》和《传播的偏向》已然成为中国新闻传播学界和业界的案头书、基本教材和必读书。它们的出版立即掀起国内学者研究伊尼斯的高潮。论及这两本书的论文近百种，征引该书的论文数以百计，已如上述。亮眼的著作不少，仅举两例：

一是北京师范大学毛峰教授的专著《文明传播的秩序》（中国传媒大学出版社，2005）和《中国梦的文化诠释》（知识产权出版社，2014）均以伊尼斯这两本书的思想为立论基础。其中，《文明传播的秩序》一书的第三章"传播的偏向与媒介的危机"就征引伊尼斯达 63 次。

二是南京大学段京肃教授的专著《大众传播学》（北京大学出版社，2011 年）也以《传播的偏向》和《帝国与传播》为理论依据，征引伊尼斯多达数十次。

近 20 年来，我论说伊尼斯的文字数篇。有些是序文，还有几篇是论文：《多伦多的双星》《异军突起的第三学派》《媒介环境学辨析》《媒介环境学的思想谱系——媒介环境学评论》《三代学人的薪火传承——媒介环境学评论之四》和《媒介环境学派的理论命题、源流与阐释——媒介环境学评论之五》。

在我的译作里有两篇著名学者研究伊尼斯的文章，值得深入研究。它们是：加拿大传播学家保罗·海耶尔（Paul Heyer）的《哈罗德·伊尼斯的媒介环境学遗产》（林文刚主编的《媒介环境学》第六章）及美国传播学家詹姆斯·凯利①为《变化中的时间观念》精心撰写的序言。

容我非常有节制地引用他们的几句话，作为研究者的"开胃菜"。

---

① 詹姆斯·凯利（James Carey，1936—2006），美国新闻学家、传播学家，美国文化研究的代表性人物。

"在与病魔抗争的最后 4 年里，在极端困难的情况下，他矢志不渝，从事高强度、高产出的学术研究。从 1948 年到 1952 年，在令人惊叹的创造活力爆发期，他完成了我们今天称颂的重要学术著作。这位北美传播理论家和传播史家的传播学著作，都是在短短的几年间撰写的。"（凯利语）

"和马克思等思想家一样，伊尼斯的思想分为前后两期……早期伊尼斯和后期伊尼斯之间不存在急剧的脱节……他的研究课题总是帝国、全球化和国际贸易。"（凯利语）

"伊尼斯反思了美国社会的军事冲动及其对加拿大和世界潜在的后果。加拿大始终面临沦为美国第 51 个州的问题。在 20 世纪 40 年代末，加拿大面临被拽进冷战的可能，更严重的是，它可能卷入多种多样的军事冒险。"（凯利语）

"伊尼斯认为，由于美国是在暴力革命中建立的，所以它很容易表现出过分的民族主义和爱国主义。"（凯利语）

"伊尼斯认为，美国宪法有两个根本的弱点：①总统是武装力量总司令，他在外交政策上拥有几乎不受制衡的控制权。诚然，总统必须得到国会同意才能进行军事冒险，可是一旦得到国会的同意，无论支持他的基础是多么脆弱，他实际上就可以像君主一样行事了。②由于总统选举日期固定且可以预知，外交政策在政治竞选中被牺牲了，这和议会体制里的选举不同……"（凯利语）

"在接下来（20 世纪 60 年代以后）的每一个十年里，凯利总是要发表文章以多种方式研究伊尼斯：伊尼斯与芝加哥学派的关系，美国地理思想和传播学的新潮。上一代和这一代研究伊尼斯的人包括笔者本人认为，凯利的研究是评估伊尼斯学术成就的基准点，又是进一步评估伊尼斯遗产的出发点。"（海耶尔语）

"在历史研究中，他引进辩证思想去了解变革；在历史变革中，新媒介挑战旧媒介；他用辩证思想去研究传播与文化的碰撞，研究社会构成的起伏，有时研究整个文明的兴衰。在估计这种推拉作用中，他采用了一套给人启迪的概念：时间偏向、空间偏向、口头传统、知识垄断和文化的机械化。"（海耶尔语）

"他的研究成果可以叫作传播理论、媒介理论或媒介环境学的早期版本，等等，但他的研究总是提纲挈领式的。在他有生之年，他的理论没有来得及完成……这是一幅草图，伊尼斯只给一块学术次大陆勾勒大致的地貌，以吸引人进一步探索，而不求关上大门。"（海耶尔语）

三、伊尼斯研究的三次高潮

伊尼斯 1952 年英年早逝，在短短 30 年的学术生涯中，他力主加拿大扬长避短，发扬民族特性，保护民族文化；为加拿大政府建言献策，对加拿大的教育政策和文化政策产生了广泛的影响。

伊尼斯对西方文明的危机深感忧虑，认为西方文明具有强烈的空间偏向，忽视了时间的延续、积累和传承。

他研究人类历史的几十种文明，其实是要寻找克服西方文明危机的救世良方。

容我振臂一呼、提醒学界：他的"偏向论"和"帝国论"，他对西方文明的批判和美国帝国主义倾向的批判是一座富矿，我们应当大力开掘之。

第一个高潮见于伊尼斯百年诞辰。1994 年加拿大几所大学联手，隆重纪念加拿大这位学术泰斗的百年诞辰。在成熟的信息社会里、在数字时代的门槛上，它们重温伊尼斯的思想遗产。这次纪念活动的成果集中反映在《加拿大传播学季刊·伊尼斯纪念特刊》。其他成果也陆续问世。

第二个高潮见于新世纪的其他伊尼斯研究成果，引人瞩目的是：

他的传播研究三部曲《帝国与传播》《传播的偏向》和《变化中的时间观念》的纸媒版和电子版继续出版，纪念他的专辑和传记也先后问世：

查尔斯·R. 阿克兰（Charles R. Acland）等编著，《伊尼斯在新世纪》（*Harold Innis in the New Century, Reflections and Refractions*, 1999）。

格伦·克拉克（Glenn Clark）著，《教育技术棱镜下的伊尼斯》（*Harold Innis Through the Lens of Educational Technology*, 2000）。

保罗·海耶尔（Paul Heyer）著，《伊尼斯评传》（*Harold Innis, Critical Media Studies: Institutions, Politics, and Culture*, 2003）。

约翰·沃森（John Watson）著，《边缘人：伊尼斯阴郁的视界》（*Marginal Man: The Dark Vision of Harold Innis*, 2006）。

现有的几种伊尼斯传记中，海耶尔的《伊尼斯评传》最值得介绍，它精粹，学术含量高。

第三个高潮见于汉译的两篇文献，已如前述：

海耶尔撰《哈罗德·伊尼斯的媒介环境学遗产》，是为林文刚编《媒介环境学》（中国大百科全书出版社，2019）的第六章；

詹姆斯·凯利为《变化中的时间观念》（中国传媒大学出版社，2003）撰写的序言。

四、有关伊尼斯研究的三点建议

坦率地说，中国人对伊尼斯的学习和继承很不足，进一步研究的首要着力点可以是：

1. 海耶尔和凯利对伊尼斯学术思想的小结和颂扬，已如上述。

2. 被严重忽略了的伊尼斯的批判思想。

3. 中国和世界语境下学习和继承伊尼斯的现实意义。

罗伯特·洛根:

麦克卢汉思想圈子硕果仅存的跨学科奇人 ^①

一、奇人奇书，学问长青

罗伯特·洛根是麦克卢汉思想圈子在世的少数核心人物之一，是传播学媒介环境学派第二代主将。和麦克卢汉一样，洛根是跨学科大家。麦克卢汉主要是在人文社科里跨越，而洛根的跨度则更大，他横跨物理学、传播学、复杂理论、信息论、系统论、系统生物学、环境科学、语言学和工业设计，均有佳作，且从事政治、科学和产业咨询，曾任老特鲁多总理和麦克卢汉的科学顾问。麦克卢汉是奇人，洛根亦奇人也。他思想无羁、学术活跃、屡出奇兵、著作宏富，是麦克卢汉思想圈子硕果仅存的著名学者，我们粗线条地勾勒他的学术年谱，展示这一枝多姿多彩、老而弥鲜的学术奇葩。

洛根之奇，可从其学术年谱管窥一斑：

1967 年，在多伦多大学物理系执教。

---

① 原刊登于《国际新闻界》，2018 年第 9 期。

1968 年，晋升教授。

1971 年，开设通识课"物理学的诗歌和诗歌的物理学"，四十余年如一日，惠及众生，乐此不疲。

1974 年，在多大创建"角马俱乐部"，提倡跨学科研究，邀请麦克卢汉参加；同时参与麦克卢汉思想圈子的活动，比如不定期的"多伦多最佳俱乐部"和每周一晚在"麦克卢汉研究所"举办的研讨会；与麦克卢汉合作撰写论文《字母表乃发明之母》。

1977 年，担任老克鲁多总理的政策顾问和麦克卢汉的科学顾问；发表论文《字母表乃发明之母》。

1979 年，发表论文《传播和世界问题的双重束缚》（与麦克卢汉合著）。

1980 年代，重点转向传播学、媒介理论、语言学、系统生物学和信息论。

1985 年出版专著《第五语言：学会在计算机时代生存》。

1986 年出版专著《字母表效应：拼音文字与西方文明》（2004 年出第二版）。

2000 年出版专著《第六语言：学会在互联网时代生存》。

2007 年出版专著《心灵的延伸：语言、心灵和文化的滥觞》。

2010 年出版专著《物理学的诗歌和诗歌的物理学》。

2010 年出版专著《理解新媒介：延伸麦克卢汉》。

2013 年出版专著《被误读的麦克卢汉：如何矫正》。

2014 年出版专著《什么是信息：生物域、符号域、技术域和经济域里的组织繁衍》。

2016 年出版专著《图书馆的未来》（与麦克卢汉合著）。

洛根论著丰硕宏富，发表论文 130 余篇，著作 16 部（专著 9 部，编著 7 部），涉及 10 余个学科和专业。他的领地广袤，学问广博，焦点突出，表现为：

1. 文理兼通。1970 年代初自己组建跨学科俱乐部，同时又加入麦克卢汉牵头的俱乐部。与麦克卢汉共事六七年，担任其科学顾问，自此至今，在大跨度学科研究中迭出佳作。

2. 学问神交，始终不渝。他捍卫和发展麦克卢汉的媒介理论和博学精神，几十年如一日。他与麦克卢汉合作的文章和专著，都经过长期的打磨才正式发表，论文《字母表乃发明之母》从 1974 年对谈到 1977 年发表经过了 4 年的酝酿。论文《传播和世界问题的双重束缚》打磨了两年（1977—1979），专著《图书馆的未来》从 1978 年两人对谈到 2016 年刊出，离麦克卢汉去世已经 36 年了。1986 年独著的《字母表效应》则是《字母表乃发明之母》的扩充版，是正宗的传播史，与麦克卢汉的《谷登堡星汉》和《理解媒介》唱和。

3. 两个路标，一次飞跃。为纪念麦克卢汉百年诞辰（2011），洛根满怀深情地写成两本非常厚重的专著《理解新媒介：延伸麦克卢汉》（2010）和《被误读的麦克卢汉：如何矫正》（2013），它们是麦克卢汉研究的两座里程碑，完成了麦克卢汉研究的第三次飞跃，是麦克卢汉研究最闪亮的成果。

4. 古稀之年，从心所欲。10 余年来，他在 10 余个学科里游刃自如，完成了两本大跨度的跨学科奇书：《心灵的延伸：语言、心灵和文化的滥觞》（2007）和《什么是信息：生物域、符号域、技术域和经济域里的组织繁衍》（2014），借此提倡泛语言论、泛信息论。它们是奇异的并蒂莲、姐妹花，既是媒介环境学派思想的延伸，又牵动着诸多学科的敏感神经，有可能产生震撼效应。

二、硕果累累，五书扫描

洛根硕果累累，以万字短文，难以尽述，本文撷取五本书评介，并突出四个主题。五本书是《字母表效应》《理解新媒介》《被误读的麦克卢汉》《心灵的延伸》和《什么是信息》。四个主题是发明之母、媒介理论、语言演化链、心灵延伸论。

《字母表效应：拼音文字与西方文明》积 20 年（1974—1995）之功，由他与麦克卢汉合作的论文《字母表乃发明之母》演绎而成。1974 年，他与麦克卢汉对谈，梳理西方文明的特征和源头，一致认为，拼音字母表的分析特征是揭开西方文明的钥匙。两人头脑风暴的结果是三年后正式发表的论文《字母表乃发明之母》。以此为基础，洛根完成《字母表效应》1986 年的第一版和 2004 年的第二版。其首要主题是，拼音字母表是西方的"发明之母"，乃西方文化最重要的源头之一。断言西方的成文法、一神教、抽象科学、逻辑和个人主义等特征，无不与"字母表效应"有极大的正相关性。他认为，拼音文字培育了西方人的分析能力、编码和解码能力、将语音转写为视觉符号的能力、演绎逻辑思维的能力、信息分类的能力和音序排列的能力。又认为，语言乃"心灵之延伸"，口语、文字、数学、科学、计算技术和互联网等构成一条人类语言演化链。《字母表效应》讲传播史、文化史、比较文明，是洛根的文科内跨学科力作。

2010 年，洛根出版了两本书。《物理学的诗歌和诗歌的物理学》由他几十年主讲的通识课讲稿整理而成。《理解新媒介：延伸麦克卢汉》为纪念麦克卢汉百年诞辰（2011）而作，实际上是两本书：一是麦克卢汉研究，二是新媒介研究。三年后，《被误读的麦克卢汉：如何矫正》问世，把麦克卢汉研究推向新的高潮。胸怀对麦克卢汉的深情厚谊，穷两年功夫，他通读麦克卢汉著作，完成这部为麦克卢汉正名的力作。这两本论麦克卢汉的书构成两座里程碑，完成了麦克卢汉研究的第三次飞跃。

《理解新媒介：延伸麦克卢汉》卷帙浩繁，共 51 章，分三部。第一部为作者的方法论。第二部重审麦克卢汉《理解媒介》研究的 26 种媒介，旨在更新麦克卢汉思想。第三部专讲近 30 种"新媒介"。本书闪亮的思想不胜枚举，要者有：麦克卢汉的方法论 38 条，新媒介的特征 14 条，5 个传播时代，12 种赋能技术，语言演化链的六种语言，原生口语、次生口语和数字口语的三分法，肯定麦克卢汉的"只探索不解释"的方法论。该书以权威的洞见分析、批判、更新和发展麦克卢汉的媒介理论和传播理论。

《被误读的麦克卢汉》旨在澄清误读，批驳攻击，提供指南，捍卫麦克卢汉。该书富有胆略，思想闪光，矫正误解，精彩纷呈，生动传神地证明麦克卢汉的长青思想。这是理解麦克卢汉的必读书，又带有传记色彩和自传色彩，既是各家麦克卢汉研究和批评的综合，又是独具匠心的洛根专著。

《心灵的延伸：语言、心灵和文化的滥觞》横跨心理学、社会学、人类学、语言学、突显论，研究人类语言、文化和心灵，考察语言、心灵和文化的起源和协同进化，探索人类工具制造、用火、协同采猎和模仿式交流，推出心灵延伸模型，及人类认知模型：心灵＝大脑＋语言＋文化，重申语言演化链（口语、文字、数学、科学、计算技术和互联网等六种语言）理论。作者认为，语言和文化均可被视为有机体，语言演化的趋势是越来越容易学习，文化演化的趋势是越来越容易获取；语言、文化和利他行为是协同进化的；语言在感知思维向概念思维的转变中的兴起；提出普遍文化的概念；借用突显论批判乔姆斯基的语言起源论和生成语法。《心灵的延伸》穿透众多学科，必能赢得多领域、多层次的读者。

《什么是信息：生物域、符号域、技术域和经济域里的组织繁衍》在大跨度的理工、人文社科里穷究信息的本质、含义和功能，论及信息论、控制论、物理学、生物学、心理学、人类学、心埋学、语言学里的新知成果；认为语言、文化、经济、技术、科学、治理都可以被视为生物有机体，处在不断演化和组织繁衍的过程中；研究信息与生活四大领域（生物域、符号域、技术域和经济域）的密切关系和作用，完成多学科信息研究的综合。该书学科跨度大，在人文社科和理工学科各界产生了影响，在学科互渗、交叉和融合中给读者启示，比如：信息的本质是相对的，其意义有语境相关性和依赖性。信息不是物质，是先于物质的存在，是突显的；又比如，信息的词根是"inform"，其原初的定义是：给心灵赋形。

三、合作写书，自成一家

1974 年的一天，麦克卢汉邀请洛根共进午餐。两人合作的第一篇文章《字母表乃发明之母》就是这次会话的产物。他们认为，字母表促成抽象、编码、分类、分析等基本技能，这是抽象科学和演绎逻辑之必需，因而提出一个假设：拼音字母表、成文法、一神教、抽象科学和演绎逻辑起初是西方特有的现象，它们促进并强化了彼此的发展势头。

经过几天切磋，两人意见一致，后经长期切磋，由洛根执笔完稿，投向尼尔·波斯曼任主编的国际语义学杂志《等等》。《字母表乃发明之母》于 1977 年刊出，波斯曼的评价是，那是麦克卢汉用左脑观点书写的最好的文章。

麦克卢汉与洛根合写的第二篇文章《传播与世界问题的两难困境》，载于《人的未来》(*Human Futures*) 1979 年夏季号。

1978 年，他们两人又合作撰写《图书馆的未来》，2016 年，这本书终于在麦克卢汉去世 30 余年后问世。

洛根和麦克卢汉均持泛媒介论，都是著名的人文学者，且思想无羁，神游学海，跨越学科，所不同者，麦克卢汉主要是在文科范围内跨越，而洛根则是在更大范围、更大跨度的文理科之间来往穿梭。他是继麦克卢汉而起的媒介环境学派的第二代主将，又是大跨度的跨学科奇才。

四、发明之母，珠玑之论

这一节承上文评介《字母表效应》。

《字母表效应》是专题著作，以小窥大，论述西方文明的"发明之母"，断言拼音字母表是西方文明最重要的决定性因素之一。

是书既比较中西文化，从字母表分析思维的效应去回答李约瑟之问：为什么抽象的理论科学没有在中国兴起而是在西方壮大？为什么古代和中古时期科学技术先进的中国到近代落后了？同时又批判西方中心论，冷静、严谨、公允。

它亮点众多，撷取几条珠玑之论介绍如次。

1. 字母表乃发明之母。他认为字母表培育了以下的能力：分析，编码和解码，将声觉符号即语音转换为视觉符号，以演绎方式思维，给信息分类，在拼音化的过程中给语词排序。

2. 语言演化链。洛根拓展并超越近代语言学和当代语言学的狭义语言论，持泛语言观念，论语言演化链的思想。他认为，语言乃"心灵之延伸"，口语、文字、数学、科学、计算技术和互联网是人类语言演化链的六种语言。他创造性地构建了这六种语言的语义和句法，令人信服。他甚至猜想，谷歌是第七种语言，数据空间是第八种语言。

3. 口语文化的三分法。继承麦克卢汉的嫡传弟子沃尔特·翁（Walter Ong）创造的"原生口语文化"和"次生口语文化"的二分法，洛根又前进一步，将人类的口语一分为三：原生口语、次生口语和数字口语。

4. 告别西方中心主义。洛根比较东西方文化，持论公允，他写道："中国文化和欧洲文化的演化方向不同，但这并不意味着，中国文化不如欧洲文化；事实正好相反……中国文化创造了自己凯歌高奏的艺术、技术、哲学和宗教思想，任何其他文化都难以匹敌。"

"中国文化是今天尚存的最悠久的、绵延不绝的文化之一，在文化的一切方面它都做出了重大的贡献，包括治理、法律、科学、数学、医学、技术、宗教、哲学、文学、绘画、音乐和建筑。"

5. 回答李约瑟之问。他分辨"非抽象的实用科学"和"抽象的理论科学"，讴歌中国的技术成就，同时指出中国理论科学和抽象科学之不足：

"中国理论科学付之阙如，令人十分困惑，因为中国取得了高水平的技术进步。早在西方的科学技术进步以前，他们就取得重大的技术进步。这些成就不胜枚举……中国创造了世人所知的非抽象科学里最精湛的形式。"

6. 字母表文化是个人主义膨胀的重要原因。他认为，字母表文化促进分割化，致使人与社会分离，使个人与社会和家庭分离。他列举赫拉克利特、毕达哥拉斯、柏拉图等哲人讴歌个人主义的言论，将其归因于西方以拼音字母表为源头的书面文化。

五、发展麦克卢汉，完成自己的媒介理论

洛根的媒介理论是一个包容而开放的体系，既是麦克卢汉媒介理论的全面继承，又是广采博取的百衲衣，是媒介环境学派泛媒介论的最佳典范。

麦克卢汉难读，需要诠释；耐读，需要反复琢磨。麦克卢汉的著作常读常新，保罗·莱文森、特伦斯·戈登和洛根进行了最好的诠释。世界范围的麦克卢汉研究经历了三次飞跃。

1998 年，在数字时代萌动之际，莱文森推出《数字麦克卢汉》一书，全面肯定、深入解读麦克卢汉，分 14 个专题研究其思想。这本奇书犹如魔杖，召唤陨落多年的麦克卢汉彗星，使之重放光芒。这是一本三合一的书，既是麦克卢汉评传，又是理论专著，也是亿万网民的指南。莱文森实现了麦克卢汉研究的第一次飞跃。

1999 年，新千年到来之际，麦克卢汉的传记作者和批评家特伦斯·戈登编辑《理解媒介》增订评注本，完成了麦克卢汉研究的第二次飞跃。他为《理解媒介》编制了人名索引、主题索引、关键词，加了注释，借以"规范"麦克卢汉；写了序跋，加了附录、编者导读，借以拓宽麦克卢汉，他使这个评注本成为麦克卢汉媒介理论最详尽、最权威的解读。

但麦克卢汉研究没有最好，只有更好。麦克卢汉百年诞辰（2011）前

后，洛根密集推出两本书：《理解新媒介：延伸麦克卢汉》和《被误读的麦克卢汉：如何矫正》，呕心沥血，更加细密。

《理解新媒介：延伸麦克卢汉》实际上是两本书：一本诠释麦克卢汉，逐一对麦克卢汉《理解媒介》的 26 种媒介注入新解；一本是介绍洛根自己的新媒介论。现在看来，这两个任务都超额完成了。这本书不仅是对麦克卢汉的"延伸"，而且阐述了作者的"新媒介"理论。

在《理解新媒介》里，洛根破解麦克卢汉"我不解释，我只探索"的密码，充分肯定麦克卢汉异乎寻常的方法论。为此专辟第一部"方法论"，用 80 余页的篇幅进行论述，竟然梳理出 38 条方法论。然而，作者意犹未尽，又用附录"他的猖狂中寓有方法"再次予以重申。这 38 种方法论是：媒介与技术是等价词；技术是人体的延伸，媒介是心灵（psyche）的延伸；媒介是活生生的力的漩涡；媒介创造新的社会模式并重构人的感知；"媒介即是讯息"；任何新媒介的内容都是另一种旧媒介；杂交系统；媒介的阈下效应；媒介的反直觉效应；逆转：人成为技术的延伸；社会仿效其技术；地球村；后视镜：历史是媒介研究的实验室；三个传播时代；断裂边界；声觉空间对视觉空间；文字、拼音字母表和印刷机；书面文化时代的分割化；电速条件下出现的新信息模式；集中化对非集中化；整合与多学科研究对专门化；硬件对软件和信息；冷与热／光照射对光透射；作为防止媒介余波效应的媒介研究；理解新媒介的利弊；不做道德判断；客观性的迷思；口语传统与探索；作为雷达与早期预警系统的艺术；过时的技术成为艺术形式；多学科研究；"媒介分析"对"内容分析"；界面和模式研究而不是"观点"研究；外形 – 背景关系；因果关系的逆转；使用者是媒介的内容；一种反学院式研究的偏向；媒介定律。由此看来，洛根这位狂狷的物理学家也宽容麦克卢汉非理性的治学方法，给出了非常宽容"方法论"概念。

与此同时，洛根又完成了自己的创新：新媒介的特征 14 种，语言演化链的 6 种语言，5 个传播时代，口语文化的三阶段（原生口语、次生口语和数字口语），媒介内容的四分法（物质域、心灵域、媒介域和符号域），赋能技术 12 种。

洛根的媒介理论内容丰赡、亮点众多，有几种需要略微展开介绍：

1. 新媒介的 14 种特征是：双向传播；使信息容易获取和传播；有利于继续学习；组合与整合；社群的创建；便携性；媒介融合；互操作性；内容的聚合；多样性、选择性与长尾现象；消费者与生产者的再整合；社会的集体行为与赛博空间里的合作；再混合文化；从产品到服务的转变。

2. 他断言，语言乃"心灵之延伸"，口语、文字、数学、科学、计算技术和互联网是人类语言演化链的 6 种语言。自 1986 年首次在《字母表效应》里提出语言演化链的 6 种符号语言以来，在所有的后续著作里，他不断阐述并扩充这一思想。

3. 赋能技术有 4 大类：各种表现形式的电子技术、各种表现形式的信息储存器、通信基础设备、开放源方法论与技术。共 13 种：电子技术、鼠标与图形用户界面、触觉技术与嗅觉技术、超链接、超文本与超媒介、调制解调器与非对称式数字用户线路、光纤通信卫星、无线保真、蓝牙与火线、开放源码技术与维基、维基与维基百科、普适计算、简易信息聚合。

《理解新媒介：延伸麦克卢汉》的"新媒介"研究几乎详尽无遗。但洛根深知，即使这个"详尽无遗"的研究系统也已经"过时"，没有谁能赶得上日新月异的"新媒介"革命。所以他在前言里坦承：任何著作都是"过时"的成果，追赶不上迅速变化、已然变化的形势。"形塑本书的洞见之一是：一旦某物成形，它就已经过时。这一论断适用于本书。我向出版社交付手稿时，它全然是最新潮的著作，但此刻它已过时。在编辑、排印和发行的过程中，媒介又有了新的发展。"

麦克卢汉说得好："如其运转，则已过时。"《理解新媒介：延伸麦克卢汉》的撰写工作，2008 年业已杀青，从交稿到印行的 2010 年，书中涉及的新媒介几乎面目全非。为了弥补这一缺憾，洛根为本书创建了一个网站，意在不断更新，追赶新潮，接受反馈，听取批评。

六、捍卫麦克卢汉

麦克卢汉百年诞辰前后，洛根举空前之力，重新通读麦克卢汉的全部著作，推出《理解新媒介：延伸麦克卢汉》，该书既重审宣扬麦克卢汉媒介理论，又张扬洛根的新媒介理论。借此，他肯定了麦克卢汉对互联网的价值。随后，他又完成了《被误读的麦克卢汉：如何矫正》这本书，借此正本清源，全盘肯定麦克卢汉的超卓思想，廓清迷雾，矫正误解，开拓了新的研究视角；全面梳理麦克卢汉的思想，总结出三大特色、四大突破和五大视角，重建了麦克卢汉的认知体系。如果只需读一本书就能清晰地了解麦克卢汉，本书是当然之选。他竖起麦克卢汉研究的又一个路标。这两本书是姐妹篇，合成麦克卢汉研究的第三次飞跃。

《被误读的麦克卢汉》坚定捍卫麦克卢汉的思想，批驳一切不实责难，精耕细作，把作者和麦克卢汉的思想熔为一炉，始终贯穿三条线，色彩明丽：麦克卢汉评传、洛根自传、对批评者误读的矫正。

在该书的前言里，洛根指明麦克卢汉学问的三大特色：麦克卢汉对文学艺术的热爱；哈罗德·伊尼斯的影响；他对科学及其方法的强烈兴趣，尤其对电场、量子力学、爱因斯坦相对论和生态学的兴趣。他又在此宣示《被误读的麦克卢汉》的四大目标：澄清对麦克卢汉著作的误读和误解；确认麦克卢汉的重要概念和思想渊源；为读者提供指南，普及麦克卢汉的思想，使之更容易通达公众和学界；指明麦克卢汉的思想渊源，即麦氏所受的影响。

麦克卢汉是 20 世纪最神秘莫测、被人误解的学者之一，原因之一是他诸如此类的表述：

> 我不假装理解我这一套东西。毕竟，我写的东西很困难。
>
> 我未必完全赞同我说的一切。
>
> 你不喜欢那些想法吗？我还有其他一些呢。
>
> 你的意思是，我的"谬论"全错了？
>
> 我可能会错，但我从来不将信将疑。

对麦克卢汉令人费解的话、容易误解的观点以及不当的抨击，洛根逐一辨析、辩驳，解析原因，澄清误解。洛根认为，麦克卢汉短于细节，长于洞见。嫉妒他的人死盯着他出错的细部，受他鼓舞的人则聚焦于他的洞察力。

洛根解说并捍卫麦克卢汉的超前思想，广受好评，该书的译者前言列举了世界各地的七家好评，兹抄录其中最精要的三家评论如次：

"《被误读的麦克卢汉》是富有胆略、思想闪光的向导，指引读者去探索加拿大著名学者马歇尔·麦克卢汉复杂的著作。"

"罗伯特·洛根这本书矫正误解，精彩纷呈。他为我们提供了正确理解麦克卢汉的语境。"

"罗伯特·洛根使马歇尔·麦克卢汉永葆活力，无人能出其右……洛根教授在此陪伴我们厘清并读懂麦克卢汉的著作。他惊人明快的文风、学者的精准、令人莞尔的幽默使21世纪的读者能理解麦克卢汉的思想。《被误读的麦克卢汉》生动传神、驾轻就熟地证明，麦克卢汉的许多思想在今天仍有现实意义。"

《被误读的麦克卢汉》广受好评，实至名归。洛根对麦克卢汉的梳理和阐释，极为细致，限于篇幅只能略举数端。

麦克卢汉短小的警语预示今天的推特："由于他倡导警语，他为推特的创意做了铺垫，预示这样一种想法：我们只有时间应对简明扼要的表达形式。"

他颠倒因果的研究方法预示了复杂理论的到来。如他所言，"我从结果着手，追溯原因"。

他从科学获得灵感，"使用场、空间和共鸣之类的科学术语来生成暗喻，略加变通，以满足自己的需要，去描绘他观察的媒介现象"。"麦克卢汉的研究方法是科学的，在某种意义上，他可以被视为科学家，至少可以说，他坚持了科学探索的原理。"

他的许多宣示很超前，带有预言的性质，他似乎意识到个人电脑、互联网、万维网和其他数字媒介的来临，比如：

1968 年，他和 IBM 的十来位地区主管共进午餐，侃侃而谈，憧憬未来。关于计算机的遐想，他比顶级的技术人员都先进十来年。

1962 年，他就预示了互联网的到来："用作研究和通信工具的计算机能加强检索，使大型图书馆组织过时，能恢复个人的百科全书功能，并逆转为个人使用的一条路径，处理快速裁剪得当的、可出售的数据。"

1971 年，他就谈及众包的概念，将其称为"有组织的无知"："困扰一个专家或一打专家的问题，没有一个不是立马能解决的，只要上百万颗脑袋同时被赋予机会去解决就行。"

麦克卢汉的另一种预示是智能电话。1964 年，《理解媒介》出版不久，他就在纽约市的一次讲话中说，总有一天，人人都可能有一台便携式电脑，像助听器那么大，个人的经验与外部世界的巨型"大脑"就连接在一起了。

七、语言演化链

自 1986 年的《字母表效应》起，洛根语言演化链的思想贯彻始终。这一节择要撷取他几部专著里的相关论述。

"我提出两个命题：①一切口语形式都拥有推进人类思想的两个维度：传播功能和信息功能；②口语、文字、数学、科学、计算技术和互联网构成一根语言演化的链条。"

"既然已确认口语、文字、数学、科学、计算技术和互联网可以被视为独特的语言形式，我们就能问，它们为何构成一条演化链呢？我认为，当先行语言的信息功能难以对付新水平的复杂现象时，一种新语言就应运而生，以应对某种形式的信息超载或混乱。当新的信息处理需求出现，而先行的语言又不能有效地予以应对时，一种新语言就从其先行者演绎而来。新语言代表演化链的一次分叉，升入一个新的级阶，这是先行诸语言不能达到的层次。新语言含有先行语言的余存，其源头是先行语言，但它设定了自己的新元素，其功能是应对信息超载和混乱。每一种新语言最终都导致信息爆炸，引起一套新的挑战，并且为下一层级的发展搭建舞台，为一种新语言形式的出现准备条件。"

"互联网是第六种语言，是语言演化链里最新的一环，其功能是应对计算技术造成的信息超载，是为了满足需求，以传播计算技术生成的许多讯息。互联网是在计算技术、电话通信和超文本标记语言结合的过程中兴起的。简言之，我们看见的是这样一景：一种新语言是在先行语言的树干上长出的新枝，是在信息超载时应运而生的。"

"我开始相信，谷歌是第七种语言，将加入言语、文字、数学、科学、计算技术和互联网的大家庭，形成一根语言演化的革命链条。"他又说："我们业已确认的 7 种语言是互动式媒介。它们是言语、文字、数学、科学、计算语言、互联网和谷歌……和以上 7 种语言一样，数据空间也有独特的语义和句法……因此我们建议把数据空间视为人类认知能力演化中的第 8 种语言。"

"如果我们把语言定义为交流系统和信息系统，计算技术和互联网（含万维网）就代表新的语言形式，它们是语言演化链的一部分，这根链条还包括口语、文字、数学和科学。为了创建这个假说，我将证明，这六种语言特色鲜明，各有其语义和句法。我通过历史分析展示，每一种新形式都从以前的形态演化而来，都是呼应新的信息处理需求而生成的，每一种语言都包含先行语言的结构和元素。"

八、心灵的延伸，大一统理论

在《心灵的延伸》里，洛根提出一个研究身心问题的模型，即心灵延伸模型，也就是他所谓的人类认知的大一统模型。

第三章提出心灵延伸模型，并演绎出语言和心灵的三个公式：①语言 = 交流 + 信息；②心灵 = 大脑 + 语言；③心灵 = 大脑 + 语言 + 文化，即扩充版人类认知的大一统模型。三个公式可以做这样的解读：

语言 = 交流 + 信息：语言的两个重要功能是交流功能和信息功能。

心灵 = 大脑 + 语言：语言和心灵是人脑的延伸，心灵是人脑的口语延伸。

心灵 = 大脑 + 语言 + 文化：语言、心灵和文化是人脑的延伸。

接着第四章雄心勃勃，提出关于思想和文化的大一统理论。要点有：①把前语言、原始语、六种语言的演化链和文化统一起来，构建人类思想和文化的大一统模型；②重申简明版心灵模型：心灵 = 大脑 + 语言；③语言的发生代表着三种分叉：从感知到概念的分叉，从大脑到心灵的分叉，从远古智人到现代智人的分叉；④心灵 = 大脑 + 语言 + 文化的扩充版模型就是人类认知的大一统模型，它显示语言、思想和文化的演化是一个动态系统，需要全盘研究，需要用动态系统方法论来整合，还需要调动若干学科的思想和工具。

九、学苑奇葩惊天下

洛根的《心灵的延伸》和《什么是信息》相隔七年，却血脉相通，魂魄相连，两者都是跨学科的奇书。《心灵的延伸》试图建构人类认知的大一统理论，本文已作初步介绍。《什么是信息》仿照薛定谔的经典《生命是什么》，可以被视为洛根学问的巅峰，它综合各学科、各大家的"信息"论述，视语言、心灵、文化为生物有机体和信息系统，借用复杂理论、突显论、混沌理论、耗散结构、进化论、新二元论等思想，论述语言、心灵、文化的自催化、自适应、自建构、自复制的组织繁衍，迭有惊世之言。这本书篇幅不大，却难以评说，只好留待他日另文介绍。

《心灵的延伸》和《什么是信息》是两本跨学科的奇书，希望它们能产生 20 世纪 80 年代理查德·道金斯《自私的基因》和爱德华·威尔逊《新的综合》那种大开大阖、开启民智、震撼学界的效应。

希望洛根五本书的中译本有助于推进我们的媒介理论研究、媒介环境学研究，以及跨学科研究甚至文理科的大跨度研究。

尼尔·波斯曼：
媒介环境学派的一代宗师和精神领袖^①

2004 年，广西师范大学出版社推出尼尔·波斯曼的名著《童年的消逝》（吴燕莛译）和《娱乐至死》（章艳译），波斯曼火遍中国，"娱乐至死"成为中国人老少通用的口头禅，由此衍生出的调侃还有"刷屏至死""流量至死""吃喝至死"……

2007 年，北京大学出版社印行他的《技术垄断：文化向技术投降》（何道宽译），是波斯曼在中国点燃的第二把火。

2015 年，中信出版社同时印行《童年的消逝》（吴燕莛译）和《娱乐至死》（章艳译），这是波斯曼在中国引燃的第三把火。迄至笔者撰文的今天，中信版的《童年的消逝》已完成 21 次印刷，《娱乐至死》已完成 14 次印刷。波斯曼的大火成燎原之势。

2019 年 5 月，中信出版社同时印行《童年的消逝》《娱乐至死》和《技术垄断》，波斯曼的媒介批评三部曲在此大团圆。这是波斯曼的第四把火。

2019 年 10 月，中国大百科全书出版社印行《震惊至死：重温波斯

① 原刊登于《新闻记者》，2019 年第 11 期。

曼笔下的美丽新世界》（*Amazing Ourselves to Death: Neil Postman's Brave New World Revisited*，何道宽译），这是波斯曼延烧的第五把火，是作者兰斯·斯特拉特献（Lance Strate）给恩师波斯曼的厚礼，是波斯曼的传略，又是《娱乐至死》的导读，还是跨时代的精神扫描。

一、遗憾虽有，释怀已然

2001 年初，我推出保罗·莱文森的《数字麦克卢汉》（社会科学文献出版社）时，就准备译介尼尔·波斯曼的著作，而且请莱文森牵线搭桥，洽谈版权，不幸搜寻版权失败，未能如愿，遗恨至今。

2004 年，广西师范大学出版社推出《童年的消逝》和《娱乐至死》的中译本，引起轰动，我方知版权已名花有主，隐隐有失落之感。

2007 年，北京大学大学出版社购得《技术垄断》的版权，由我译介，遗憾得以部分排遣。

2015 年，《童年的消逝》和《娱乐至死》名花易主，转中信出版社印行。

2019 年，中信出版社采用我的《技术垄断》第二版，使之与其他两本书三珠合璧。波斯曼的媒介批评三部曲大团圆，虽然并非由我一人包揽，但三部曲珠联璧合，亦令人欣慰。

二、精神领袖，首创学派

媒介环境学从酝酿到成熟经历了艰难曲折的过程。20 世纪初，社会学的芝加哥学派孕育了其胚胎。20 世纪上半叶，一些多学科的巨人成为其先驱。20 世纪中叶，传播学的多伦多学派和纽约学派融合，结成一支强大的学术队伍。多伦多学派的代表人物有哈罗德·伊尼斯、马歇尔·麦克卢汉、爱德华·卡彭特、埃里克·哈弗洛克和罗伯特·洛根，纽约学派的代表人物有刘易斯·芒福德、约翰·卡尔金和路易斯·福斯戴尔，但他们都没有提出媒介环境学。

1967 年，纽约市的福德姆大学延聘麦克卢汉任"施韦策讲座教授"。此间，波斯曼和麦克卢汉过从甚密。经麦克卢汉提议，波斯曼于 1971 年在纽约大学创建媒介环境学博士点，扛起了媒介环境学的大旗，直至他 2003 年去世。他成为媒介环境学派的灵魂、精神领袖和组织领袖。30 年间，波斯曼培养了数以百计的硕士生和博士生，桃李满天下。如今，他的弟子已把媒介环境学的星火传遍全球。

三、著作等身，年谱为证

波斯曼著作等身，传世的论文 200 余篇，存世的著作 25 种，其中独著 13 种，合著 10 种，合编 2 种。这些著作横跨英语教育、语言学、语义学、媒介批评和社会批评。

波斯曼之奇，可从其学术年谱管窥一斑：

1931 年，生于纽约市一个犹太家庭。

1955 年，在哥伦比亚大学教育学院攻读硕士学位时，波斯曼聆听麦克卢汉应路易斯·福斯戴尔教授的邀请来校讲演，成为麦克卢汉的"孩子"，终生不渝；同年获哥伦比亚大学教育硕士学位。

1958 年，获哥伦比亚大学英语教育博士学位。

1959 年，从旧金山州立学院返回纽约大学任教。

1961 年，著《电视和英语教学》。

1966—1971 年，论语言与教育的五本书陆续问世。

1971 年，在纽约大学创建媒介环境学博士点。

1976 年起，任普通语义学杂志《等等》主编，凡 10 年。

1979 年，著《作为保存活动的教学》。

1982 年，著《童年的消逝：家庭生活的社会史》。

1985 年，著《娱乐至死：娱乐时代的公共话语》。

1986 年，获美国英语教师学会授予的"乔治·奥威尔奖"。

1988 年，著《认真的反对》。

1990 年，晋升教授，任纽约大学文化与技术系主任。

1991 年，任哈佛大学肯尼迪政治学院访问教授。

1992 年，著《技术垄断：文化向技术投降》。

1996 年，著《教育的终结》，其意大利文译本获意大利国家图书奖。

1998 年 9 月 4 日，在媒介环境学会成立大会上发表《媒介环境学的人文关怀》致辞。

1999 年，著《修建通向 18 世纪的桥梁》。

2000 年，获杨百翰大学荣誉博士。

2001 年，获雅典大学荣誉博士。

四、屡有继承，迭有创新

波斯曼继承并发展了麦克卢汉的媒介理论，迭有创新，亦有反叛。

他谦称自己是麦克卢汉的孩子。在《麦克卢汉：媒介及信使》的序文里，他说："到 1996 年，我们有 100 多位学生拿到了博士学位，400 多人拿到了硕士学位。我担保，他们都知道，自己是麦克卢汉的孩子。"①

但他又说："当然我也认为自己是他的后代，不是很听话的一个孩子，

---

① ［美］尼尔·波斯曼：《麦克卢汉：媒介及信使》，何道宽译，中国人民大学出版社，2003 年，序言，第 3 页。

可是这个孩子明白自己从何而来，也明白他的父亲要他做什么。"①

之所以说自己"不听话"，那是因为他与麦克卢汉有所不同。在如何对待技术、道德关怀、社会批评方面，他说："我看麦克卢汉不会完全同意我著作中的一些答案。我的回答具有强烈的道德关怀，对他不合适。""麦克卢汉不是本世纪的朋友，而是下一个世纪的朋友。他是一个主张改良的人、面向未来的人、预言希望的人。"②

麦克卢汉和波斯曼在中国都很红。麦克卢汉倾向于肯定电视和计算机的正面效应，波斯曼则警惕其负面效应。麦克卢汉憧憬和预言互联网时代，是21世纪的朋友，波斯曼则痛批"娱乐至死"的电视文化和大众文化，挞伐极权主义的技术垄断，是21世纪的诤友。

麦克卢汉梦想的是人类技术和文化发展的"太和之境"，而波斯曼则警钟长鸣——文化绝不能向技术投降。他们两人和诸多政治文化背景不同的人构成媒介环境学传统不可分割的一部分，这一事实正是媒介环境学普世价值的证明。

现以《技术垄断》为例，借以管窥波斯曼对麦克卢汉的继承与超越。

和麦克卢汉及洛根、莱文森等人一样，波斯曼把人类文化/技术/环境/媒介/传播的历史分为口语、文字、印刷、电子等几个时期。他的《技术垄断》则把"信息革命"分为印刷术、电报、摄影、广播和电脑等5个阶段。

和其他媒介环境学人不一样的是，他将科技史和媒介史分为三个阶段：工具使用、技术统治和技术垄断三个阶段；人类文化大约也分为相应的三种类型：工具使用文化、技术统治文化和技术垄断文化。如斯论者，天下

---

① ［美］尼尔·波斯曼：《麦克卢汉：媒介及信使》，何道宽译，中国人民大学出版社，2003年，序言，第3页。

② 同上。

仅他一人！

和其他学者不一样，他死死地盯着技术的阴暗面，以免技术对文化造成伤害。他认为，在工具使用文化阶段，技术服务从属于社会和文化；在技术统治文化阶段，技术向文化发起攻击，并试图取而代之，但难以撼动文化；在技术垄断文化阶段，技术使信息泛滥成灾，使传统的文化符号流失殆尽，使传统世界观消失得无影无形。他断言，技术垄断就是极权主义的技术统治，技术垄断最严重的后果之一就是符号的耗竭和叙事的流失。号召抗拒技术极权主义者，天下仅此一人！

五、媒介批评，赫赫威名

波斯曼的媒介批评三部曲极其深刻。

《童年的消逝：家庭生活的社会史》（*The Disappearance of Childhood, A social history of family life*, 1982）揭示电视文化的弊端：使儿童失去童真，窥探他们本不该窥视的成人秘密，成为小大人；使成人幼稚化，变为老顽童。人生只剩下三个阶段：婴儿、成年的儿童和老年。童年和成人都被电子媒介谋杀，美国文化也幼稚化了。该书是波斯曼对印刷时代和电视时代最深刻的分析批判和对比。

《娱乐至死：娱乐时代的公共话语》（*Amusing ourselves to death: Public discourse in the age of show business*, 1985）追溯技术对政治、智能、宗教和历史的影响，控诉电视对读写能力的戕害，谴责大众娱乐把公共话语和一切文化委琐化，谴责政治沦为庸俗的娱乐。他提倡口语和写作、印刷媒介、书籍和说明文，也提倡会话、讨论、辩论和公共讲演。他隐射电视掏空人的头脑和心灵，《娱乐至死》成为世界公认的最深刻的批判力作。该书封面赫然映入眼帘的是，一家四口窝在沙发上，脑袋犹如酒杯，空荡，徒有颅骨，没有脑髓。电视把人的头脑和心灵掏空了！

《技术垄断：文化向技术投降》（*Technopoly: the Surrender of Culture to Tcehnology*, 1992）高呼"狼来了"，揭示唯科学主义和信息失控的现实危险，指出技术垄断只有美国一家，别无分店，技术垄断损害美国文化，创深痛巨！如果说《童年的消逝》和《娱乐至死》因抨击电视文化和庸俗文化而成为媒介批评的代表作，那么《技术垄断》就揭示唯科学主义和信息失控的现实危险，指控技术垄断对美国文化和人类文化的危害。借此，波斯曼的批判理论升华为一种技术哲学。

他的媒介批评三部曲层层递进，其锋芒所向披靡，其文字痛快淋漓。他证明，电视文化、大众娱乐、唯技术崇拜、唯科学主义危害人类。他的批判胜过一般的社会批评家和媒介批评家。

《技术垄断》认为，"信息革命"经历了印刷术、电报、摄影术、广播和电脑等 5 个阶段。在技术垄断到来之前，信息控制机制帮助人驾驭技术，这些机制有：法庭、学校、家庭、政党、国家和宗教。到了技术垄断阶段，抵御信息泛滥的多重堤坝和闸口土崩瓦解，世界就难以驾驭、难以把握了。

在《技术垄断》里，波斯曼死死盯住技术危害文化的一面，长鸣警钟，号召文化不向技术投降。他谴责"文化向技术投降"，痛斥"技术垄断就是极权主义的技术统治。"①

这个三部曲已然成为世界各国推崇的经典。

他自豪地宣示："我敢说，媒介环境学者讲述的故事比其他学者讲述的故事重要。这是因为传播技术塑造人们生活的力量，并不容易进入人们意识的前列，虽然我们这个世纪屈从于新媒介君临天下的统治——无论我们喜不喜欢这样说。所以为了人类的生存，我们不得不讲述这样一些故事：什么样的天堂可能会得到，什么样的天堂又可能会失去。我们不会是首先讲这类故事的人。然而，除非我们的故事洪钟贯耳、经久不衰，我们就可

---

① ［美］尼尔·波斯曼：《技术垄断》，何道宽译，北京大学出版社，2007 年，第 28 页。

能是最后一批讲故事的人。"①

六、《技术垄断》效应在中国的放大

波斯曼心仪马克思主义，他主张《共产党宣言》应该是圣典，比肩《圣经》和《古兰经》。他坚信马克思主义的持续影响："紧守马克思主义基本原理的人绝不会放弃马克思主义理论，他们将继续以马克思主义的基本规定和约束为指南。马克思主义的强大威力唤起了十几亿人的想象和忠诚。"他这样的左派知识分子难以抗衡"美国例外论"，在美国不可能太红。

麦克卢汉和波斯曼在中国都很红。在中国社会经济技术文化超乎寻常日新月异剧变的语境下，中国人亟须他们两人互补的盛世危言！

波斯曼的批判理论在中国引起的震撼超过它在美国本土造成的冲击，《技术垄断》在中国引起的震撼尤其强烈。国内一些顶尖的学者特别欣赏他的科学哲学和社会批评的犀利锋芒，北京大学哲学教授刘华杰、清华大学科技史教授刘兵、上海交通大学科学史教授江晓原、北京师范大学文化学教授蒋原伦密集撰文评论，其基调近乎颂扬，其肯定近乎超常。兹引几例，以管窥豹，以飨读者。

北京大学哲学教授刘华杰指出，该书是一部早熟的多学科经典："波斯曼早在因特网还没有流行的 1992 年就写下了一部经典著作，猛烈批判美国以及我们这个时代对于技术的迁就、盲从。如果他还活着，现在重写这部书，若能考虑到因特网的迅猛发展，他会写得更好。这部书既可作传播学著作来读，也可作技术哲学著作来读。"《技术垄断》一书涉及许多科学史的内容，作者的科学观念也算比较新潮，这与科学史、科学社会学、科学

---

① Neil Postman, *Consciousness Objections: Stirring up trouble about language, technology, and education*. New York: Alfred A. Knopf, 1988, pp. 18-19

传播学的新近发展趋势是一致的。"①

清华大学人文社会科学学院学科技史教授刘兵坦诚自己迫不及待阅读《技术垄断》的心境，强调该书与中外科学元勋或科学文化研究界的共鸣："看到波斯曼的《技术垄断：文化向技术投降》出版，便有些迫不及待地找来一读。读过之后，同样，感受、联想颇多，受启发之处也一言难尽……波斯曼的观点，与国际国内科学元勋或科学文化研究界的一些看法很有相通之处……其中的批判性思考，也是非常有价值的。"②

上海交通大学科学史教授江晓原称赞波斯曼是我们这个时代最有力的批判者之一："在这个三部曲中，波斯曼的思想越来越深刻，观点也越来越激进，成为我们这个时代最有力的批判者之一。他的这些观点，表面看起来似乎惊世骇俗，其实主要是因为我们先前从来没有在他的思考方向上尝试思考过。""在宗教的上帝被抛弃之后，科学开始扮演新的上帝角色。而在波斯曼看来，科学当然不能也不应该扮演上帝的角色，技术则更是经常介于天使与魔鬼之间。"③

北京师范大学文学院蒋原伦教授写道，几年前读《娱乐至死》时，就"预感会有《技术垄断》这样的批判力作面世"。他指出："《技术垄断》中最值得关注的是作者对所谓的'社会科学'的批判，许多人文学科和社会研究被冠之社会科学的名头，而假借科学的名义所进行的一切就不可以受质疑。中国的学人尤其要对此进行反思。波斯曼将以上现象称之为'唯科学主义'。"④

---

① 刘华杰：《文化决不向技术投降：读波斯曼的〈技术垄断〉》，《中国图书商报》，2008 年 2 月 11 日。

② 刘兵：《技术垄断：文化向技术投降？》，《文汇报》，2008 年 3 月 1 日。

③ 江晓原：《文化向技术投降的时代：波兹曼"媒介批判三部曲"》，《第一财经日报》，2008 年 8 月 2 日。

④ 蒋原伦：《技术垄断：当代人的文化困境》，《中华读书报》，2008 年 11 月 3 日。

七、《震惊至死》是《娱乐至死》的升华

名师出高徒，《震惊至死》的作者兰斯·斯特拉特是尼尔·波斯曼的嫡传高足、传播学家、语义学家、媒介环境学会创会会长、河南大学的高端外国专家。他师从波斯曼，专攻媒介环境学，成为该学派第三代的核心人物。同时，像麦克卢汉、伊尼斯、洛根、莱文森一样，他的学问横跨人文社科，名下的著作约有 10 种。他多次荣膺媒介环境学会学术奖、纽约州传播学会学术奖，其著作已译成汉语、法语、意大利语、葡萄牙语和希伯来语。他继承并发扬波斯曼的媒介理论，把我们带进 21 世纪新媒介和社交媒介的语境。

书名"震惊至死"凸显新媒介的震撼效应，不言自明。副标题"重温波斯曼笔下的美丽新世界"解读波斯曼的《娱乐至死》和媒介思想，一目了然。

作者前言称："我将《震惊至死》植入波斯曼著作的整体框架中，竭力用纪传体的方式建构他论述的语境，总体上讨论他投身的媒介环境学领域。"在长篇的中文版序里，他又说："我的书不限于评论和重温他的一本书，我要把《娱乐至死》置于他全部著作的框架里，置于媒介环境学的语境中，然后才考虑把他的分析延伸至我们的 21 世纪。"《震惊至死》不仅是《娱乐至死》的解读，而且是波斯曼批判思想的诠释，亦是关于波斯曼的学术小传，还是媒介环境学学术史的一个剖面，更是作者个人在 21 世纪对该学派思想的发展。

《震惊至死》受到学界的高度肯定。纽约大学教授杰伊·罗森（Jay Rosen）推崇其多重意义："《震惊至死》是陪伴我们阅读《娱乐至死》的指南，这既是一位学术大家的传略，又是时代精神的扫描。它还是送给恩师的献词。如果你喜欢《震惊至死》，你就会心存感激。我心存感激，并大力推荐之。"乔治城大学教授黛博拉·坦能（Deborah Tannen）肯定其推陈

出新："兰斯·斯特拉特驾轻就熟，把波斯曼的洞见送给新的一代、新的世纪。而且，他进一步说明如何驾驭媒介，如何利用不断演化的媒介，而不是让媒介利用我们。"（《震惊至死》封底文字）

20世纪产生了反乌托邦的两大奇书：乔治·奥威尔（George Orwell）的《一九八四》批判极权主义，人们在此饱受压抑；奥尔德斯·赫胥黎（Aldous Huxley）的《美丽新世界》描述的是一个物质丰富、科技发达的等级社会，人们在此醉生梦死。两相比较，波斯曼看重后者，而不是前者。斯特拉特完全赞同、反复阐述波斯曼的这一取向。

波斯曼为什么极其推崇《美丽新世界》？在《娱乐至死》的前言里，他写道："奥威尔害怕的是禁书的人，而赫胥黎害怕的是禁书无理由，因为那会导致无人想读书。奥威尔害怕剥夺我们信息的人，而赫胥黎害怕给我们太多信息的人，那会使我们沦为消极自私的人。奥威尔害怕真相被掩盖，使我们看不清，而赫胥黎害怕真相淹没在无关信息的汪洋大海中。奥威尔害怕我们成为被囚禁的文化，而赫胥黎害怕我们成为委琐的文化，沉迷在菲里斯摇滚乐、狂欢节和牌戏之类娱乐中。在《重访美丽新世界》里，赫胥黎说，公民自由主义者和理想主义者'未能考虑人们几乎无止境的消遣胃口'。他接着说，《一九八四》里的人被伤害人的痛苦控制，《美丽新世界》里的人被伤害人的愉悦控制。简言之，奥威尔害怕我们仇恨的东西会毁灭我们；赫胥黎害怕我们热爱的东西会毁灭我们。"

《震惊至死》呼应《娱乐至死》，开篇第一章题名"致命的娱乐"。在此，斯特拉特引用波斯曼《娱乐至死》压轴的一句话："人们成为消极的受众，公共事务成为杂耍表演。此时，国家处在危险之中，文化死亡显然是可能的结局了。"他相信，自己的《震惊至死》就要"加深我们对波斯曼著作的理解，使他的著作更明晰，能为他的书提供语境，能阐明他对媒介环境学领域和思想史的贡献，并阐明其意义。"

赫胥黎也偏爱自己的《美丽新世界》。他写道："我们可以说，现在世事的可能性更偏向我的《美丽新世界》，而不是偏向奥威尔的《一九八四》了。"①

斯特拉特也偏重赫胥黎的《美丽新世界》。他写道："两相比较，奥尔德斯·赫胥黎的《美丽新世界》证明更有预见性，至少对西方生活更具预见性。奥威尔的反乌托邦建立在压制和镇压的基础上，强加严格的纪律和组织，完全控制生活的方方面面，相反，赫胥黎的享乐社会用性、毒品和娱乐使人规规矩矩。"

有人认为波斯曼太消极，斯特拉特予以驳斥："波斯曼的批评对有些人而言似乎太消极。然而，我们失去方向时，除了疾呼航程的矫正外，我们还能做什么呢？"

斯特拉特指出，《娱乐至死》压轴的一章题名"赫胥黎的警告"，是非常妥帖的。波斯曼在这里写道："赫胥黎教导我们，在先进技术时代，精神毁灭很可能来自微笑的敌人，而不是来自满脸狐疑和仇恨的敌人……人们因鸡毛蒜皮的小事而精力涣散时，文化生活被重新界定为无休止的娱乐，严肃的公共会话成为婴儿语。总之，人们成为消极的受众，公共事务成为杂耍表演。此时，国家处在危险之中，文化死亡显然是可能的结局了。"

在《震惊至死》的结尾，斯特拉特用一句话升华波斯曼《娱乐至死》的主题："娱乐至死、信息过载至死、震惊至死、虚度光阴——我们要对抗这一趋势，我们要用健全而明智的对话对抗一切疯话、蠢话。唯其如此，我们才能开启说话、思考并教育自己回归生活的旅程。"

八、人文关怀，警钟长鸣

1998 年 9 月 4 日，波斯曼在媒介环境学会的成立大会上做主题报告，

---

① Aldous Huxley, *Brave New World*, New York: Doubleday, 1932, pp. 2-3.

题为"媒介环境学的人文关怀"。他借此机会简明扼要地阐述了媒介环境学的由来、宗旨和追求，旗帜鲜明地张扬媒介环境学的现实关怀、人文关怀和道德关怀，严厉批评弟子中缺乏道德关怀的倾向。这是他的宣言书、挑战书、警世恒言和天鹅绝唱。他像鲁迅那样"横站"，刀刃向外，指向论敌，又刀锋向内，敲打"糊涂"的弟子。如此举旗亮剑，无人能出其右！

在这篇讲演中，波斯曼还提出了四条人文主义原则，用以指导媒介研究和传播研究：①媒介在多大程度上对理性思维的发展做出了贡献？②媒介在多大程度上对民主进程的发展做出了贡献？③新媒介在多大程度上使人能够获取更多有意义的信息？④新媒介在多大程度上提高或有损我们的道德感、我们向善的能力？

波斯曼是一个印刷文化人，他坚守印刷文化，警惕电子文化对文化素养的侵蚀。令人称奇的是，他终身只用钢笔或铅笔写字，从来不用打字机和电脑；他从来不作即兴讲演，也不用提纲对付讲话，他坚持用左手书写一切讲稿、论文和书稿，而且写完全文不用提纲。他赋予印刷文化优先的地位。"他拥抱印刷文化，认为印刷文化是现代教育制度的试金石，而且是文明世界和现代世界许多最光辉成就的试金石……印刷媒介成为其他一切媒介'衡量、比较和对照'的标准。"[①]

他又是讲故事的一流高手，课堂教学令人倾倒，所以我们说，他又是口头文化人。2004 年，莱文森把《手机：挡不住的呼唤》献给波斯曼，献词是："谨以此书献给尼尔·波斯曼，他教我学会如何教书。"

他不仅宣示与麦克卢汉自称的道德中立分道扬镳，而且揭示麦克卢汉言论背后深刻的道德关怀和宗教情怀。所以他说："麦克卢汉本人的著作里

---

① 林文刚编著：《媒介环境学》，何道宽译，北京大学出版社，2007 年，第 188 页。

就有强烈的道德判断倾向。"①

1982 年，波斯曼在《童年的消逝》里抨击电视文化，捍卫印刷文化，叹息电视文化抹去成人和儿童的界限。有人说，他是悲观主义者。1985 年，他在《娱乐至死》里控诉电视对读写能力的戕害，隐射电视掏空了人的头脑和心灵。人们似乎更有理由说，他是悲观主义者。1992 年，他在《技术垄断》里高呼"狼来了"，揭示唯科学主义和信息失控的现实危险，指控技术垄断对美国文化和人类文化的危害。他用这个媒介批评三部曲给我们敲响警钟，那是因为他悲天悯人、忧心忡忡，害怕失去丰饶的文化遗产。

波斯曼和自己的同事甚至学生论战，他不仅反对"技术决定论"和"悲观主义"的帽子，而且反对把统计学等自然科学的实证主义研究方法硬塞进智商测量、民意测验等社会研究领域，反对把人文科学和社会研究变成所谓的社会"科学"。他痛恨失去道德关怀的人文社科研究。

讲话结尾时，波斯曼敲打弟子，振聋发聩："依我的理解，媒介环境学的全部重要命题是，它要推进我们的洞见；我们何以为人，我们在人生路途中的道德关怀上做得怎么样——在这些问题上，媒介应该有助于推进我们的洞察力。你们之中有些人可能自信是媒介环境学者，但不同意我这一番话。如果真是这样，你们就错了。"②这是他对年轻一代学者的善意警告和谆谆嘱托！

---

① ［美］尼尔·波斯曼：《麦克卢汉：媒介及信使》，何道宽译，中国人民大学出版社，2003 年，序言，第 3 页。

② 林文刚编著：《媒介环境学》，何道宽译，北京大学出版社，2007 年，第 50 页。

书论

第三部

什么是数据时代 [①]

一、及时和超前之作

《数据时代：可编程未来的哲学指南》是及时雨，不仅研究技术，而且带有哲学思辨性，直面技术对人类生存的挑战。它问世于 2019 年，却不止步于 2019 年，它有许多前瞻性的见解、判断和预言。它是一部未来之书。

评述不如直引，容我撷取作者的精彩论述，借以为证。

"本书的探索带有思辨性，是对正在成形的新世界的前预性'入侵'。"

"我在此动用这些未被绘制的领土，审视它们被入侵的轨迹。"

"所有的人工智能技术基本上都是预测技术……我们正在经历一种重要的文化转向……我们正在从档案式社会走向神谕式社会。"

"我们已经超越反馈经济，进入了一种前馈经济。"

"我们正处在一个后数据时代的发轫期。"

本书第七章"结语：走向后数据时代"断言，我们正在进入一种新文明，作者勾勒了这种新文明的七大显著特征。这一章的第二节"让未来引

---

① 《数据时代：可编程未来的哲学指南》（中国大百科全书出版社，2021）译者序。这里的序文有删节。

路"高度浓缩、言简意赅，彰显这本"未来之书"的特质。容我大段照录，引以为证：

"我相信，我们正在体验的不是一个时代的结尾，而是一个新时代的开端。倘若此说不错，我们开始使用前缀'原-'（proto-）就更加贴切。我们不仅生活在一个时代的最后或结尾阶段，更确切地说，我们处在人类世界的新阶段，这是文化、社会、技术、经济、组织、商务模式和惯习的新的变革时代。"

"在这个未来里，一种人为的和综合的哲学将肩负一个新的使命：用新的伦理基础为这个新的'未来人'照亮前进的道路。"

二、国际合作典范之作

《数据时代：可编程未来的哲学指南》中文版的问世是多国学者精心合作的产物。作者科西莫·亚卡托是意大利人，教授、科学家、咨询师，横跨学界和业界，他是活在未来世界的人，他的《数据世界》《机器世界》等"世界"三部曲即将完成。

英译者德里克·德克霍夫是加拿大人，麦克卢汉思想圈子重要人物，退休后在意大利几所大学执教。他对意大利文版的《数据时代》一见钟情，立即将其翻译成英文，并将其用于米兰大学设计学院精英班的教学。德克霍夫是中国读者的老朋友，他的《文化肌肤：真实社会的电子克隆》（河北大学出版社，1998）受到尊敬，其新版《文化的肌肤：半个世纪的技术变革和文化变迁》（中国大百科全书出版社，2019）亦受到欢迎。多谢他牵线搭桥，促成中意两家出版社快速完成版权交割，促成了中意加三国学者的友谊、互信和亲密合作。

容我引用几句话，借以彰显多国学者的相互学习。

在第一章"你好，新世界"末尾，亚卡托教授写下这样一句话："特别感谢德里克·德克霍夫教授的厚爱，他决定用自己的智慧和知识亲自动手翻译我的《数据时代》。对我而言，这是荣耀、荣幸和由衷的快乐。"

在"序一"里，他压轴的一句话是："对中国出版社、丛书主持人和本书译者，我心怀感激，特表谢忱。他们给我机会，为我开启了一个丰盈而开放对话的机会。对我而言，邂逅中国既是欢乐，也是机遇。中国既拥有悠久的历史文明，又是一个面向未来、身处未探明前沿领域的国家。"

在"序二"里，德克霍夫教授深情回忆令他爱不释手、深受其惠的《数据时代》："甫一露面，'数据时代'这个书名立刻就引起我的注意，令我爱不释手……第一次阅读的念头是：'这是我的学生的必读书'……《数据时代》弥足珍贵，因为它使我们对愿景的探寻成为可能，使我们不在黑暗中摸索，去尝试把数字文化的碎片拴在一起；相反，我们能在书里看见数字文化的根基和构件……《数据时代》呈现的实际上是一幅颇富哲理的探索地图，它表现的是代码、数据和算法创建的'可编程'的世界。"

德克霍夫又说："我脑子里萦绕的许多问题、前景和关切，他们都悉数纳入了该书的目录。"虽然他"手里的差事本来就足够多的了"，他还是立即动手将其翻译为英文，作为他米兰大学设计学院精英班世界学生的教材。2018年底至2019年上半年，他修订《文化的肌肤》，交给我译成中文版第二版，我知道他有多忙。

我们不能忘记亚卡托教授在麻省理工学院的丰富经历。在此做访问科学家时，他与三个著名实验室的同事互相提携。这三个实验室是复杂社会技术系统研究中心、未来实验室（即后来的媒体实验室）、计算机科学与人工智能研究中心。第一个实验室的领军人物亚历克斯·彭特兰还为《数据时代》赐序，长达4000千余字。

亚卡托教授写道："容我感谢这里才华出众的团队，感谢他们竭尽所能给予我的激励和支持，特别感谢亚历克斯·彭特兰教授，他胸怀开阔，热情欢迎我异常的文化、哲学探索。我不仅要感佩这个研究团队个人和集体的才干，而且首先是激赏他们富有远见的精神：创新要服务于建设更美好的世界，正如麻省理工学院的校训所言。"

三、生活在未来世界的人

本书作者科西莫·亚卡托是一个国际人，又是生活在未来世界的人。他是意大利人，却是西班牙著名 IE 商学院的教授、麻省理工学院访问科学家。他横跨学界和业界，在数据战略、平台思维、人工智能、区块链商务，在数据智能、数字转换、平台设计、开放式创新、变革管理、公司学习、组织分析咨询等诸多方面多有建树，著作宏富，有《数据时代：可编程未来的哲学指南》《公司与平台业务》《人工智能：从档案到神谕》《企业、经济学与管理大数据》《强平台时代》《数字混乱大挑战》《社交移动营销》《社会商务工具包》《社交媒体的品牌与指标》《互联网受众的评估：理论、技巧与指标》等。他的"世界"三部曲已完成《数据世界》和《机器世界》两部，从哲理上讲第三部即将问世。

亚卡托对书名的题解说明，他生活在未来世界。他在第一章里说："书名 *In Data Time and Tide* 既有诗的价值，又有启迪的意图；有诗意是因为它使人想起谚语里的'时不我待'……我们不可避免地生活在代码、数据和算法文化建构的世界里（我称之为可编程的未来）；我们要更好、更深刻地理解我们的世界，不能再拖延。与此同时，书名又给人以启迪……我们要说的世界全然是一个'后数据'世界。"

该书第一章题名"你好，新世界"——这里所谓的新世界指的就是未来世界。

其余各章题名分别是：代码、传感器、算法、数据、平台。最后一章结语的题名是"走向后数据时代"。这个后数据时代同样是未来世界。

四、诗意和哲理的交织

《数据时代》的副标题"可编程未来的哲学指南"亮明作者亚卡托的勃勃雄心。

亚卡托不是哲学家，却有哲人气。《数据时代》不是哲学书，却有哲学味。全书用"哲学"二字近百处，"哲理"二字数 10 处，英译者德克霍夫和代序作者彭特兰从哲学上和哲理上肯定《数据时代》的字眼有十余处。由此可见，《数据时代》不只讲技术，它还是一本充满诗意和哲理的书。

《数据时代》浓墨重彩地描绘我们时代的哲理色彩、诗意色彩和未来色彩。"第一章"里有一节题名"哲学的意义依然厚重"，第二章第三节题名"代码邂逅哲学"，第四章第三节题名"作为算法的本体模型"，第六章第五节题名"超乎风险的脆弱性"，都充满了哲理和诗意。

在第七章"结语：走向后数据时代"里，他亮明自己的哲学追求是："一种新的文化哲学研究将来能进入哲学维度的核心，寄望它能做出自己的贡献。"

这里先引用本书 10 条有关"哲学"的表述，作为读者品尝一顿精神大餐的开胃菜和头盘。

　　*代码（及其软件）既有哲学效力，又有操作效力。代码是我们建构世界的强大引擎。

　　*数据有助于我们重新想象其他哲学概念：时间、空间、自主力、主体性、规律和经验。

　　*本书既不是论计算机安全的书，也不是近年的历史事件促动的书……这是在近年漫长的哲学旅程中形成的果实，旨在凸显软件代码的重要性：软件代码是我们当下的文明和文化以及当代经济的首要引擎。

　　*哲学家们应该注意软件的非透明性。我们要使软件显形可见，至少要用哲理思辨的棱镜使软件可以观察；如果不是这样，我相信，我们对新世界、新生活的分析就是不完全的、效果不好的。

　　*从哲理上说，软件深化了"何为可能"的观念。

　　*软件活在悖论之中：创新异常性必须要有，以便让软件存活，但异常性又必须被清除，以便让软件稳定。

　　*如果用思辨和哲学的观点看传感器化现象，首先就必须将传感器视为"建设世界"的工具。实际上，传感器……未来将越来越成创造世界的工具。

　　*我们需要的是一种新的生态哲学眼光，它将使我们看到全球规模的普世的可编程性。

　　*智能对象、助理机器人、编码算法、预测软件、自动驾驶车、量化机构、数据驱动的自主力都要求我们用新的视角去回答主体的哲学问题。

　　*新技术重新深刻界定概念和哲学视角（从人类学到本体论，从伦理到认识论），重新界定我们对世界的理解。

五、诗意和未来的交织

　　《数据时代》视野宏阔、学科交叉、憧憬未来，三言两语很难给它定性，容我用一个简单的加法，请读者共同完成这个开放的方程式：《数据时代》= 技术哲学 + 思辨哲学 + 文化哲学 + 未来学 + 媒介环境学……

　　德克霍夫的英译者序指明它的未来色彩："《数据时代》探索未知的领地，一定程度上描绘了这些领地。亚卡托深知如何在丛莽中探索。"

　　彭特兰教授的代序肯定《数据时代》的未来取向："唯有卡西莫·亚卡

托这样的先驱才能探索文化的愿景，才能从哲理上看清那宏大的景观。"

在第七章结语里，作者用自问自答的形式断言，数据时代是一种新的文明。他认为本书：

是一趟急速而紧张的旅程，目的是寻求有关我们现在和未来的初始问题的答案……由于代码、数据和算法对世界的编写而正在兴起的本体论又如何呢？这个有知觉力的、量化的、算法的、人工的和综合的新文明有什么显著特征呢？

接着他论述了这种新文明的七大显著特征：

1. 不只是一个维度，而是有许多维度
2. 走向一种协调的自动化
3. 生存就是更新
4. 预感时代
5. 像"异类"那样思维
6. 从档案到无档案
7. 大气式弥漫媒介

心灵和语言的延伸 [1]

一、奇人奇书，双璧生辉

罗伯特·洛根是麦克卢汉思想圈子在世的少数核心人物之一，乃传播学媒介环境学派第二代主将。和麦克卢汉一样，洛根是跨学科大家。麦克卢汉主要是在人文社科里跨越，而洛根的跨度则更大，他横跨物理学、传播学、复杂理论、信息论、系统论、系统生物学、环境科学、语言学和工业设计，名学科均有佳作，且从事政治、科学和产业咨询，曾任加拿大老特鲁多总理和麦克卢汉的科学顾问。麦克卢汉是奇人，洛根亦奇人也。

二、《心灵的延伸》《什么是信息》，双璧生辉

《心灵的延伸》秉承麦克卢汉媒介史的思想，研究语言的起源和演化，提出别出心裁的"语言演化链"，语出惊人。《什么是信息》综合各学科、各大家的"信息"论述，视语言、心灵、文化为生物有机体和信息系统，

---

① 《心灵的延伸：语言、心灵和文化的滥觞》（中国大百科全书出版社，2019）译者序。文本有删节。

借用复杂理论、突显论、混沌理论、耗散结构、进化论、新二元论等思想，论述语言、心灵、文化的自催化、自适应、自建构、自复制的组织繁衍，迭有惊世之言。

2018 年，我推荐洛根的《心灵的延伸》和《什么是信息》，得到中国大百科全书出版社的大力支持，深以为幸。何出此言？原因有三：①弥补遗憾。我引进洛根的著作比伊尼斯和麦克卢汉的著作晚了 10 余年，深以为憾。②惠泽读者。麦克卢汉的思想和著作横跨人文社科，洛根横跨文理，视野更开阔，《什么是信息》《心灵的延伸》是诸多文理科思想的综合，受惠的读者面更广。③补齐短板。在传播学媒介环境学派中，他的成就和地位堪比伊尼斯、麦克卢汉、尼尔·波斯曼、保罗·莱文森，他著作的中译本却大大滞后，我渴望做一些补救工作。

在《被误读的麦克卢汉：如何矫正》（复旦大学出版社，2018）的译者后记里，我写下来这么一段话：

在介绍麦克卢汉及其学派的过程中，我顺利地译介了麦克卢汉、伊尼斯、波斯曼、莱文森、林文刚等人的著作。遗憾的是，自 2005 年以来，在引进洛根的著作时却相当不顺。由于其出版商不太合作，中国人民大学出版社和北京大学出版社洽购《字母表效应》都屡屡受挫……感谢洛根教授本人超常的努力和直接干预，复旦大学出版社购得了以上三本书的版权。借此机会，我想要表达另一个愿望，希望有机会引进他的其他著作，比如《心灵的延伸：语言、心灵和文化的滥觞》。

2018 年初，我向中国大百科全书出版社的郭银星博士推荐《心灵的延伸》和《什么是信息》，她欣然接受，令人感佩。这两本书宛若并蒂莲，互补性强，交相辉映。《心灵的延伸》穷究语言的起源和演化，《什么是信息》扫描信息的含义、功能和演化。它们视野宏阔、大题小做、深入浅出，读之令人脑洞大开。它们学科跨度大，的确难啃，但若鼓足勇气细读，我们定能享受难得的思想操练。

三、心心相印，如影随形

洛根与麦克卢汉合作共事六七年，担任麦克卢汉的科学顾问，与他合作写过两篇文章：《字母表乃发明之母》（1977）和《传播和世界问题的双重束缚》（1979），还写过一本书《图书馆的未来》（2016）。麦克卢汉百年诞辰（2011）前后，他满怀深情地捍卫和发扬麦克卢汉的媒介理论，写成两本非常厚重的专著《理解新媒介：延伸麦克卢汉》（2010）和《被误读的麦克卢汉：如何矫正》（2013）。

在《心灵的延伸》这本书里，洛根多次宣示自己与麦克卢汉的惺惺相惜、思想共鸣。他坦承麦克卢汉给予的启迪，唱和麦克卢汉的思想，征引麦克卢汉的语录，现抄录几例：

"我要感谢马歇尔·麦克卢汉向我介绍的一个理念……我推出一个语言模型，以表示感知思维向概念思维的转折，很久以后，我又再次拜读他《理解媒介》里的一段话：'一切媒介在把经验转化为新形式的能力中，都是积极的隐喻。言语是人最早的技术，借此人可以用欲擒先纵的办法来把握环境。语词是一种信息检索系统，它们可以用高速度覆盖整个环境和经验。语词是复杂的比喻系统和符号系统，它们把经验转化成言语说明的、外化的感觉。它们是一种明白显豁的技术。借助语词把直接的感觉经验转换成有声的语言符号，我们可以在任何时刻召唤和找回整个的世界。'"

"麦克卢汉认为，一切工具都是人的延伸，使我们能更有效地使用自己的身体，从而生成人的心灵，我将其称为心灵的延伸……麦克卢汉《理解媒介》里的一段话激发了我这个假说：'人的言语延伸使智能与广袤的外部世界分离出来。柏格森认为，如果没有语言，人的智能会全部卷入其注意的客体。语言之于智能犹如轮子之于脚和人体。轮子使人的肢体更轻盈、快速地在事物之间移动，使肢体的卷入越来越少。语言使人延伸和拓展，却又使人的官能割裂。人的集体意识或直觉，由于言语这种意识的技术延伸而被削弱了。'"

麦克卢汉认为，语言是"活生生的力的漩涡"，形塑并改变我们的思想。语言既是传播系统又是信息工具，是一个活生生的有机体，不断生长和演化。

麦克卢汉认为，"我们形塑工具，此后工具又形塑我们。"

"麦克卢汉写道：'在这个电力时代，我们发现自己日益转化成信息的形态，日益接近意识的技术延伸……借助置身于我们外延的中枢神经系统，借助电子媒介，我们创造了一种动力。有了这一动力以后，虽然一切技术仅仅是双手双足和体温控制系统的延伸，虽然一切技术包括城市都是人的延伸，可是它们都会转换成信息系统。'"

"麦克卢汉认为：'任何媒介或技术的讯息就是由它引入的人间事务的尺度、速度或模式的变化。'"

四、语言的起源和演化

语言的起源和演化是《心灵的延伸》的核心主题之一。从本书目录一望而知，作者的论述是多么排比叠加、浓墨重彩。

第一章第一节题名"语言起源研究史述略"，为提出自己的语言起源理论做铺垫。

第九章考问语言起源和演化的七个问题：①语言的起源和演化纯粹是达尔文进化过程，作用于人类基因组的自然选择管束语言的起源和演化吗？②协同进化过程如何影响语言的发生和演化？③语言的演化仅仅是遗传现象吗，它是否包含文化演化或文化基因演化呢？④口语、音韵、音位、听觉分析、词汇和句法等机制以什么顺序发生？⑤语言的发生和演化是渐进发生的抑或是灾变突发的？⑥突显论或复杂理论在语言起源里起作用吗？什么作用？⑦和语言起源相关的问题要波普尔界定的科学研究检验吗？我们能提出可以证伪的命题吗？

第十章介绍并综合语言起源的五种研究路径（即模型）：模仿式、顺序学习式、符号表征式、社会发生式、从感知到观念的分叉式。

五、语言演化链

洛根认为，人类语言不断演化，形成前后相继的六种语言，组成一条演化链。这六种语言是口语、文字、数学、科学、计算技术和互联网。"我主张，口语、文字、数学、科学、计算技术和互联网是六种不同的语言形式。它们特色鲜明，但相互依存。它们构成一个演化的序列。"（第二章第二节）

六、心灵延伸模型

根据本书第三章提出的心灵延伸模型，洛根演绎出语言和心灵的三个公式：①语言＝交流＋信息；②心灵＝大脑＋语言；③心灵＝大脑＋语言＋文化。

语言＝交流＋信息，解读为：语言的两个重要功能是交流功能和信息功能。

心灵＝大脑＋语言，解读为：语言和心灵是人脑的延伸，心灵是人脑的口语延伸。

心灵＝大脑＋语言＋文化，解读为：语言、心灵和文化是人脑的延伸。

这个模型和这些公式在第四章"关于人类思想和文化的大一统理论"和第十一章"心灵延伸模型与克拉克、杰肯多夫和舒曼理论的交叠"里得到进一步的阐释和拓展。

《娱乐至死》的姐妹篇 ①

一、元旦大礼

2019 年元旦，斯特拉特教授特意为本书所作的中文版序到来，殊为大礼。四千余字，超长。至真深情，溢于纸面。他写道："我相信，中国人的孝敬观念与这本书的缘起关系密切。我听说，老师地位至尊，形同父母。我认为，因撰写有关尼尔·波斯曼的书，我尽到了孝顺儿子的本分。他是我的恩师和精神导师。"

他又写道："犹太裔美国人和华裔美国人很亲近，这两个族群都尊崇教育。"

由此可见，斯特拉特教授重感情，敬父母，尊师长，亲中国文化。他借用"孝敬"观念，自称恩师儿子，宣示亲近华人。

2016 年，斯特拉特教授荣膺中国"高端外国专家"称号，应聘到河南大学执教。

2017 年 5 月，我和他在河南大学同台讲学，接受李勇教授访谈。几次

---

① 《震惊至死：重温尼尔·波斯曼笔下的美丽新世界》（中国大百科全书出版社，2020）译者序。有删节。

交谈，时间不长，却相知不浅。

2018 年 5 月，承蒙他慨然应允，容我译介他的著作，并大力协助洽购版权。他的长序情真意切，令人感佩。

所以，我满怀深情在此呼应，留下一些文字，补充本已完毕的译者序。

我还要提请读者注意，斯特拉特的中文版序满纸"牛肉"，不妨细读慢嚼。

二、波斯曼的衣钵传承

我的译者序写好后，收到斯特拉特满怀深情特意为中国读者撰写的中文版序。其中一句话勾勒他对波斯曼思想的继承和发展："加拿大一家出版社问我，谁最适合写一本书，以延续波斯曼《娱乐至死》的精神时，我当即回答说，最适合写这本书的人大概是非我莫属……同时我又清楚说明，我要写的书不限于评论和重温他的一本书，我要把他的《娱乐至死》置于他全部著作的框架里，置于媒介环境学的语境中，然后才考虑把他的分析延伸至我们的 21 世纪。"

尼尔·波斯曼（Neil Postman）的媒介批评三部曲《童年的消逝》（*The Disappearance of Childhood*）、《娱乐至死：娱乐时代的公共话语》（*Amusing Ourselves to Death: Public Discourse in the Age of Show Business*）和《技术垄断：文化向技术投降》（*Technopoly: The Surrender of Culture to Technology*）不止有一个中译本问世，已经并将继续在中国各界产生持久的影响。他"娱乐至死"的隽语已然渗透中国社会的三教九流，成为男女老少的口头禅。

兰斯·斯特拉特（Lance Strate）继承并弘扬恩师尼尔·波斯曼的学术思想，迭有创新。《震惊至死：重温尼尔·波斯曼笔下的美丽新世界》（*Amazing Ourselves to Death: Neil Postman's Brave New World Revisited*）既是献给恩师的厚礼、波斯曼传略，又是《娱乐至死》的指南，还是跨时代的精神扫描。

波斯曼是美国教育家、媒介理论家、语义学家，他弘扬麦克卢汉、伊尼斯开创的媒介环境学，是媒介环境学派第二代精神领袖，推动媒介环境学进入北美传播学主流圈子，担任国际普通语义学杂志《如此等等》主编凡十年。他 1986 年获美国英语教师学会授予的"乔治·奥威尔奖"，1988年获纽约大学杰出教奖；曾在世界各地讲学，被众多世界著名大学授予荣誉博士学位。

波斯曼传世的论文有 200 余篇，存世的著作共 25 种（独著 13 种，合著 10 种，合编 2 种），除上述《童年的消逝》等 3 种外，其余有《美国的语言》《发现你的语言》《探索你的语言》《语言与现实》《疯话，蠢话》《作为保存活动的教学》《作为颠覆活动的教学》《教育的终结》《构建通向 18世纪的桥梁》《认真的反对》等。他的贡献丰富了许多研究领域，包括语义学、语言学、传播学、媒介研究、新闻学、教育学、心理学、英语研究、文化研究、哲学、历史、社会学、政治学、宗教研究和技术研究等。

三、斯特拉特的学术成就

斯特拉特师从波斯曼，专攻媒介环境学，成为该学派第三代的核心人物。像麦克卢汉、伊尼斯、洛根、莱文森一样，他的学问横跨人文社科。1998 年，他参与组建媒介环境学会，任创会会长，是美国著名传播学家和语义学家，2016 年起任河南大学的外国高端专家。著有《论媒介环境学》《语义学和媒介环境学论集》《震惊至死：重温尼尔·波斯曼笔下的美丽新世界》《麦克卢汉与媒介生态学》《媒介环境学：理解人类境遇》《回声与反思：论媒介环境学研究领域》。

《论时间偏向对普通语义学和媒介环境学的影响》以及诗集《达尔文

站的惊雷》等；编辑的文集有《传播与赛博空间：电子环境里的社会互动》《媒介环境学批判论集》《麦克卢汉的遗产》《媒介是缪斯：梳理麦克卢汉》《肩负麦克卢汉的事业：媒介与形式因论集》；编辑的丛刊有《媒介环境学探索》。他多次荣膺媒介环境学会学术奖、纽约州传播学会学术奖，其著作已译成汉语、法语、意大利语、葡萄牙语和希伯来语。

四、波斯曼媒介批评三部曲扫描

波斯曼则痛批"娱乐至死"的电视文化、大众文化以及"技术垄断"文化，是 21 世纪的诤友。

他的媒介批评三部曲层层递进，其锋芒所向披靡，其文字痛快淋漓。他用《童年的消逝》（1982）、《娱乐至死》（1985）和《技术垄断》（1992）证明，电视文化、大众娱乐、唯技术崇拜、唯科学主义危害人类。他的批判胜过一般的社会批评家和未来学家。

《童年的消逝》叹息电视危害儿童，抹去成人和儿童的界限。波斯曼指出，电视揭开以前对儿童保密的东西，模糊了印刷文化典型的童年概念和成年概念，由此产生的倾向不仅把儿童视为小大人，而且使成年人的行为带上幼稚的色彩。这本书是波斯曼对印刷时代和电视时代最全面的对比。

《娱乐至死》追溯技术对政治、智能、宗教和历史的影响，控诉电视对读写能力的戕害，控诉大众娱乐把一切文化委琐化，甚至把政治变成娱乐，有该书一大段文字为证："政界人士现身娱乐节目成为娱乐资源，准确判定这一现象始于何时有一点困难。20 世纪 50 年代，参议员埃弗里特·德克森竞选时，客串电视剧《我的台词是什么？》；约翰·肯尼迪允许哥伦比亚广播公司主播埃德·默罗带摄像机闯进家门拍摄。理查德·尼克松竞选时，在《与我笑》的一小时喜剧里露面几秒钟，这是仿电视广告形式的喜剧。在 20 世纪 70 年代，公众开始习惯这样的观念：政界人士被视为娱乐世界的一部分。到 20 世纪 80 年代，政界人士上娱乐节目如洪水泛滥。副总统候选人威廉·米勒为美国运通公司打广告。'水门事件'明星、参议员萨姆·欧文也为运通打广告。前总统杰拉德·福特携手前国务卿亨利·基辛格客串肥皂剧《王朝》。马萨诸塞州州长杜卡基斯在连续剧《波城杏话》里露面。众议院议议长蒂普·奥尼尔亦在情景喜剧《酒吧》里露面。消费者权益保护人拉尔夫·内达、众议员乔治·麦戈文和市长爱德华·科赫主持《周六夜现场》。科赫还在詹姆斯·卡格尼主演的电视剧里出演拳击经理。里根夫人南希在情景剧《各有其人》里露面。"

《技术垄断》断言，"技术垄断就是极权主义的技术统治"，"技术垄断是文化的'艾滋病'"。他死死盯着技术加害于人的可能性，仿佛在说：人们，你们要警惕啊！他的警世危言锋芒毕露，直达我们心灵的隐痛。

波斯曼猛攻"电视文化""娱乐至死"和"技术垄断"的危害，高扬人文精神、人文关怀和社会批判。他的媒介批评三部曲在中国产生了持久的震撼效应，其冲击穿透中国社会各个阶层。

《技术垄断》在中国知识界引起的震撼尤其强烈。国内一些顶尖的学者特别欣赏波斯曼的科学哲学和社会批评的犀利锋芒，北京大学哲学教授刘华杰、清华大学科技史教授刘兵、上海交通大学科学史教授江晓原密集撰文评论，其基调近乎颂扬，其肯定近乎超常。因网上容易检索，兹不赘引。

五、《震惊至死：重温尼尔·波斯曼笔下的美丽新世界》题解

书名中的"震惊至死"凸显新媒介的震撼效应，不言自明。副标题"重温尼尔·波斯曼笔下的美丽新世界"解读波斯曼的《娱乐至死》和媒介思想，一目了然。作者在前言里称，"我将《震惊至死》植入波斯曼著作的整体框架中，竭力用纪传体的方式建构他论述的语境，总体上讨论他投身的媒介环境学领域"。以此明志，《震惊至死》不仅是对《娱乐至死》的解

读，而且是对波斯曼批判思想的诠释，亦是波斯曼的学术小传，还是媒介环境学学术史的一个剖面，更是作者个人在 21 世纪对该学派思想的发展。

纽约大学教授杰伊·罗森（Jay Rosen）推崇《震惊致死》的多重意义："《震惊至死》是陪伴我们阅读《娱乐至死》的指南，这既是一位学术大家的传略，又是时代精神的扫描，还是送给恩师的献词。如果你喜欢《震惊至死》，你就会心存感激。我心存感激，并大力推荐之。"

乔治城大学教授黛博拉·坦纳（Deborah Tannen）肯定《震惊至死》的推陈出新："兰斯·斯特拉特驾轻就熟，把波斯曼的洞见送给新的一代、新的世纪。而且，他进一步说明如何驾驭媒介，如何利用不断演化的媒介，而不是让媒介利用我们。"

六、我们学习什么？

在许多场合和不同语境中，我反复重申媒介环境学的学科优势。

三十多年来，我参与传播学三大学派经典名著的译介，对各派理论有所了解。

几十年来的历史证明：经验学派一派独大；批判学派在欧洲有市场，在美国"水土不服"；媒介环境学派长期在美国受经验学派排挤。我深感有必要矫正传播学圈子失衡的缺憾，我非常希望批判学派和媒介环境学派能够问鼎北美传播学的主流圈子。

从哲学高度俯瞰这三个学派，其基本轮廓是经验学派埋头实用问题和短期效应，重器而不重道；批判学派固守意识形态批判，重道而不重器；媒介环境学着重于媒介的长效影响，偏重宏观的分析、描绘和批评，缺少微观的务实和个案研究。

1998 年 9 月 4 日，波斯曼在媒介环境学会的成立大会上作主题报告，题为《媒介环境学的人文关怀》。这既是媒介环境学的宣言书，又是他个人的自白书。他借此机会简明扼要地阐述了媒介环境学的由来和宗旨，旗帜鲜明地张扬媒介环境学的现实关怀、人文关怀和道德关怀，严厉批评缺乏道德关怀的倾向。

在这篇讲演中，波斯曼还提出了四条人文主义原则，用以指导媒介研究和传播研究：①媒介在多大程度上对理性思维的发展做出了贡献？②媒介在多大程度上对民主进程的发展做出了贡献？③新媒介在多大程度上使人能够获取更多有意义的信息？④新媒介在多大程度上提高或有损我们的道德感、我们向善的能力？

斯特拉特继承并发扬波斯曼的媒介理论，把我们带进 21 世纪新媒介和社交媒介的语境。我激赏他对媒介环境学的高度评价："媒介环境学的研究路径不仅是我们时代最重要的思想发展，而且是人类生存的关键所在。"

我赞赏他对特朗普竞选总统胜出的观察和分析："请容我讲述我个人如何兴趣盎然地观察他 2015 年是如何参与初选的。我注意到，由于他习惯上电视，所以他的外观和人格在电视媒介上的效果好。2015 年年底前我就预测，他将赢得共和党提名，如果他与希拉里·克林顿对阵，他可能是我们的下一任总统……希拉里·克林顿在电视上表现的效果不佳，加上她早前就有的形象问题，以及她几十年来的定型，这就意味着，和使用电子媒介效果好的竞选者对阵时，她不能胜出。"

"如果没有电视和社交媒介，特朗普政治上的成功是不可能的。"

"特朗普是名流，是新闻故事和八卦专栏的话题人物，他还参加过十三部电影、一些商业广告和音乐视频以及二十种电视节目的拍摄，包括主持喜剧节目《周六夜现场》（*Saturday Night Live*），多次在《世界摔跤娱乐》（*World Wrestling Entertainment*）节目里露面。他还是电视真人秀的明星，长达十四年。他谙熟电视人格，深知它给选民提供的虚假亲切感，而虚假亲切感引向研究者所谓的准社会关系。作为媒体专业人士，他的经验使他在直播的访谈和辩论中优势明显。除此之外还要加上他对社交媒介的使用，推特是十年前使公共关系革命化的社交媒介，推特使他直接与选民交流，使他以前所未有的方式每天主导新闻。"

我赞同他对《震惊至死》的期许：《震惊至死》加深我们对波斯曼著作的理解，使他的著作更明晰，能为他的书提供语境，能阐明他对媒介环境学领域和思想史的贡献，并阐明其意义。

2019 年 1 月 4 日

数据时代的心理影响 [①]

一、交流桥梁与对话平台

《被数字分裂的自我》和《数据时代》不是孪生子，却很亲近。两位作者都是意大利人，都横跨文理、技术和哲学，都批判技术可能对人和社会的消极影响。

《被数字分裂的自我》在 10 月初即已杀青，其"译者前言"却引而不发。我的直觉是，等到《数据时代》译完后，两本书的"译者前言"齐头并进更好。为什么？因为它们都深受麦克卢汉及其学派的影响，必有彼此呼应、唱和、发明之处。若能深入挖掘两本书的相通之处，必能使两者相得益彰。为什么做这样的选择呢？

1. 《被数字分裂的自我》征引麦克卢汉 27 处，直引和转述各半；援引尼尔·波斯曼《技术垄断》和《娱乐至死》13 处。一本不到 20 万字的小书如此高频地征引两位媒介环境学派大师的现象，十分罕见。在我的近百种学术译著中，仅此一例。作者伊沃·夸蒂罗利深受马歇尔·麦克卢汉和

---

① 《被数字分裂的自我：如何避免互联网左右我们的意识》（中国大百科全书出版社，2021）译者序。

尼尔·波斯曼的影响，由此可见一斑。《被数字分裂的自我》是夸蒂罗利撰写的第一本英文书。

2.《数据时代》直引麦克卢汉不多，却深得麦克卢汉"媒介即讯息""电脑是人脑的延伸"和"寰宇意识"之妙。《数据时代》的英译者德里克·德克霍夫爱上它十分感人的故事。他写道："甫一露面，《数据时代》这个书名立刻就引起我的注意，令我爱不释手……第一次阅读的念头是，'这是我的学生的必读书。'"2019年，尽管他忙得团团转，他还是决定立即将其译成英文。彼时，他正在米兰大学设计学院执教"传播人类学"课程，同时又修订《文化的肌肤》，供我翻译成中文，出第二版。在繁忙教学和写作任务的夹攻之下，他紧抓《数据时代》这本新书不放，因为他深知其隽永的价值。德克霍夫是麦克卢汉思想圈的重要人物，多伦多大学麦克卢汉研究所第二任所长。目前，他正在与我们亲密合作，帮助我们完成"深圳大学传播学院媒介环境学译丛"。

果然，等到我12月译完《数据时代》后，它和《被数字分裂的自我》交相辉映的特质就更为彰显了。几个月前，我决定押后撰写《数据时代》的译者前言，等到《被数字分裂的自我》杀青后让两本书的译者前言齐头并进，看来这个决定是对的，我为此而感到庆幸。

3.《被数字分裂的自我》好评如潮的势头十分罕见，英文本撷取了17条知名人士的评语，含麦克卢汉两个儿子的评论。我们在此转录他两人的评语，借以管窥《被数字分裂的自我》与麦克卢汉思想的关系。

埃里克·麦克卢汉（Eric McLuhan）说："伊沃·夸蒂罗利这本书探讨最新的技术强加于我们的一个最紧迫的问题。无一例外，一切电力媒介造成深刻的迷惘与失和，个人和文化层面都有所迷失。这个课题需要细察，其紧迫性罕有与之匹敌者。"

迈克尔·麦克卢汉（Michael McLuhan）说："互联网是我们中枢神经系统的延伸。你用电脑时，就在延伸自己。通过其界面，你可能会通达全球，瞬间即达，无形无相。这样的延伸加重你与自我的分离。相比而言，通过冥想，你从内省的视角摆脱肉体，达成同样的无形无相状态。"

4. 力推这两本书的德里克·德克霍夫教授是麦克卢汉思想圈子的重要人物，他独具慧眼，选中这两本与麦克卢汉和北美媒介环境学呼应的新书，功莫大焉！《被数字分裂的自我》与《数据时代》交相辉映，搭建了欧美学者对话的桥梁。两本书的中译本亦将成为中欧学者对话的平台。

二、宣战檄文

2020 年 9 月，伊沃·夸蒂罗利（Ivo Quartiroli）特意为《被数字分裂的自我》撰写了中译本序。可以说，这是《被数字分裂的自我》的"浓缩更新版"，也是对技术统治的宣战书，斗志昂扬，字字铿锵，十分耐读。几十句话，句句是匕首、投枪、子弹。我们撷取这篇中译本序的主题词，每词引一句，借以宣示《被数字分裂的自我》的主题：摆脱技术控制、维护心灵健全：

"数字技术创造着使人上瘾的应用程序和用户友好界面，旨在使人持续不断地使用技术。"

"算法利用心灵的脆弱性，在演化过程中不断发展，与人的生存和发展能力相联系。"

"在触及隐私和操纵行为方面，巨无霸技术跨越了一切界限。"

"技术是 2.0 版的鸦片。"

"技术对人的控制还在拓宽，技术的控制从思想操纵、神经系统软件走向神经生理学，走向硬件。"

"我们很容易接受这样一个信念：算法应该驱动人的行为和命运，因为算法更'高效'，更'合乎逻辑'。"

"数字技术生成心灵里的空洞，然后又拙劣地模仿人的原始需求，借以填补这些空洞。"

"技术伪装成呵护我们的母亲，控制我们，并欺骗我们说：人在控制技术。"

"我们用自己宝贵的数据喂养那些应用软件。我们的数据被技术公司变成金钱，被用来操纵我们的行为。"

"我们免费为应用软件打工，骗自己相信：我们在自由表达。然而，如果我们喂养的内容被某个平台认为不妥当，这些内容就变不成金钱、上不了那个平台了。"

"数字技术重建了一个世界，这个世界凌驾于心灵世界之上。"

"巨无霸技术不仅能形塑我们的观点，而且能塑造我们对现实的看法；加上人工智能和增强现实以后，巨无霸技术形塑我们和现实的力量就更为强大了。"

"数字技术消除我们与他人和社会机构的联系，消除我们与自己身体和感知的联系，然后填补因此而留下的虚空，来'救场'。"

"我们因人工智能创造的意识模拟而如痴如醉；我们受诱惑去下载心灵内容并将其保存在云端，以达成不朽；我们成为物联网信息传感器和智能的俘虏。"

此外，通过在东方的灵修和禅宗经验，作者肯定了冥想的修炼价值：

"冥想是观察心灵机制和强迫性思维的途径，是与强迫性思维脱钩的方式。"

"冥想不是脱离现实。刚好相反，冥想是观看事物的本来面目，冥想不经过思想、信念和过往定式的过滤。"

"通过冥想，我们有机会发觉心灵的和技术的魔咒，并从中解脱出来。"

三、本书要义

伊沃·夸蒂罗利论技术和自我的这本书雄心勃勃，从正反两方面考问和批判数字技术，思想犀利，振聋发聩。何以见得？

首先从书名里的四个关键词说起。

1. 自我（self, ego, subjectivity）。作者将 self 和 ego 混用，多半用 self，偶尔用 ego，两者的意义似乎和其他学者所谓的 subjectivity（主体性）相当。

2. 数字技术（digital technology）所向披靡，横扫经济、社会、文化、心灵的一切领域，是双刃剑，正反两面的影响都极为深重。

3. 意识（awareness）。电子媒介和数字媒介与其说是人肢体的延伸，不如说是人意识／心灵的延伸，甚至可以说，它们重塑了人的心灵。

4. 互联网（Internet）是万网之网，互联网的衍生体有物联网、体域网和身联网。数字技术的衍生物有大数据、传感器、算法、区块链和堆栈。人工智能的衍生物有虚拟世界和增强世界。它们都可能使人异化，我们要警惕。

再回味洋洋洒洒的中译本序，我们就可以发现作者对东方灵修和禅宗的倾心。通过在东方的灵修和禅宗经验，作者肯定了冥想的修炼价值。

我们还可以用一句话来提炼本书的要义：《被数字分裂的自我》横贯媒体、心理和灵性研究，揭示可塑心灵的本质，探索宗教和哲学的影响。

四、夸蒂罗利，其人其书

夸蒂罗利是杂家，横跨文理，任布达佩斯俱乐部（前身是著名的罗马俱乐部）科学委员会委员。他是技术人，又批判技术。他是编程人、出版家，又是学者。《被数字分裂的自我》（2011）是他用英文撰写的第一本书，同年，他还出版了另一本英文书《为什么要退出脸书》（*Facebook Logout*:

Experiences and Reasons to Leave it)。这两本书可视为他媒介批评的双璧。

我们撷取《被数字分裂的自我》的一些文字，让他站出来做自我介绍：

我是意大利人，但我这本《被数字分裂的自我》瞄准英语市场，因为这是一本后数字的书；在数字文化渗透全社会的国家里，这本书能得到更好的理解。在意大利，一位政治上强大的大亨（矛头指向前意大利总理贝卢斯科尼——译者）占有大多数媒体，他利用自己控制的媒体污名化互联网。在这样的背景下，对互联网的批评被指控为勾结权力以阉割表达自由，这和我的意图截然对立。

出了自己的几本书以后，我成为计算机科学图书的出版人。

通过我前期主持的出版社 Apogeo，我印行了意大利首批关于互联网的图书。

一旦我的公司能消化成本，我就出版一系列的媒介研究、精神研究和东方文化的图书。这一追求反映在我个人追求真理的生命历程中。我从个人紧跟最新技术趋势开始转向，去参加不同精神传统和技法的研讨会。我造访印度的隐修地，到美国的心理精神学园里研修。

我特别抗拒与老朋友在脸书上交流，因为太受局限……我需要向他们解释，我很少用脸书。

15 岁时，我参加飞利浦少年研究与发明大赛……这个狂想的 15 岁少年想成为未来的数学家。在质数研究中，我进入意大利决赛。这使我有缘与意大利国家科研委员会主席交谈。

那时，我的计划里有一个不可能达到的巅峰：研制一个人工智能系统，用 Prolog 语言编制的逻辑编程系统，旨在深度探索人的心理模型，包括心理模型和精神模型。不过，这个计划没有在初步设想的基础上再跨进一步。

我对信息社会的演化心怀希望：完成从追逐外部刺激到寻求内在

探索与静默的转向。

我写博客，办网络杂志，出版计算机科学图书。

我这本《被数字分裂的自我》瞄准英语市场，因为这是一本后数字的书。

五、各章点评

本书 20 余万字，不算鸿篇巨制，内容却宏富而庞杂，难以勾勒，只好一反常规，不做"各章提要"，而只做"各章点评"。或一二句，或三五句，分别轻重，点到即止。

作者夸蒂罗利的序一句一主题，值得细看。

绪论的一句话点明本书的追求："我发现自己在处理意识和处理信息之间穿梭。在渐悟的过程中，我的焦点从我们能用技术做什么转向技术对我们做了什么。"

第一章讲人与技术的双向利用关系，反对技术奴役和技术统治，论及他精神开悟的修行。

第二章论及思维、心灵、禅修，发出惊世之语：心灵也是一种媒介。

第三章追溯信息技术的宗教源头，论及心灵的本质、复制、改进、创新和不朽探求。

第四章讲数据、大数据、虚拟现实、生物性和人生事件的数字化。

第五章讲数字时代的亲密行为与性行为，这是西方著作的"必答题"。

第六章讲数字时代的商品化与货币化，这是经济学和金融学的必答题。

第七章讲数字技术对政治、政府、民主、参与和控制的影响。

第八章"聚集"讲内心里的孤独与外部的社交追求相生相伴。

第九章"数字儿童"讲童年、童真的消逝。

第十章肯定书面文化、分析技能和批判技能，提出一个假设：更多信息≠更多交流≠更多理解≠更好的世界。

第十一章讲信息过载、信息迷失、上瘾机制、多任务处理、数字记忆与人的记忆。

第十二章是本书的重头戏，涉及分裂人格、精神分裂、他者意象、本体状态、眼睛和耳朵的偏倚以及全球的部落主义，再议"作为媒介的心灵"。

他征引麦克卢汉的言论来说明数字时代的"无身份"状态："身份一向是与简单分类和分割以及非介入的状态联系的。在深刻介入的世界里，身份似乎已烟消云散。"

夸蒂罗利所谓的"无身份"就是全球一体的、超个人的集体性。

第十三章讲"知识""不知"，讲"心脏脑"和"腹部脑"的认知功能，以及"思维的外化"。

第十四章继续讲技术、自我、心灵、修行和寰宇意识。

第十五章继续讲修行，且非常肯定冥想的价值："千百年来，冥想都嘉惠于人，在日常生活和灵修中都是这样的。在过去的几十年里，科学证实了冥想的价值。"

麦克卢汉的小百科全书 [1]

一、麦氏研究，方兴未艾

麦克卢汉进入中国快要 20 年了，但是我们对他的研究才刚刚开始。

1964 年，一本奇书横空出世，在西方世界引起一场大地震。书名叫《理解媒介》，它的作者只不过是小有名气的英美文学教书匠。可是，就是这样一位"小人物"，突然成了新思想新学科的巨人和跨学科的奇才。

20 年后，国内学者开始接触他的思想。可是他的著作迟迟未与读者见面，因为他太难了。他难在两个方面。一是他的思想大约有 70% 是全新的东西。他是先知，要等待一代新人去理解。他不本分，不甘心仅守自己的文学地盘，公然声称自己是杂家，侵入他人领地。因此"专家们"非但不理解他，反而嫉恨他，也不愿意去理解他。等到网络世界、数字地球问世时，世人才能够真正了解他。二是他的风格晦涩。试问，用文学语言去"论述"科学题材，怎能不晦涩？他的思想浩荡不羁，文字汪洋恣肆，用典艰深，征引庞杂，怎不令人叫苦不迭？他似乎全然不顾一般读者的语文

---

[1]《麦克卢汉精粹》第一版的译者序。

水平。

他的许多奇特警语，我们已经耳熟能详："媒介是人的延伸""媒介即是讯息""电子媒介是中枢神经系统的延伸""媒介使人自恋和麻木""我们正在回到重新部落化的世界""西方文明的整个观念是从拼音文字派生出来的"……

但是我们又觉得，这些观点似是而非，似非而是。既使人似懂非懂，半信半疑，又令人如痴如醉，心驰神往。既使人震惊迷惑，又令人耳目一新。

麦克卢汉既难懂又不难懂。他本人的研究方法，可以帮助我们解开谜团、打开宝藏："我没有固定不变的观点，不死守任何一种理论——既不死守我自己的，也不死守别人的……我的工作比较好的一个方面，有点像保险柜工匠的工作。我探索、谛听、试验、接受、抛弃。我尝试不同的序列，直到制动栓下落，保险柜的门弹开为止。"

麦克卢汉是信息社会、电子世界的先知，20世纪的思想巨人。网络时代的今天，他的预言已然成为现实，他的洞见更加富有启迪意义，更加能够立竿见影。全新的一代人正在转向他的著作，以便了解这个地球村。

可是，世人对他的研究才刚刚开始。

令人欣慰的是，中国人研究他的条件，终于瓜熟蒂落。这里需要两个条件：一是要进入信息时代、网络空间；二是要有他的书读。中国的亿万"网民"几乎挤爆了"赛博空间"，如饥似渴地等待读懂他。我们翘首企盼的书终于要出了。我们终于可以读到原汁原味的麦克卢汉，而不是别人一知半解的转述甚至歪曲。有两个中译本即将与读者见面：除了本书之外，还有他的成名作《理解媒介》，将由商务印书馆出版。

二、石破天惊，一举成名

H. M. 麦克卢汉（Herbert Marshall McLuhan）1911 年 7 月 21 日生于加拿大艾伯塔省埃德蒙顿市。早年求学于曼尼托巴大学，1943 年负笈英伦，获剑桥大学英语文学博士学位。执教于威斯康星大学、圣路易斯大学、阿桑普星大学、圣米歇尔学院、多伦多大学，后期任多伦多大学文化与技术研究所所长。该所研究的是技术媒介对社会和心理的影响。这也是本书的主题。

在剑桥大学，麦克卢汉师从的老师群星璀璨，令人叹为观止：利维斯、奎勒-库奇等学界名流。他从这些巨人身上学到了思想上的自信。几年之间，他与阵容强大得令人惊叹的学界名流建立了联系，与其中许多人心有灵犀。他们是文化人类学家卡彭特、霍尔，知名的逻辑学家沃尔特·翁，艺术批评家刘易斯，未来学家托夫勒，还有管理学家德鲁克，建筑学家富勒，后来任加拿大总理的特鲁多，卓越的钢琴家哥尔德，杰出的哲学家吉尔松，等等。

他与许多世界知名的人物保持通讯联系，比如：诗人庞德，幽默演员伍迪·艾伦，音乐家凯奇、艾林顿，剧作家卢斯，新闻记者汤姆·沃尔夫，哲学家马里丹，艺术家 W. 刘易斯，专栏作家安·蓝德斯，电视节目主持人杰克·帕尔，人类学家蒙塔古，等等。

麦克卢汉的学术生涯始于 20 世纪 40 年代中叶，初露锋芒的成果发表在标准的学术刊物上。他的第一部专著是 1951 年出版的《机器新娘》。这本书分析的是报纸、广播、电影和广告产生的社会冲击和心理影响。50 年代，他用福特基金会的赞助费创办《探索》丛刊。1959 年，他成为全美教育台和教育署"媒介工程"项目的主持人。这个项目的成果就是《理解媒介》的初稿。1962 年，他研究印刷文化的巨著《谷登堡星汉》问世。1963 年起，麦克卢汉执掌多伦多大学文化与技术研究所，使之成为一个颇具规模的传播学文化产业的基地。

1964年《理解媒介》的出版，使麦克卢汉成为名噪一时的风云人物。30余年的历史证明，麦克卢汉不愧是西方传播学巨匠，电子时代的"圣人""先驱"和"先知"。他的遗产渗入了人类生活和学术的一切领域。他的预言一个个变成现实并不奇怪，奇怪的是，他的"梦话"变成现实竟然会这么快。30年前，谁敢梦想数字化生存、信息高速公路、网络世界、虚拟世界、电脑空间？只有他！30年前，谁会大声疾呼"地球村""重新部落化"？只有他！他预告电子时代的来临，他对了！

麦克卢汉的声誉沉浮颇具戏剧性。他在世时，毁誉之声，别若天壤。90年代，他的声誉重新崛起。今天，他的思想不仅顽强地保存下来，而且仍然雄踞传播理论的首要地位。对于"地球村""电子世界""网络世界"的论述，他的同时代人均不能望其项背。他思想的活力至今罕有人能出其右。

世纪之交，人类正在飞快进入数字化时代、网络时代、光子时代、生命科学时代。按照麦克卢汉的媒介理论，任何一种电子技术都是人的中枢神经系统的延伸，任何一种非电子技术都是人的肢体的延伸。任何一种发明都将反过来影响人的生活、思维和历史进程。麦克卢汉的媒介理论仍然使人振聋发聩。他对几十种媒介的论述使专门家认识到自己的残缺不全，使千千万万人超越自身背景的局限从全新的角度去研究媒介对人类命运和进程的影响。

三、风雨沧桑，岿然屹立

1964年，《理解媒介》甫一问世，出版界、学术界、评论界即好评如潮。《旧金山记事报》称麦克卢汉为"最炙手可热的学术财富"。自此，他赢得了世界范围的追捧。《纽约先驱论坛报》宣告麦克卢汉是"继牛顿、达尔文、弗洛伊德、爱因斯坦和巴甫洛夫之后的最重要的思想家……"说他是"电子时代的代言人，革命思想的先知"。接下来的四五年中，麦克卢汉在各个电视台接受专题采访，在各大公司做巡回演讲，他的人格魅力给听众一次又一次的震撼，使他享有"罗马祭师"和"北方圣人"的崇高地位。他的名字进入法语，构成了一个词"麦克卢汉式"（mcluhanisme），这个词成为流行文化世界的同义词。

麦克卢汉至今仍然是一本"天书"。但是，历史给予他突出的地位，使他至今处于学术前沿。他是条理清晰地阐述电子世界、电子技术的第一人。他的许多预言都一个又一个地实现了。

奇人怪杰，为人嫉恨、为人不解，古今中外皆然。麦克卢汉思想超前，难免几分神秘色彩；因侵犯他人领地，难免使人不快；思想汪洋恣肆，难免受到批评指责；语言晦涩难懂，难免使人丧气、困惑不安。他宣告眼光狭隘的专门家已是明日黄花，这使地位显赫的学者感到迷惑不解、气愤难平。所以他必然要引起许多人的对抗。

对许多人来说，麦克卢汉似乎是一个矛盾的人。他成了文化食人癖的受害者，他的思想被人断章取义，他的隐喻被人分割肢解。经院学者和老牌卫道士愤怒抗议，横加指责。有人宣告他的思想疯狂，有人斥之为危险害人。

许多批评家瞠目结舌，手足无措，似醒非醒，痴人说梦。自视清醒的白痴，争先恐后地轮番攻击他，说他是在攻击文明。其暴怒程度无以复加。每一位对手都怒气冲冲地搜寻麦克卢汉的"硬伤"，以发泄一肚子的火气。

保守派总是要千方百计否定新的思想。他们猛烈攻击，步步为营，且战且退，屡战屡败，却又不甘失败。

批评家给他取了许多诨名："波普文化的斯波克大夫""电视机上的教师爷""攻击理性的暴君""被疯狂的空间知觉搞得走火入魔的形而上巫师""波普思想的高级祭司，在历史决定论的祭坛前为半拉子艺术家做黑弥撒的教士"。说他"出尽风头，自我陶醉，赶时髦，追风潮，迎合时尚。可是他错了"。说他的行文"刻意反逻辑、巡回论证、同义反复、绝对、滥用格言、荒谬绝伦"。说他的风格是"凝滞的迷雾，朦朦胧胧的暗喻在大雾中跌跌撞撞"。

超前的人物受到攻击甚至迫害，超前的思想受到压制，科学史和学术史上，不乏其例。洪堡把保守派对新思想的压制归纳为一个"公式"：首先是攻击新思想"一派胡言"，接着又变换花样加以全盘否定，说新思想"有许多闪光的洞见，但是当然全都错了"，最后竟然耍赖说"我们早就知道的"。

用洪堡这个尺度来衡量，麦克卢汉竟然躲过了名重遭损的持久的屈辱，值得庆幸。因为批判他的"高论"，在扑面而来的信息时代中，很快就不攻自破了。

麦克卢汉受到攻击和曲解，是难以避免的。他的思想难以理解，首先是因为他的学说超前，把许多精英抛在后面。其次是他不甘死守英美文学这个小圈子，侵犯了传播学的领地。再次是他的思想汪洋恣肆，背离了传统的线性逻辑。此外，他的书风格费解，既精警深邃又玄妙如谜，隐喻警句枝蔓丛生，文学典故令人却步，历史典故难溯其源。他的语言偏离学术语言常规。他的格言警句色彩富丽、难以破解。比如："电光是单纯的信息"，"媒介即是讯息"，"我们是电视屏幕……我们身披全人类，人类就是我们的肌肤"，"人们实际上不是阅读报纸——他们就像爬进浴缸泡热水一样地进入报纸"，"我们正在退出视觉的时代，进入听觉和触觉的时代"……至于自己的著作，他说"我不假装懂。毕竟我那些东西难懂"。

他的名声虽然没有大起大落，但是围绕他的争论却始终不断。

不过，所谓争论，仅仅是围绕他一两个次要观点的争论。他的主要论断，经过时间的检验，谁也不敢再提出挑战了。

一个争论，是他冷热媒介的二分观念。诘难他的，也不是全盘否定这个分类思想，而是说他的有些例子未必妥当。他给冷热媒介所下的定义能够为人普遍接受，但是他关于冷热媒介特性的描写，又使人云里雾里，不得要领——冷媒介清晰度低，需要人深度卷入、积极参与、填补信息，这好理解；可是，因此而说冷媒介是触觉的而不是视觉的，又颇费思量。说电影清晰度高，不需要深度卷入，是"热的"，视觉的；电视清晰度低，需要深度卷入，是"冷的"，触觉的，就不太好理解。同样，把电话说成"冷的"，广播说成"热的"，也不太好理解。也许，高清晰度的电视问世之后，我们有必要对他的界定做一些修订：老一代的电视是"冷的"，新一代高清晰度的电视是"热的"。

即使在电视和广播的冷热划分上，麦氏也不无精彩绝伦之笔。以 1960 年尼克松对肯尼迪竞选总统的辩论为例，听收音机的听众以为尼克松赢定了，然而看电视的观众却认为他输定了。谜底何在？麦氏的解释非常精彩：电视是冷媒介，适合低清晰度的形象，肯尼迪是新人，清晰度低，因而适合电视；收音机是热媒介，适合高清晰度的形象，尼克松是旧人，清晰度高，因而适合广播。

麦克卢汉的大多数思想，早已深入人心、家喻户晓、不可动摇。30 年来电子技术和信息产业的飞跃发展，使他的思想不证自明。谁能够动摇他的以下思想？

1. 地球村。这个词语已成为几十亿人的口碑——虽然绝大多数人对其深刻内涵不甚了了。电子信息瞬息万里，使全球生活同步化；全球经济趋同、整合、游戏规则走向同一；网络生活同一，世界结为一体；时空差别不复存在，昔日遥不可及的海角天涯刹那可达。谁不说这就是弹丸之地？

2. 媒介。根据他隐而不显的媒介观念，我们可以推导出一个最为宽泛、无所不包的定义：媒介是人的一切外化、延伸、产出，一句话，媒介是人的一切文化。由于他研究的媒介涉及人类生活的一切领域和一切层面——衣食住行、机械电力、语言文字、娱乐游戏、科学技术、艺术世界，所以，本书对人文科学和社会科学各个领域各个层面的读者都不乏教益和启示价值。

3. 媒介即是讯息。90 年代之前，人们对此也许半信半疑。一般人认为媒介仅仅是形式，仅仅是信息、知识、内容的载体，它是空洞的、消极的、静态的。可是他认为媒介对信息、知识、内容有强烈的反作用，它是积极的、能动的、对讯息有重大的影响，它决定着信息的清晰度和结构方式。有人不以为然，认为媒介仅仅是承载内容的形式和外壳。习惯的思维定势堵塞了洞悉的目光、创新的思路，人们对媒介形式的革命力量视而不见、听而不闻。其实，四大发明作为媒介——所谓媒介的形式本身——就曾经改变了世界，改写了人类历史。这难道不是几百年的铁证吗？麦克卢汉之后兴起的新兴媒介 VCD、DVD、Internet 不是已经并正在继续改变世界，改变人的思维方式、生活习惯吗？新兴高科技不是正在加快改变世界和人类自身吗？

4. 电子媒介是中枢神经系统的延伸。麦克卢汉奇异的思想之一，是从一个奇特的角度将人的延伸（即媒介）一分为二：电子媒介是中枢神经系统的延伸，其余一切媒介（尤其是机械媒介）是人体个别器官的延伸，比如印刷媒介就是视觉的延伸。中枢神经系统把人整合成一个统一的有机体，电子媒介亦然。其他的媒介则延伸人的一部分感官，使人的感官失去平衡，使人支离破碎、单向发展。电子时代的人再也不是分割肢解、残缺不全的人。人类大家庭再也不是分割肢解、残缺不全的大家庭。电子时代的人类再不能过小国寡民的生活，而必须密切交往。与此相反，机械媒介（尤其是线性结构的印刷品）使人专精一门、偏重视觉，使人用分析切割的方法去认识世界，所以在过去的机械时代里，人是被分割肢解、残缺不全的畸形人。

在我看来，麦克卢汉的"中枢神经系统"类似荣格的"集体无意识"，类似列维–斯特劳斯的"结构"。不过，荣格的"集体无意识"偏重进化和生物遗传，列维–斯特劳斯的"结构"强调神话的结构，而麦克卢汉的"中枢神经系统"却是人类中枢神经系统外化的电子媒介。

5. "冷媒介和热媒介"。低清晰度的媒介（如手稿、电话、电视、口语）叫"冷"媒介。因为它们的清晰度低，所以它们要求人深刻参与、深度卷入。因为它们的清晰度低，所以它们为受众填补其中缺失的、模糊的信息提供了机会，留下了广阔的用武之地，调动了人们再创造的能动性。反之，高清晰度的媒介叫"热"媒介，拼音文字、印刷品、广播、电影等等就是这样的热媒介。由于它们给受众提供了充分而清晰的信息，所以受众被剥夺了深刻参与的机会，被剥夺了再创造的用武之地。要言之，冷媒介邀请人深度参与，因此它"兼收并蓄"；热媒介剥夺人深度参与的机会，因此它"排斥异己"。

6. 西方文化的局限性。"理性的"西方文化是机械的、分割肢解的、线性的、分析的、偏重文字的、视觉的、左脑的、抽象的文化。他欢呼电子文化的来临，因为它是人的中枢神经系统的延伸，它使西方人能够从传统的西方文化中解放出来，重新整合成为完全的"部落人"。他认为，只偏重视觉的、机械的、专门化的谷登堡时代一去不复返，只注重逻辑思维、线性思维的人再也行不通，电子时代的人应该是感知整合的人、整体思维的人、整体把握世界的人。要言之，电子时代的人是"信息采集人"。

7. 部落化——非部落化——重新部落化。这是一个著名的公式，他从媒介演化历史的角度去概括人类的历史，为解读历史提供了一个崭新的视角。他认为，人类历史上一共有三种基本的技术革新。其一是拼音文字的发明，他打破了部落人眼耳口鼻舌身的平衡，突出了眼睛的视觉。其二是16世纪机械印刷的推广，这就进一步加快了感官失衡的进程。其三是1844年发明的电报，他预告了电子革命的来临。电子革命将要恢复人的感官平衡态，使人重新部落化。电子媒介使人整合，回归整体思维的前印刷时代。这就叫作重新部落化的过程。这是一个更高层次的全面发展的人。窃以为，这个公式可以写作以下几种变体：整合化——分割化——重新整合化；有机化——机械化——重新有机化；前印刷文化——印刷文化——无印刷文化；前现代化——现代化——后现代化。

四、细嚼慢咽，美味佳肴

本书分为四部。第一部《作为产业的文化》，说的是文化与商业的融合，把广告和娱乐当作是极为重要的文化现象来认真研究。媒介实业向文化生产和文化营销的方向迁移，麦克卢汉是系统研究这种迁移的第一人。第二部《印刷术与电力革命》论述谷登堡技术带来的文字革命。《谷登堡星汉》是麦克卢汉媒介思想的重要里程碑，也是他思想的核心。第三部《口传的麦克卢汉》最接近麦克卢汉思想的精髓。他的许多发现常常是在谈兴最浓的时候做出的。他总是在"充电最足"的聊天时取得"突破"。他知识渊博、感知敏锐。他那轻松自如、行云流水般的口才给人留下了深刻的印象。《花花公子》访谈录"尤其捕捉到了他对付深度采访时机敏流畅的思想脉搏。第四部《文化与艺术：外观与背景》充分表现了麦克卢汉博学多才、风流倜傥的风格。这是满纸隐喻、晦涩难懂的硬骨头。他借用荣格打比方，给原型观念注入新的思想。他把通俗文化研究引入艺术领地。这是他的独创之一。阅读这一部分时，读者要乐意放弃一些熟悉的观念：清楚的逻辑、叙述的序列。读者还要抱着开放的态度，乐意与作者一道探索。

但是，读者大可不必按照顺序阅读。本书既有生动活泼的访谈录，又有三言两语的语录体；既有意义隽永的格言警句，又有晦涩难懂的暗喻堆砌。

没有时间和耐心的读者可以信手翻一翻第三部第十四章的《麦克卢汉资料汇编：语录》，你一定能够做到开"句"有益。

有一个小时的读者不妨浏览第三部第十三章的《花花公子》访谈录"，你一定会爱不释手。这篇三万字的对谈浓缩了麦克卢汉的一切思想精粹，是开启麦克卢汉殿堂的金钥匙。对谈的形式锁定范围，使他紧扣主题，抗衡他那放荡不羁的思维习惯，用多变和刺激的问题"蒸馏"出他的真知灼见，使他的连珠妙语、金玉良言、洞见之才发挥到极限，酣畅淋漓，无与伦比。他的思想火花灿烂夺目，他的智慧魔力使人心动神摇。

最难啃的硬骨头是第四部。他在这里旁征博引、密集用典，借他山之玉，反弹琵琶、推陈出新，提出了著名的媒介四定律。他散漫、晦涩的风格，常常使人云里雾里。他的用典癖好常常使人不得要领。

然而，读者诸君请勿丧气。他先知的睿智、思想的魅力值得我们去啃一啃这一只螃蟹。敲开螃蟹的硬甲，鲜美的膏肉自在口中矣。

柏拉图为何把荷马逐出殿堂 ^①

一、千古之谜

柏拉图的《理想国》攻击、贬黜和驱逐荷马等古希腊诗人，何以至此，似为千古之谜。千百年来，尝试破解者为数不少，最成功细致钩沉、悉心辨析、雄辩说理者当数埃里克·哈弗洛克的《柏拉图导论》。

《柏拉图导论》考察古希腊口语文化向书面文化、形象思维向哲学思维的转型。

作者认为，有了拼音文字和书面文化以后，古希腊人的思维达到了一个新的高度，于是抽象、分析和视觉的编码就锁定了难以捉摸的语音世界。

本书证明，柏拉图注重书面文化，排斥质朴的、聚合式的、意合式的、口语式的形象思维，所以他把诗人排除在其《理想国》之外。

埃里克·哈弗洛克是古典学教授，其《柏拉图导论》在欧洲古典学圈子里颇有争议。可以说，它并非真正意义上的古典学著作，但它既捍卫柏拉图主义，又捍卫古希腊诗人。它珍视希腊古风时期和古典时期的诗歌传

---

① 《柏拉图导论》（中国大百科全书出版社，2022）的译者序。

统和口头传统，在人类学、民俗学、文化史、传播学、心理学等学科里产生了重大的影响。

本书分两卷，第一卷"形象思维人"探索口语文化，解释柏拉图的《理想国》，第二卷"柏拉图主义之必需"捍卫柏拉图主义，为《理想国》辩护。

二、迟到之《导论》

2020 年和 2021 年岁末年初，当时中国社科院新闻与传播研究所的准博士朱豆豆在其博士论文杀青之际，对我做了一两个月的长时间专访，成文后的文章题名："探寻'遗失的经典'：北美媒介环境学在中国的选择性转译"（收入其博士论文附录四）。兹将其中的一组问答抄录如次：

> 朱：通过对您译著的梳理后发现，哈弗洛克——作为一位学术地位堪比麦克卢汉的学者，您并未对其作品着手翻译（如《柏拉图导论》）。您未翻译《柏拉图导论》的原因是什么？
>
> 何：我不回避《柏拉图导论》，由于它和我已经翻译的《口语文化与书面文化》有相通之处，不便重复引进类似选目，将来不排除。如果洽购版权顺利，这本书应该纳入我正在主持的"译丛"的第三辑。

其实，朱豆豆不是提出类似考问的第一人。早在 2013 年，中国传媒大学的梁颐博士就在《东南传播》第 10 期和第 12 期发表了两篇文章，分别题为"媒介环境学学术地位堪比麦克卢汉西方著名思想者埃里克·哈弗洛克研究"和"北美 Media Ecology 和我国'媒介生态学''媒介环境学'关系辨析——基于一种传播学研究乱象的反思"，尖锐考问哈弗洛克及其《柏拉图导论》为何在国内罕有露面。

梁颐写道："哈弗洛克和麦克卢汉同为媒介环境学第一代的代表人物，

都对媒介环境学的基本问题成形做出了贡献，他不仅在学术地位、经历、著作、影响等方面和麦克卢汉有相同或相似之处，并且，他还影响了麦克卢汉。"但国内媒介研究领域关于哈弗洛克的研究可以说尚处于失语状态。首先，国内没有他的代表作《柏拉图导论》的中文译本。"

三、《导论》之导论

2022 年 3 月 27 日，译完《假新闻》后，准备译《柏拉图导论》。我抱着试试看的心情给德里克·德克霍夫教授去信，看看他是否能为埃里克·哈弗洛克的《柏拉图导论》的中译本写一篇序文。他不但应允，还许诺两天内交稿。

两天内，他竟然完成了一万余字的长篇论文！我请他对论文瘦身，两天后，他提交这篇八千余字的定稿。我爱之心切，也在两天之内完成翻译。不到十天，我们两人创造了一个奇迹：一篇厚重的《柏拉图导论》中文版序。感慨良多，就用十五个字小结吧：伟大的激情，伟大的奉献，伟大的友谊。他对多伦多学派的前辈哈弗洛克充满敬意和激情；作为我们这个译丛的首席顾问，他竭诚奉献、倾力相助；这个几天内完成的序文确乎是一篇大作，是他和我们四年亲密合作的友情的见证。

《柏拉图导论》原本是欧洲古典学派内的一部论战经典，既捍卫柏拉图主义，又破解《理想国》贬黜古希腊诗人之谜，并非一般的学术畅销书，读起来有相当的难度，挑战一般读者的神经。尽管如此，我为什么还要引介它呢？简言之：柏拉图主义太重要了，破解《理想国》之谜太重要了。哈弗洛克《柏拉图导论》就是破解这一谜团的金钥匙，它是中国哲学界、文学界、人类学界、传播学界的阿里巴巴宝藏。

我为什么如此推重德克霍夫教授为《柏拉图导论》所作的这篇中文版序？因为以下几个原因。

1. 他弘扬了麦克卢汉"字母表乃发明之母"的论断，又对比了西方拼音字母和汉语语标文字的认识论差异，他的深刻洞见使人大开眼界。

2. 他科学地分析了东西方认识论的差异：西方"主体性和客体性的极端区分"；"汉语里没有与'个人主义'对应的专用词……它支持一种自我，只是自我不像西方那样优先于社会和社群的考虑而已"；"传统的汉语认识论有三个主要成分：认知、情绪和道德……无疑，在汉语的认识论里，'自我'和自我意识的在场和感知是强大而盛行的，和西方别无二致。但'自我'和自我意识在这里不是孤立的。中国人感觉与环境结为一体——无论这环境是自然或工业、城市或乡村——这样的整合是人人分享的"。

3. 他正确认识中西方意识形态和政治制度的差异："共同的汉字系统偏重社群而不是个人主义；因此，共产主义在中国成功了……中国人民之所以能完全接受'社会信用体系'，就是因为该体系的宗旨是确保社会稳定与和谐；稳定与和谐不仅是靠儒学支撑的，而且是靠汉字养成的认识论支撑的。中国社会稳定和谐的时间比任何其他文明都要久远。"如此洞见不偏不倚，难能可贵。

4. 这篇序言洋洋洒洒八千余字，恰似一剂"十全大补"："引论"+九节，每节犹如一篇小论文。第八节"中国人必读《柏拉图导论》的五大理由"和第九节"书面文化是解锁东西方的钥匙"都是画龙点睛之笔。

这篇序言明白晓畅，极好，我为它加上一个题名"《导论》之导论"，请读者分享我的喜悦。

四、三星同辉

20世纪中期，哈罗德·伊尼斯、马歇尔·麦克卢汉与埃里克·哈弗洛克在多伦多大学打造了传播学多伦多学派，恰似三驾马车、三花并蒂。伊尼斯和哈弗洛克对麦克卢汉产生了重大的影响，麦克卢汉推崇伊尼斯，为伊尼斯的《帝国与传播》和《传播的偏向》作序。他推重哈弗洛克，以下文字足以为证；在《理解媒介》第二版的自序里，他写道：

> 在其鸿著《柏拉图导论》中，哈弗洛克就希腊人的口语文化和书面文化做了对比研究。到柏拉图时代，文字已经创造出一种新的环境，新环境开始了使人非部落化的过程。在此之前，古希腊人的成长受益于部落式百科全书的机制。他们将诗人吟诵的诗歌铭记在心。诗人们为一切生活事件提供了具体的操作性智慧……非部落化的、富有个性的人出现以后，人们需要一种新的教育。柏拉图为读书识字的人们制订了这样一种新型的计划。该计划的基础是他提出的理念。借助拼音字母表，分类智慧接过了荷马和赫西俄德的操作性和部落式百科全书。自那时起，资料分类式教育一直主导着西方的教育计划。

遗憾的是，由于历史局限，我们未能及时引介哈弗洛克的《柏拉图导论》。

21世纪初，我撰文《多伦多传播学派的双星：伊尼斯与麦克卢汉》（载于《深圳大学学报（人文社科版）》2002年第5期），由于本人知识的局限，我漏掉了哈弗洛克。

2008年前后，我开始系统引进媒介环境学派，翻译出版了沃尔特·翁的《口语文化与书面文化：语词的技术化》（北京大学出版社）。本欲乘胜推进，翻译出版哈弗洛克的《柏拉图导论》，但学术圈里有人认为，这两本书的主旨和内容有交叠，《柏拉图导论》可暂缓一步。

2021年，经过中国大百科全书出版社版权经理邹欣的艰苦努力，我们终于搜寻到《柏拉图导论》的版权人，并购得中译本的版权。

多伦多学派的三驾齐驱、三花并蒂的美景就在眼前。三星同辉，美哉快哉！

假新闻溯源 [①]

译者序

一、国际合作的典范

《假新闻》中译本的面世，成就了中、意、加三国学者亲密合作的又一段佳话。作者朱塞佩·里瓦教授是意大利人，专攻认知心理学、神经心理学，著作宏富，紧追学术前沿。

英译者德里克·德克霍夫是加拿大人，也是麦克卢汉思想圈子的核心人物，在多伦多大学退休后转战意大利几所高校。多谢他牵线搭桥，促成中意两家出版社快速完成版权交割，促成了中、意、加三国学者的友谊、互信和亲密合作。

一年多来，我与里瓦和德克霍夫教授深入交流，决定把《假新闻》这一批判的武器奉献给中国读者，推进我们对美国大选乱象和两党政治极化的深入剖析和批判。

[①] 《假新闻：活在后真相的世界里》（中国大百科全书出版社，2022）的译者序。

一个月来，我们决定为这个中译本写三篇序文，以更新思想、追赶前沿、帮助读者。无论多忙，我们的电子飞鸿都在一两天之内往返。我本人不用社交媒体，但我们就像是在聊天室里面对面交谈。由于时差，我们的电邮总是往返于北京时间凌晨至清晨、下午至黄昏。有时，我们的交谈竟在几分钟内完成，仿佛我们的书房就在隔壁或对门，起身几步就能面对面交谈。

除常规的"向导"之外，我赋予本序两个功能：①推进我近年来对美国文化的思考；②表达我对遇到《假新闻》这件"批判武器"的惊喜。

先说《假新闻》。它面向学界和大众，既阳春白雪，又下里巴人。我们撷取作者中文版序、前言里的一鳞半爪，以明其要：

> ＊本书尝试为假新闻的讨论提供一个不一样的观点。其他指导手册提供提示和技巧，让人识别社交媒体里流动的假新闻。与之不同的是，我们分析的焦点是假新闻的认知和社会背景。
>
> ＊假新闻成了一个魔幻词，用于让论敌封口，更准确地说，当你不知道在辩论中如何取胜时，你就把"假新闻"一词当作武器。
>
> ＊目标受众指向明确的假新闻在特朗普的当选中起到了关键的作用。

接着说德克霍夫的序。他的破例长序洋洋洒洒，有七千余字、九节论述，内容宏富，思想密集，俨然是正统严肃的学术论文，值得我们细读深思。我们先浏览序文九节的小标题，迅速扫描他深邃的学养：①为什么假新闻激增；②公共话语已然崩解；③算法的源头；④数字化正在剥掉语言的意义；⑤字母表和数字是冲突的；⑥所指事物的失落；⑦东西方的数字化转型；⑧价值危机；⑨结语。

再略微展开，引用他的几句原话：

*我想要说的是：①希望我所谓的认识论危机对中国读者有趣而有用；②为何认识论危机在西方尤其令人不安，在东方引起的不安却不那么严重。

*假新闻仅仅是当前认识论危机数字基础的驱动力之一。朱塞佩·里瓦这本书分析假新闻的语境、成因和效应，笔力精到细腻。假新闻的另一种驱动力不那么明显，却同样至关重要：用算法取代意义。

*全球社会处在两个时代即文字文化和数字文化的过渡期……量子计算正在处理万亿级的全球参数，使我们拥有一切所指事物、客观性、共识和粘合力去劝说资本主义：它走错路了。我相信，即使互联网使我们"愚蠢"，人类总体上还是足够聪明的，不至于自杀。

二、各章提要

第一章重建现代假新闻的历史。假新闻有几大特征：被最优化；被人格化；被自动化；因多媒体形式和内容而容易在社交网络里扩散并开花结果，主要由于多媒体形式和内容让假新闻看起来真实。假新闻比真新闻的传播速度快6倍，70%以上的假新闻可能在推特上被转发。

第二章以"事实"的概念破题，有辨析事实、社会事实、制度性社会事实、情景化社会事实、实践性社群等重要概念。社会事实具有强制力，其强制力源于四个要素：群体与主体社会身份的相关性，论题对主体的重要性和相关性，支持选择的群体的大小，群体内的冲突缺失。

以此为基础，这一章揭露特朗普头号军师史蒂夫·班农创建的剑桥分析公司制造和利用假新闻的恶行，批判网军恶棍里的"喷子""机器人"和"聊天机器人"。

第三章介绍共享经济、聪明暴民、去中介化、网红、后真相等概念，举例说明假新闻编造和传播的流程。

第四章细说假新闻的诞生和传播，社交筒仓对社交网络用户的封闭，假新闻的构建机制和条件，并借用人格心理学的人格测验揭露脸书等巨型社交网络平台如何建构、滥用用户的形象、隐私等资料。结论：只要有足够多的"网军"就可以让假新闻混迹于人气高的新闻中，社交媒体代表着假新闻编造和分享的理想语境。

第五章分析网民在社交媒体的日常经验，提倡践行批判精神。建议分三个层次对假新闻进行斗争：用制度管制对个人数据的访问和利用；用事实核查网站识别和抵制假新闻；个人减少对社交媒体的行为依赖，谨慎对待社交媒体的内容，捕捉假新闻特征的信号。作者认为，制度必须监管脸书等大平台的运行机制，《欧洲数据保护条例》是重要的创新。

"结语"再次快速扫描全书精要、重申假新闻的危害、归纳本书灵感的源泉。仅撷取几句，管窥其要："假新闻一词强势进入了政治和文化论辩，以及我们社交媒体的日常经验：在今天的意大利，媒体生成的假新闻平均每天600条，每条平均被分享350次。""假新闻的崛起凸显，互联网上抗衡虚假信息的经典性制度堡垒被侵蚀了。对这个问题的关切传遍全球。""假新闻对人的误导长期以来总是存在于政治斗争中的。"

译后记

本译丛首席顾问德里克·德克霍夫教授自由穿梭于欧美学界，他独具慧眼，已经为我们物色了四位意大利学者的四本好书：保罗·贝南蒂的《伟大的发明：从洞穴壁画到人工智能时代的语言演化》，伊沃·夸蒂罗利的《被数字分裂的自我》、科西莫·亚卡托《数据时代》和朱塞佩·里瓦的

《假新闻：活在后真相的世界里》。他还特意为这四本书撰写中译本序，为中国读者尽心尽力。

《假新闻：活在后真相的世界里》论证严密、例证丰富、疏密有致、亲近读者，可在一天之内卒读。然其前卫术语较多，却无索引；我们整理其要，双语对照，以助读者一臂之力。

作者里瓦教授和英译者德克霍夫教授的序文都深入浅出、引人入胜，容我代表读者对他们表示诚挚的感谢。

翻译这本书时，环境、心境双双宁静；心无旁骛，身无旁事；全力以赴，效率倍增。中译本刚好 30 天完成，效率前所未有，欣哉！幸哉！

2022 年 3 月 27 日

琢磨新"三国演义",打造跨学科精品[①]

一、半年琢磨,最后定名

2021 年 10 月,中国大百科全书出版社接受《个人数字孪生体》选题,并很快与作者签订版权合同。彼时,认定此书的依据仅仅是作者提供的书稿设计框架和几个样章。之所以破格超前定题,那是出于对作者之一的德克霍夫教授的绝对信赖和尊重(2021 年 7 月 9 日隆重特聘他为媒介环境学译丛首席顾问)。2022 年 6 月 6 日,我着手翻译两位作者提供的部分书稿后,很快就发现了一些问题,其中之一就是书名。于是 8 月 27 日致信这两人,建议加一个副标题。理由是:"个人数字孪生体"(Personal Digital Twin)太单薄,无论字面和内涵都不足以点明作品的追求、主旨和亮点,我们需要一个画龙点睛的副标题。于是我建议用:"Socio-Psychological Impact of Human-Machine Convergence"(人机融合的社会心理影响)或 "Future of Human-Machine Convergence"(人机融合之未来)。2022 年 10

[①] 《个人数字孪生体:东西方人机融合的社会心理影响》(中国大百科全书出版社,2023)的译者序。

月 1 日我们的国庆节时，终于收到作者的定稿和书名决定。他们的回复是：英文书名定为 "The Personal Digital Twin: Socio-Psychological Impact of Human-Machine Convergence East and West"（个人数字孪生体：东西方人机融合的社会心理影响）。终于定下书名，道出了主要内容：数字孪生和数字化转型；隐含了三个主题：人机融合，技术影响，比较文化视角。

二、异乎寻常、密切合作

1. 超前准生之书。这本书先出中文版，可能的英文版只能尾随其后。2021 年 9 月，出于对何道宽（本丛书策划兼主译）和德克霍夫（本丛书首席顾问）的绝对信赖，在只凭英文版初步策划、书名、目录、样章片段、作者简介的情况下，中国大百科全书出版社就完成了定题和版权的交割，决定出版这本《个人数字孪生体》。

2. 救急之书。针对当下大流行病对社会经济文化的冲击，针对数字技术、数字化转型的社会伦理问题，既是急就章，又是救急书。

3. 未来之书。本书英文稿完成于 2022 年 10 月，满眼 2022 年的最新研究成果，充满未来几年、十年、几十年的预测。它紧追当下潮流、展望未来趋势。

4. 追着作者跑，不以为苦。2021 年 8 月 17 日，作者之一德克霍夫提交创作设想：《个人数字孪生体》共 15 章，分上下两卷，近五十万字。我们不同意，因为两卷本、卷帙浩繁的书不太符合本译丛体例，只能接受如今的一卷本，希望控制在三十万字以内，使之更适合本译丛的基本样貌和中文版学术著作的一般规范。2022 年 6 月 6 日着手翻译时，只收到前三章。2022 年上半年，两位作者呕心沥血，不断更新思想和内容，却因新冠肺炎疫情影响不能按时履约，只能分批送来书稿，致使译者屡屡"断炊""等米下锅"，我们既钦佩他们反复打磨的精神，又不得不追着他们跑，虽惶惶然、却欣欣也。

5. 提前进入，参与创作。2022 年 8 月，本书翻译过半，发现了一些问题，包括上文提及的书名问题。于是 8 月 10 日致信两位作者，提出一些要求，说明"达标版本的必需条件"，包括作者序跋。这有班门弄斧、孔门前卖书之嫌，但他们非但不以为忤，反而积极回应。我建议萨拉科写序，德克霍夫写结语。8 月 27 日，我又致信两位作者，建议画龙点睛，给书名加一个副标题。经反复磋商，10 月 1 日正式定名，已如上述。

6. 作者序跋。9 月 26 日收到德克霍夫第十章（结尾章）第二稿，他修订近半，我难免抱怨，因为它废掉了我几天的工夫，却也"痛苦与快乐"并存。9 月 28 日收到萨拉科序言，大喜过望，回信称赞，因为它言简意赅，却信息丰赡，给人启迪，满纸洞见。

7. 精心演绎新"三国演义"。本书作者罗伯托·萨拉科（意大利人）、德里克·德克霍夫（加拿大人）是世界级学者，横跨东西、驰骋文理、名扬中国学界和业界。他们拥有超乎常人的全球视野、东西方文化修养和未来眼光。他们的比较文化学养深厚、科学、冷静、平衡。他们对中国传统文化和当代文化有深邃的洞察，难能可贵。他们和译者未曾谋面，却惺惺相惜；远隔千山万水，却近在咫尺。我们的邮件交流，常常在北京时间凌晨、上午、下午和黄昏，分分钟完成，绝不拖延。我们坦诚直言，互相鼓励，目标一致，即打造精品。

三、横跨东西，扬名世界

罗伯托·萨拉科（Roberto Saracco）是意大利特伦托大学教授。20 世纪 70 年代末出道，横跨文理，深耕当下、放眼未来。21 世纪以来，他走遍大半个地球，扬名中国学界和业界。他做客大学，访问业界，组织学界业界高手共同研究技术、文化和学术前沿问题，引领潮流，在国际组织、政府机构、学术团体、技术团队主持项目，著作近四十种。他是世界公民，讲学、讲演、交流，遍及欧美亚非拉，接近三十个国家。

德里克·德克霍夫（Derrick de Kerckhove）是加拿大多伦多大学法语教授，是麦克卢汉同事、助手和嫡系传人，曾任麦克卢汉文化与技术研究所第二任所长（1983—2008）。他横跨文理，发扬光大麦克卢汉跨学科研究，亦名扬欧美及中国的学界和业界。著作十余种，其中一些已被译成十余种语言。自担任"媒介环境学译丛"首席顾问以来，推荐了四本书：《被数字分裂的自我》《数据时代》《伟大的发明：从洞穴壁画到人工智能时代的语言演化》和《假新闻：活在后真相的世界里》，完成了后三者的意译英。他还撰写了两本书：《文化的肌肤：半个世纪的技术变革和文化变迁》（中国大百科全书出版社，2019）扫描半个世纪，亦有未来眼光；《个人数字孪生体：东西方人机融合的社会心理影响》与萨拉科合著，紧追潮流，预测未来，比较东西。

四、本书写作时间线

《个人数字孪生体：东西方人机融合的社会心理影响》的写作历经一年有余，主要时间线是：

1. 2021 年 8 月 17 日，作者提交写作提纲，共两卷、15 章、近五十万字。译者建议压缩为一卷本、三十万字以内；

2. 2022 年 6 月以后，陆续交来一些章节，常有修改，酷似百衲衣；

3. 2022 年 10 月 1 日，英文定稿抵达，不够完美；

4. 2022 年 10 月 20 日，经过作者和译者共同努力，尽量完善书稿；

5. 2023 年初，经过作者、译者和出版社的共同努力，尽量为中国读者提供最完美的中译本。

五、两把钥匙，警世恒言

《个人数字孪生体》新思想、新知识密集，未来感强烈，对读者构成重大挑战。同时它又内容宏富、贯通古今，对比东西、通向未来，给人启迪、满纸洞见。只要用心苦读，必有欣悦收获。

萨拉科和德克霍夫两位先生的序文和绪论言简意赅、明白晓畅，是破解书中难题的两把钥匙，颇能帮助读者开启重重通关大门。

在比较文化、警醒世人方面，全书满满的警语、恒言、明言。"本书结语"里的一段话值得我们细察深思：

> 人的命运和生存不局限于技术，也不是由技术来担保的。中国人比西方人理解得深刻——他们主要依靠社会因素。这方面东西方的真正合作比技术进步更紧迫。为了维持合作，除了停止和抵制特朗普当选以来双方恼人的政策外，双方应该考虑架设相互支持合作的一座新的桥梁。即使仅仅为了停止环境破坏，我们也应该鼓励西方去驯服它的个人主义冲动，借用中国人的控制策略——当然不必直接照搬到西方民主国家。另一方面，东方也可以细化和微调社会信用体系，却又不冒社会动乱的风险。

译后记

2022 年 10 月 1 日，作者的定稿终于抵达。急忙翻阅，却赫然发现：又有大改！绪论和最后两章，修改尤甚。我几个月苦心铸就的很多文字，就要被废掉了，当然会有抱怨，却能谅解。几个月来，在新冠肺炎疫情致身体有恙的情况下，作者艰苦努力，反复打磨，终成正果。

然原书编辑确有疏漏，比较粗糙。针对明显的重复、冗余、瑕疵、不足，我们不得不做一些增编和删削。我们扩编详细目录，增编两个附录，完善书名副标题，为作者的序文和绪论设计标题，恢复初稿有而定稿无的一些较好的文字和图表，此为增编；删除了冗余和重复的文字、不必要的注释，此为删削。

1. 原书目录只有骨架，我们充实其血肉，补足所有的章节细目，以便于读者浏览、翻检、总览并捕捉重点。

2. 该书大幅度跨界，新思想、新知识密集，未来感强烈，术语繁难、令人目眩。我们择要整理，成就"英汉术语对照表"，以帮助读者扫除障碍、循迹探索。

3. 为了点明萨拉科序文和德克霍夫绪论的精要，译者为它们设计了标题，分别是"跨国跨界的数字化研究""麦克卢汉的启示，背景、原理、外形与场域"。

这本书的写作和汉译，几乎同步，困难重重；这种作者和译者合作的模式是难以复制的。最好的模式当然还是常规的模式：先有作者定本，然后才着手翻译。本书译者与作者同步的模式有特殊原因：①作者想要尽可能追赶2022年技术文化发展的潮流和趋势，并预测未来；②译者想让这本书与"媒介环境学译丛"第三辑的其他四本书同时出版。

中国大百科全书出版社的版权经理邹欣女士和责任编辑王廓女士与我一道经历"痛苦与快乐"的过程，特此致谢。

2022 年 10 月 20 日

痛斥伪科学主义[①]

第一版译者序

> 他们（波斯曼的学生）都知道，自己是麦克卢汉的孩子。当
> 然我也认为自己是他的后代，不是很听话的一个孩子，可是这个
> 孩子明白自己从何而来，也明白他的父亲要他做什么。
>
> ——尼尔·波斯曼

这一篇序文，在2006年11月底写好之后，已经过去一月有余。最近读托马斯·弗里德曼著《世界是平的》，深有触动，感慨不已，思考良多，既有深表赞同之处，却也不以为然。该书的主题是：全球化把世界推平，使世界在经济上走向信息化、同质化的道路。其深层理念就是技术万能，仿佛数字鸿沟即将被填平，似乎第一世界和第三世界的差距正在迅速缩小。这是一本风靡全球、席卷中国的书，它将对中国的学界和一般读者产生持久的影响，就像当年托夫勒的《第三次浪潮》、奈斯比特的《大趋势》、罗

---

① 《技术垄断：文化向技术投降》译者序。这里有少量删节。

马俱乐部的《增长的极限》、丹尼尔·贝尔的《后工业时代的来临》、尼葛洛庞蒂的《数字化生存》一样。

正当我准备写一篇与之商榷时，偶然在网上看到了与之对立的另一本书，书名和我的文章名字一模一样：《世界是平的吗？》。真是英雄所见略同！可惜书未到手，只能从其目录领会其意，无从评说。

我准备借修订这篇序文的机会，参照波斯曼《技术垄断》的思想，对《世界是平的》做一点批评。批评的依据是波斯曼的《技术垄断》和笔者几年前写的文章《和而不同息纷争》。

但这篇短小的序文只能够回答6个问题：①什么是媒介环境学？②麦克卢汉和波斯曼主张技术决定论吗？③什么是技术垄断？④技术垄断为何在美国兴起？⑤什么是波斯曼的警世危言？⑥今天怎么读《技术垄断》？

一、什么是媒介环境学？

《技术垄断》是媒介环境学的经典之作，是波斯曼媒介批评的三部曲之一，其余两部是《童年的消逝》和《娱乐至死》，中译本已在两年前问世。《技术垄断》出版之后，这个三部曲完成了中国之旅，我们研究波斯曼和媒介环境学就有更加坚实的基础了。

波斯曼是媒介环境学（Media Ecology）第二代的精神领袖。Media Ecology 这个术语的首创者是麦克卢汉，但正式使用者是尼尔·波斯曼。1970年，他根据麦克卢汉的建议在纽约大学创办了 Media Ecology 的专业和博士点。

起初，大陆学者和旅美学者包括我本人都把 Media Ecology 直译为"媒介生态学"，引起了一些混乱。因为以麦克卢汉等人为代表的传播学和国内学者创建的"媒介生态学"不是一回事。北美这个学派关心的是技术、媒介对文化的影响，国内学者关心的是媒介尤其是媒体的经营和管理，属于传播政治经济学派。

粗线条地说，传播学可以分为三大学派：经验学派、批判学派和媒介环境学派。经验学派注重实证研究，长期雄踞北美的传播学界。批判学派的代表有德国法兰克福学派、英国文化研究学派和传播政治经济学派，以新马克思主义者和其他左翼学者为骨干。媒介环境学发轫于20世纪初的相对论思想，经过三代学人的开拓，已然进入传播学的主流圈子。

波斯曼本人给媒介环境学下过这样的定义："媒介环境学研究人的交往、人交往的讯息及讯息系统。具体地说，媒介环境学研究传播媒介如何影响人的感知、感情、认识和价值，研究我们和媒介的互动如何促进或阻碍我们生存的机会。其中包含的'生态'一词指的是环境研究——研究环境的结构、内容以及环境对人的影响。毕竟，环境是一个复杂的讯息系统，环境调节我们的感觉和行为。环境给我们耳闻目睹的东西提供结构，所以，环境就构成我们耳闻目睹的事物的结构。"如果兼顾生物学意义上的世代和学术思想传承的世代，我们可以说，媒介环境学每20年为一代，已经走完了三代人的生命历程。20世纪50年代以前成名的格迪斯、芒福德、沃尔夫、朗格等人是先驱，50年代成名的埃里克·哈弗洛克、哈罗德·伊尼斯和马歇尔·麦克卢汉是第一代，尼尔·波斯曼、沃尔特·翁、詹姆斯·凯利等人是第二代，保罗·莱文森、约书亚·梅罗维茨、兰斯·斯特雷特、林文刚、埃里克·麦克卢汉、德里克·德克霍夫等是非常活跃的第三代。

二、麦克卢汉和波斯曼主张技术决定论吗？

世人对麦克卢汉最大的误解莫过于所谓"技术（媒介）决定论"，就在媒介环境学者内部，也有人不能够理直气壮地否定这一顶帽子。他的私淑弟子保罗·莱文森即为一例。莱文森对麦克卢汉的认识和评价有一个发展过程，经历了三个阶段。1979年，他在《人类历程回顾：媒介进化理论》

这篇博士论文里断言，麦克卢汉主张"技术决定论"，立即遭到麦克卢汉的反驳。1997年，他在《软利器：自然历史与信息革命之未来》里判断，麦克卢汉主张"硬"决定论，他本人则主张"软"决定论。到了1999年的《数字麦克卢汉》，他大幅度调整了对麦克卢汉的评价，他的结论是：麦克卢汉的思想未必是媒介决定论。他说："如今，用事后诸葛亮的眼光来看问题——在后视镜里回顾他，回顾我最初对他的研究——我可以清楚地看见，用'媒介决定论'来描写他未必是妥当的。"他又说："在这个领域，我和麦克卢汉已经有两点不同。然而殊途而同归，我们的结论都是一个开放的、不可预测的、不可规定的未来。"

和大多数学者一样，我对媒介环境学和"技术决定论"，也有一个认识过程。我也长期把伊尼斯和麦克卢汉视为"技术决定论者"，直到最近几年。

2003年，在《天书能读：麦克卢汉的现代诠释》一文里，我写下了这样一段话："麦克卢汉绝对不是鼓吹技术决定论的人，他是要我们回归身心一体、主客一体的理想境界。麦克卢汉不仅是当代人的朋友，而且是子孙后代的朋友。他是一个面向未来的人、预言希望的人。"

人们之所以误解麦克卢汉，那是因为他们没有认真研究他的天鹅绝唱《媒介定律：新科学》（1988）。在与他儿子合著的这本书里，麦克卢汉试图一劳永逸地建立有关媒介演化规律的理论，他提出媒介演化的四条定律：提升、过时、再现和逆转。他认为每一种媒介都有这四种功能，都在不断转化之中。这是彻底的辩证法思想，堪与马克思主义的否定之否定规律媲美，也绝不比黑格尔"正""反""合"的定律逊色。如此博大精深的辩证法思想怎么能够贬低为"媒介决定论呢"？

马克思强调经济地位和经济关系决定人的社会存在，并以此判断历史的走向，有人因此而给他扣上一顶"经济决定论"的帽子，这是不对的。同理，麦克卢汉强调技术（媒介）对社会、文化和心理的影响，我们据此硬说他主张"技术（媒介）决定论"，也是不妥当的。

迄今为止，似乎没有一位学者公开批评过波斯曼主张"技术决定论"，也没有一位学者旗帜鲜明地肯定他不是"技术决定论者"，然而，不少学者暗暗把媒介环境学派的大多数学者都想象为"技术决定论者"。

技术是双刃剑、浮士德的交易，利弊皆有，毁誉参半：既是普罗米修斯盗取的火种，也是潘多拉打开的盒子；既给我们馈赠，又让我们付出沉重的代价；每一种技术都既是包袱又是恩赐，不是非此即彼的结果，而是利弊同在的产物。这似乎是尽人皆知的普世真理，其实不然。人们对技术影响力的评估之所以有差别，那是因为有人倾向乐观，有人倾向悲观，但他们仅仅是对技术利弊的强调有所侧重而已。一般地说，不同的意见并非南辕北辙、各执一端、水火不容，绝对的乐观主义和绝对的悲观主义都不存在，人们对技术的乐观、悲观态度，只是程度不同而已。有人说，在技术与文化的关系上，麦克卢汉倾向于乐观主义，波斯曼倾向于悲观主义，这未必是妥当的。

波斯曼是一个印刷文化人，他坚守印刷文化，警惕电子文化对文化素养的侵蚀。令人称奇的是，他终身只用钢笔或铅笔写字，从来不用打字机和电脑；他从来不作即兴讲演，也不用提纲对付讲话，他坚持用手写的方式书写一切讲稿、论文和书稿，而且写完全文，不用提纲。与此同时，他又是讲故事的一流高手，课堂教学令人倾倒，所以我们说，他又是口头文化人。

他高扬人文主义的旗帜，旗帜鲜明地主张现实关怀、人文关怀和道德关怀，与麦克卢汉自称的道德中立分道扬镳，而且揭示麦克卢汉言论背后深刻的道德关怀和宗教情怀。在这一点上，他不是麦克卢汉"听话的孩子"，所以他说："麦克卢汉本人的著作里就有强烈的道德判断倾向。"

1982 年，波斯曼在《童年的消逝》里抨击电视文化，捍卫印刷文化，叹息电视文化抹去成人和儿童的界限。于是人们说，他是悲观主义者。

1985 年，他在《娱乐至死》里控诉电视对读写能力的戕害，影射电视掏空了人的头脑和心灵。人们似乎更有理由说，他是悲观主义者。

1992 年，他在《技术垄断：文化向技术投降》里高呼"狼来了"，揭示唯科学主义和信息失控的现实危险，指控技术垄断对美国文化和人类文化的危害。你能说他主张"技术决定论"吗？

他用这个媒介批评三部曲给我们敲响警钟，那是因为他悲天悯人、忧心忡忡，害怕失去丰饶的文化遗产。

波斯曼和自己的同事甚至学生论战，他不仅反对"技术决定论"和"悲观主义"的帽子，而且反对把社会研究说成是社会"科学"，反对把统计学等自然科学的实证主义研究方法硬塞进智商测量、民意测验等社会研究领域，反对把人文科学和社会研究变成社会"科学"。他痛恨失去道德关怀的人文社科研究。

1998 年，波斯曼在媒介环境学会的成立大会上做主题报告，题为"媒介环境学的人文关怀"。这既是媒介环境学的宣言书，又是他个人的自白书。他借此机会简明扼要地阐述了媒介环境学的由来和宗旨，旗帜鲜明地张扬媒介环境学的现实关怀、人文关怀和道德关怀，严厉批评缺乏道德关怀的倾向。

在这里，波斯曼提出四条人文主义原则，用以指导媒介研究和传播研究：①媒介在多大程度上对理性思维的发展做出了贡献？②媒介在多大程度上对民主进程的发展做出了贡献？③新媒介在多大程度上使人能够获取更多有意义的信息？④新媒介在多大程度上提高或有损我们的道德感、我们向善的能力？

既然他以如此严厉的态度考问技术和媒介，你能够说他是技术决定论者吗？

他在本书的压轴戏里宣告："人类进步的故事是一个乐观主义的故事，并非没有苦难，但占主导地位的是令人震惊的一次又一次的胜利。"你还能够说他是悲观主义者吗?

在上述讲话的结尾,波斯曼直截了当地批评与会同事和弟子里忽视道德关怀的倾向:"依我的理解,媒介环境学的全部重要命题是,它要推进我们的洞见;我们何以为人,我们在人生路途中的道德关怀上做得怎么样——在这些问题上,媒介应该有助于推进我们的洞察力。你们之中有些人可能自信是媒介环境学者,但不同意我这一番话。如果真是这样,你们就错了。"这是他对年轻一代学者的善意警告和谆谆嘱托!

波斯曼是印刷文化人的典范,他对电子技术的负面影响忧心忡忡。他主张媒介环境的完美平衡:语言环境、感知环境、媒介环境、多重媒介环境和社会环境的平衡。在道德关怀上,他的立场和言论都比麦克卢汉更加旗帜鲜明。一句话,波斯曼绝对不提倡"技术决定论"。

三、什么是技术垄断?

波斯曼戏称自己是"麦克卢汉的孩子",却又"不是很听话的孩子"。他接受麦克卢汉的建议,在纽约大学创建媒介环境学学科点和博士点,把麦克卢汉的思想发扬光大,所以他是"麦克卢汉的孩子"。他抨击"技术垄断",成为呼号呐喊的旗手,与盲目"乐观派"划清界限,这是他"不听话"的主要表现之一。

他继承了卢梭、梭罗、爱默生、阿尔都斯·林胥黎、乔治·奥威尔、卡尔·恰彼克、罗马俱乐部悲天悯人、警钟长鸣的传统,仿佛在说:"人们,你们要警惕啊!"他批评丹尼尔·贝尔、阿尔文·托夫勒、约翰·奈斯比特、保罗·莱文森那种过分乐观的调子,所以他在上述讲演中旗帜鲜明地说,"你们错了"。

他阐明技术垄断的危害,认为技术垄断对传统尤其是对印刷文化和文化素养的侵蚀。那么,什么是技术垄断呢?他对技术垄断做了简明的界定,追溯其渊源，警惕其走向。以下是他对技术垄断多角度的描述："任何技术都能够代替我们思考问题，这就是技术垄断论的基本原理之一……所谓技术垄断论就是一切形式的文化生活都臣服于技艺和技术的统治。""技术垄断是文化的'艾滋病'（AIDS），我戏用这个词来表达'抗信息缺损综合征'（Anti-Information Deficiency Syndrome）。"

和伊尼斯、麦克卢汉一样，波斯曼用技术和媒介的演化来划分人类历史。他认为，人类文化的发展可分为三个阶段：工具使用文化、技术统治文化和技术垄断文化三个阶段；人类文化大约也分为相应的三种类型：工具使用文化类型、技术统治文化类型和技术垄断文化类型。

他追溯技术和人类文化敌友关系的消长。他认为，技术和人的关系是亦敌亦友的关系，但他死死地盯着技术的阴暗面，警惕技术对人造成的危害。

他描绘了这个敌友关系的大致走势。在工具使用文化阶段，技术服务并从属于社会和文化，技术不构成对人的危害。然而，随着技术的发展，技术的潜在危害有加大的趋势。到了技术统治文化阶段，技术开始向文化发起攻击，并试图取而代之，只是尚不足以撼动文化而已。遗憾的是，进入技术垄断文化阶段，技术突飞猛进、一日千里，使信息的暴涨失去控制、泛滥成灾，产生了大量的信息垃圾，使人难以辨别孰优孰劣、孰好孰坏，甚至使人无所适从。"使传统世界观消失得无影无形，技术垄断就是极权主义的技术统治。"

技术、媒介和传播有偏向，这样的偏向造成不同历史阶段的不同知识垄断。在这个问题上，他继承并发扬了伊尼斯和麦克卢汉的思想。波斯曼所说的媒介"意识形态偏向"就是对伊尼斯"传播的偏向"、麦克卢汉"媒介即讯息"的继承和发展。他说："每一种工具里都嵌入了意识形态偏向，也就是它用一种方式而不是用另一种方式构建世界的倾向，或者说它给一种事物赋予更高价值的倾向；也就是放大一种感官、技能或能力使之超过其他感官、技能或能力的倾向……这就是麦克卢汉警语'媒介即讯息'的意思……在手握榔头者的眼里，一切都仿佛是钉子……对手握铅笔的人而言，一切都像是写下的清单；在拍照人的眼里，一切都像是图像；对使用电脑的人来说，一切都像是数据；对手握成绩单的人而言，一切都像是数字。"

波斯曼对技术和文化做了这样的断代：工具使用文化从远古到17世纪，技术统治文化滥觞于18世纪末瓦特蒸汽机的发明（1765）和亚当·斯密《国富论》的发表（1776）；技术垄断文化滥觞于20世纪初。

在工具使用文化阶段，人和技术的关系大体上是友好的关系。他认为，此时工具在物质生活和精神生活两方面比较好地服务于人的需要。

到了技术统治文化时期，技术和人的关系开始逆转，但并未完全颠倒过来。"在技术统治文化里，工具在思想世界里扮演着核心的角色。一切都必须给工具的发展让路，只是程度或大或小而已。社会世界和符号象征世界都服从工具发展的需要。工具没有整合到文化里面去，因为它们向文化发起攻击。它们试图成为文化，以便取而代之。于是，传统、社会礼俗、神话政治、仪式和宗教就不得不为生存而斗争。"

技术统治文化肇始于中世纪的三大发明：时钟、印刷机、望远镜。机械时钟产生了新的时间观念；印刷机使用活字，攻击口头传统的认识论；望远镜攻击犹太 – 基督教神学的根本命题。

技术统治文化成熟于现代科学和现代产业。他认为培根是技术统治时代第一人："弗朗西斯·培根生于1561年，他是技术统治时代的第一人……他把科学从九霄云外拉下来放到地球上……培根就成为新思想大厦的主要设计师。在这幢大厦里，听天由命被抛到窗外，上帝被送进一间特制的房间。这幢大厦的名字叫进步和力量。"

他征引培根和马克思的话作为技术统治文化的佐证。

培根在《新工具》讴歌这三大发明："……印刷术、火药和磁石改变了整个世界的面貌和事态。印刷术改变了文学，火药改变了战争，磁石改变了航海。由此而产生了无数的变化；在此，没有一个帝国、一个教派、一颗明星对人类事务施加的力量和影响，可与这些变化一比高低。"

马克思也肯定技术发明的火车头作用。他在《哲学的贫困》里说："手工织布机给你的社会是封建领主的社会；蒸汽机给你的社会是工业资本家的社会。"在《德意志意识形态》里他又说："炸药和炮弹发明之后，阿喀琉斯这样的英雄还可能诞生吗？在印刷机存在的情况下，《伊利亚特》还可能出现吗？印刷机出现以后，说唱和歌舞随即停止，缪斯女神止步不前，史诗出现的条件随即消失，难道这不是必然的结果吗？"

在技术统治时期，文化并没有向技术投降。"技术并没有完全摧毁社会的传统和符号世界的传统。它仅仅是把社会传统和符号世界置于从属地位，甚至使之受到羞辱，但它不可能使这些传统失去效力。""技术统治文化没有摧毁工具使用文化的世界观。"

然而，到了技术垄断时期，技术与人的关系几乎就完全颠倒过来了。

技术垄断的思想肇始于哲学家奥古斯特·孔德和巴黎高等技术学院一群科学家。"孔德创建了实证主义和社会学，努力构建关于社会的科学。他主张，凡是不能看见和计量的东西都是非真实的，无疑，这个主张为后世把人当作客体的观念奠定了基础。"

技术垄断兴起的标志有 3 个：①汽车大王福特发明装配线，这使人沦为机器的奴隶；② 1923 年夏天美国南方的"猴子审判"，这是上帝造人的失败，生物进化论的胜利；③ 1911 年泰勒《科学管理原理》的问世，许多人相信科学管理、实证研究能够解决一切问题，一切问题都必须依靠实证研究；科学至上如日中天，社会研究沦为自然科学的附庸。

他认为，唯科学主义有三个互相联系的观念，是技术垄断论的基石："我所谓唯科学主义是三种互相联系的观念……第一个不可或缺的观念是，自然科学方法可以用来研究人类行为……第二个观念是，社会科学生成的原理可以用来在合情合理的基础上组织社会。第三个观念是，科学可以用作一个全面的信仰系统，赋予生命意义，使人安宁，使人获得道德上的满足，甚至使人产生不朽的感觉。"

技术垄断的现实威胁是，信息的失控、泛滥、委琐化和泡沫化使世界难以把握。人可能沦为信息泛滥的奴隶，可能会被无序信息的汪洋大海淹死。

电视时代和电脑时代产生了新的知识垄断，电视人和 IT 人正在形成对普通人的巨大优势。面对汹涌而来的新技术，赢家和输家都齐声喝彩的局面是不正常的。"输家出于无知为赢家欢呼雀跃，现在的情况依然如此；这实在是令人困惑、使人心酸。""电脑对普通人有多大的好处呢？他们的隐私更容易被强大的机构盗取。他们更容易被人追踪搜寻、被人控制，更容易受到更多的审查，他们对有关自己的决策日益感到困惑不解；他们常常沦为被人操弄的数字客体。他们在泛滥成灾的垃圾邮件里苦苦挣扎。他们容易成为广告商和政治组织猎取的对象。"

这是波斯曼描绘的 20 世纪 90 年代初信息失控和知识垄断的危害，在 21 世纪初，这种令人不安的局面就改善了吗？

四、技术垄断为何在美国兴起？

《技术垄断》的宗旨是描绘并分析技术何时、如何、为何成为特别危险的敌人。作者对美国的技术垄断持尖锐批评的立场，他认为，"美国文化是唯一的技术垄断的文化。这是一种年轻的技术垄断文化。我们可以假设，它不仅希望只此一家，而且希望把持最发达的地位。因此，它小心提防日本和几个正在努力成为技术垄断文化的国家。"

波斯曼从美国的历史、文化、国民性、资源、信念体系的巨变去追寻技术垄断兴起的原因。他阐明了四个相互关联的原因。

第一个原因是美国国民性。"人口的移民性质；有人将其归之于边疆心态；有人归因于得天独厚的丰富的自然资源，归因于新大陆无穷的机会；有人归之于普通人享受的前所未有的政治宗教自由；有人归之于上述一切原因和其他一些原因。笔者在此只讲一点：美国人不相信条件的限制，甚至可以说，美国人对文化本身抱考问的态度，这样的态度助长了极端和鲁莽的技术入侵。"

第二个原因和第一个原因关系密切。"这就是 19 世纪末 20 世纪初美国资本家的天才和胆略……他们基本的理念是，凡是阻碍技术革新的东西都不那么值得保存……他们最大的成就是告诉同胞们，未来不必和过去保持联系。"

第三个原因是，"20 世纪的技术给美国人提供的东西应有尽有，便捷、舒适、速度、卫生、丰裕等无不一目了然、前景光明，以至于没有理由去寻找成功、创造或效用的任何其他源泉。"

第四个原因是，"原有信念的源头深陷围城……在观念的残垣断壁之中，只剩下一个可以相信的东西——技术……技术高歌猛进，传统信念贬值。"

波斯曼的论述与笔者的观点高度契合。1994 年，我曾在《论美国文化的显著特征》里用 4 个"I"、2 个"H"来概括美国文化的六大特征。现在看来，这些特点都推动了技术垄断在美国的兴起。[①]兹将这些特点概括如下，以为呼应。

移民国家（land of immigrants）使美国成为世界人种、民族和文化的博物馆，带来了取之不竭的文化资源。个体本位（individualism）的思想登峰造极，焕发出无穷无尽的活力。冒险精神和创新的体制产生惊人的创新精神（innovativeness）。杂交文化（hybrid culture）保留了各种父本和母本的优势，既产生主流的白种盎格鲁－萨克逊新教（WASP）的均

---

① 何道宽：《论美国文化的显著特征》，《深圳大学学报》，1994 年，第 2 期。

质文化（homogenous culture），又保留了丰富多元的文化即非均质的文化（heterogenous culture）。均质文化和非均质文化的张力形成各色各样的矛盾（incongruities）。

这个朝气蓬勃的文化咄咄逼人、征服自然、迷信技术、迷信科学、一切讲究实证、缺乏思辨精神、大胆斩断传统、充满冒险魄力，所以它产生了波斯曼批判的唯科学主义的盛行和信息控制机制的崩溃。

波斯曼讥讽狂热的技术爱好者，说他们是"独眼龙似的先知"，嘲弄他们把技术当美人："他们就像情人看西施那样看心爱的技术，白璧无瑕，对未来没有丝毫的隐忧。这些人是危险的人，我要小心翼翼地和他们打交道。"他担心信息失控使世界难以把握："信息不是利弊皆有的祝福，只要信息的生产和传播继续不断、不受控制，它就可以给我们越来越多的自由、创造性和心灵的安静……抵御信息的防线崩溃之后，技术垄断就大行其道了。"

他追溯了信息革命造成的知识垄断和信息泛滥、信息失控、信息委琐化，对悠久文化符号的丧失扼腕痛惜。他描绘了 400 多年来信息革命的五个阶段：印刷机、电报、照相机、广播、电脑。由于本书完成于 1992 年，1995 年以后的信息革命未能进入他的视野，网络、手机、类人机器人、虚拟空间产生的超乎想象的信息革命，必须要靠我们来研究和补充。

他列举信息控制的八大机制：法庭、学校、家庭、政党、国家、宗教、《圣经》、马克思主义，分析这些控制机制崩溃的原因，指出信息泛滥的危害。"在技术垄断盛行的环境里，信息和人的意旨之间的纽带已经被切断了……数量难测，速度惊人，但从理论、意义或宗旨上看却是断裂分割的……这是一个难以把握的世界……如果信息泛滥，信息无意义，信息失去控制机制，文化也可能会吃尽苦头；可惜人们才刚刚开始明白这个道理。"

他揭示用技术控制技术而产生的恶性循环："为了对付新的信息，就需要增补控制机制。但新的控制机制本身就是技术，它们又反过来增加信息的供应量。当信息的供应量无法控制时，个人的心宁神静和社会生活的宗旨就必然会普遍崩溃而失去防卫。"

他揭示大量"软"技术的偏颇和欺骗性。智商测试、学习能力测试（SAT）、标准化形式、分类法、民意测验、文牍主义都是维护技术垄断的技术手段。由于盲目的技术崇拜、唯科学主义，社会"科学家"披上了"神父"的神秘色彩。这些心理分析师、心理学家、社会学家、统计学家"把罪孽叫作'社会偏离'，把邪恶称为'心理病理'，把道德世界的问题变成了医学概念。"

五、什么是波斯曼的警世危言？

从第六章到第九章，波斯曼缩小范围，把批判技术垄断的矛头集中指向医疗技术垄断、电脑技术垄断、语言的意识形态偏向和唯科学主义。在第十章里，他惋惜传统文化符号的流失。在第十一章里，他号召人们抵制并抗击技术垄断。

技术垄断在医疗工作里的表现是，医疗设备越来越好，医术却不一定提高，医患关系不一定和谐，医疗事故不一定下降。医患双方都过分迷信技术设备，医生的倾听和经验的判断、患者的主诉，似乎都不再重要了。

他揭示美国医疗技术垄断形成的三个因素："美国国民性偏向于咄咄逼人的进取性，很容易适应医疗技术，此其一；19世纪的技术统治论执着于发明，充斥着进步观念，完成了一连串令人惊叹的发明，此其二；美国文化完成了重新的定向，使技术进取笃定成为医疗实践的基础，此其三。"

电脑的"普适性"具有一定的欺骗性。这是因为"①电脑的用途多得数不清，②电脑整合进了其他机器之中，因此我们难以将电脑技术推进的理念从其他机器里分离出来。"也是因为"计算机'无所不在'，它就迫使人尊敬它，甚至要人忠于它，它主张在人类事务的一切领域扮演无所不包的角色。有人坚持认为，否定计算机在广阔领域里至高无上的地位是愚蠢之举"。

电脑崇拜的表现之一是言必称电脑。"电脑显示……"或"电脑断定……"就是技术垄断论的语言。

电脑崇拜的表现之二是迷信人工智能。有人认为，计算机无与伦比、近乎完美、具有思维能力，把计算机的功能凌驾于一切人类经验之上，支持它君临一切的主张。然而事实上，机器不可能感知，也不可能理解，人工智能不可能产生具有创造意义、理解力和情感的动物。

在技术垄断的条件下，对机器人的迷信愈演愈烈。这个演变过程的三部曲是：人有点像机器—人很像机器—人就是机器。

波斯曼现身说法，批驳电脑万能。他终身不用打字机，也不用计算机，他数以十计的书稿和数以百计的文稿全部是用左手握笔在纸上书写完成的。他的口才极好，诙谐、幽默、机敏，很善于讲故事，在这一点上，他很像麦克卢汉。然而，他和麦克卢汉又迥然不同，麦克卢汉很少动笔书写稿子，而是喜欢口头发挥，波斯曼却喜欢工工整整地手写完成所有的讲稿。他极好的口才和授课的能力，有莱文森的推崇为证。莱文森称波斯曼是自己的精神教父，又把《手机：挡不住的呼唤》献给他，其献词是："谨以此书献给尼尔·波斯曼，他教我学会如何教书。"

波斯曼认为，电脑固然有助于写书，但写书不一定要用电脑："我并不是说，即使经验丰富的老师妥当地使用 LOGO 语言，它也无助于事，但如果你要说，经验丰富的老师使用铅笔加纸张或言语写作，他的效果也不如 LOGO 语言的效用，我就要表示怀疑了……有人会说，写明快、简洁而时髦的散文和用电脑做文字处理没有关系。有些学生不相信，我们不用电脑做文字处理也可以写出一手好文章，我却想说，用了文字处理机也未必能写好。"

他认为，把官僚主义作为抵御信息失控的手段是饮鸩止渴，指出文牍主义是一种痼疾，官僚主义不解决问题，而是造成问题。他借用 C. S. 刘易斯的话说，文牍主义是魔鬼的技术表现："最大的邪恶不是在狄更斯笔下喜爱的'罪窝'里，甚至不是在集中营和劳改营里……最大的邪恶从构想到制定（提案、附议、通过、完善条文），却是在窗明几净、地毯铺地、温暖舒适、灯火通明的办公室里完成的。"

波斯曼独具只眼，批判"软技术"和统计学的滥用。一个极端例子是英国的弗朗西斯·高尔顿。"他对数字有病态的浪漫情怀，是这种白痴形式的始作俑者。"高尔顿把统计数字用于"优生学"，用统计数字制作不列颠的"美人分布图"。另一个极端的例子是美国的刘易斯·特尔曼，他用统计数字测量死者的智商，得出了荒诞的结论：查尔斯·达尔文的智商只有135，哥白尼的智商只有可怜的100多一点。

波斯曼借用斯蒂芬·杰·戈尔德的《人的误测》揭示智力测验和选美的三个误区：数字的神化、数字的排序和数字的偏向。以选美的三围尺寸为例，若以大胸豪乳为美，其貌不扬的歌唱家多莉·帕顿就是美女中的美女，好莱坞的偶像明星奥黛丽·赫本反成了平胸的"丑女"。

他剖析民意测验存在的四个问题，告诫人们不要过分迷信和依赖民意测验：第一个问题是调查提问的形式；第二个问题是调查掩盖舆论形成的过程；第三个问题是调查忽略人们对问卷课题的了解；第四个问题是调查颠倒了政治领袖的责任和选民的责任。

他告诫人们警惕统计数字产生的"信息失控""信息泛滥"和"信息委琐"。这是因为统计数字把所有的信息放在平等的水平上，统计学和电脑携手时，公共话语中就产生大量的垃圾。

波斯曼挞伐唯科学主义，认为它是技术垄断论的一个基石。他指出唯科学主义固有的三个问题，批判以下三种错误的认识：①自然科学方法可以用来研究人类行为；②社会科学生成的原理可以用来在合情合理的基础上组织社会；③科学可以用作一个全面的信仰系统，赋予生命意义，使人安宁，使人获得道德上的满足，甚至使人产生不朽的感觉。

他认为，把人文学科和社会研究当作科学是对"科学"一词的滥用，具有一定的欺骗性，且产生混乱。他认为科学研究和社会研究别若天壤，把两者统称为科学，实在是使人误入歧途。

他指出，科学研究和社会研究的最大差别之一是，科学研究发现新东西，社会研究不发现任何东西，而是重新发现人们过去知道、现在需要重述的东西。所以他在《麦克卢汉：媒介及信使》的序文里说："读者也许注意到，我介绍麦克卢汉的所有文字中，都找不到记者们常用的一个词——原创性。我没有用这个词，那是因为我不相信他具有原创性。这样说，并不是要贬低他的重要地位。首先，搞社会研究的人绝对不可能有什么原创性，因为他们不可能发现什么新东西。他们仅仅是重新发现曾经为人所知、后来被人遗忘了的东西，只不过这些东西需要有人再来说一说而已。"

他指出自然科学、社会研究和文学的四点差异："科学、社会研究和想象丰富的文学是三种截然不同的事业……三者目的不同，提出的问题不同，遵循的程序不同，给'真理'赋予的意义不同。从大多数方面来看，社会研究和科学几乎没有共同之处，和其他形式的想象丰富的文学倒有大量相似的地方。"

他抨击不知天高地厚的社会"科学家"："他们常常在电视上露面，登上畅销书的排行榜，进入机场书架的'自助'书籍中……他们之所以到处抛头露面，并不是因为他们比同人阅历更广，或经历了更多的苦难，或思想更深刻，并不是因为他们更仔细地思考了一些问题，而是因为他们同意维护这样的幻觉：他们的数据、程序、'科学'在说话，而不是他们自己在说话。"

他抨击唯科学主义："唯科学主义不仅是技艺的滥用，比如量化问题，比如毫无意义的数字问题；唯科学主义不仅是把人类经验的物质领域和社会领域混为一谈的问题，也不仅是社会研究者声称把自然科学的目的和程序用来研究人间事务的问题。唯科学主义包含这一切，而且还包含了更加深沉的东西。它是一种绝望中的希冀和愿望，归根到底是一种虚幻的信仰……唯科学主义是技术垄断论的大错觉。"

他痛惜传统符号的流失，所以他主张，"任何教育都不能够忽视《创世纪》《新约全书》《古兰经》《薄伽梵歌》这样的圣典。每一种圣典体现的风格和世界观透露的关于人类进步的信息，都堪与任何文字匹敌。除这些圣典之外，我还想加上《共产党宣言》，认为把它纳入圣典是合情合理的。"

六、今天怎么读《技术垄断》？

在《技术垄断》压轴的一章里，波斯曼给"爱心斗士"画像，以绝不妥协投降的姿态向技术垄断发起进攻。他呼吁用人文教育和道德关怀来对抗技术垄断。

笔者的《和而不同息纷争：全球化进程中的文化调适》就全球化的利弊展开论述。其中的许多观点可以用来呼应波斯曼的警世恒言，又可以用来呼应阿罗尼卡和罗杜《世界是平的吗？》对弗里德曼的质疑。兹引述几段，作为我对托马斯·弗里德曼《世界是平的》一书的批判。

"反者道之动。全球化总是伴随着一个非全球化的过程。以下一些相反相成的双向运动揭示了全球化的悖论：全球化与多元化、多极化与单极化、单一化与多样化、一体化与分裂化、集中化与非集中化、国际化与本土化、同质化与异质化、趋同与趋异。"

"文化多元化和全球化是一个连续体的两极，一体的两面。两个极端的趋向都是不可取的，危险的。我们要防止两极的弊端，超越两极的局限，化解矛盾。最佳的选择只能是取法乎上，以得其中，只能是中庸之道，只能是和而不同的黄金分割。这样的黄金分割如何产生？唯一的办法是平衡全球化和本土化，并在此基础上构建新的民族文化。"

"当代的西方政治家，有必要向400多年前的利玛窦学习。他到东方大国中国来，当然是为了传播福音，推进那个咄咄逼人的一神教。但是在具体策略上，他倒是与梵蒂冈背道而驰。他主张'合儒补儒'，并且大体上做到了耶儒会通，学贯中西，因而与中国人相安无事。如何与崛起的中国打交道，这是当代的西方人必须学会的紧迫课题。要知道，中国既不是启蒙时代思想家所描绘的'神'，也不是现在少数别有用心的政客所描绘的'鬼'。"

在《和而不同息纷争》这篇文章里，笔者提出全球化的分层理念，认为全球化是一个全方位、多领域、多层次的人类发展进程，这是一般人凭直觉就可以做出的结论。但是，人们最熟悉的还是经济全球化，而对其他领域全球化的分层研究却不甚了了。于是，我仔细剖析了全球化的七个层次：集体无意识、价值观念、意识形态、政治体制、社会学意义上的制度、经济和科学技术。按照这个分层理论，科学技术的全球化最容易实现，经济全球化次之，集体无意识的全球化最难。我对此做了进一步的阐述：

"为什么要提出全球化的分层理论？这是为了给一些人一剂降压药，使之不至于头脑发热，血压太高。也许会有少数狂徒企图抹杀文化差别，企图把自封的标准强加于人。人类学有一个著名的冰山理论。它使人一望而知、一看就懂：隐藏在水下的集体无意识和情感文化是民族文化的根基。越是埋藏得深的东西，越是带有强烈的感情色彩，而且越是难以改变。外界的压力越大，反弹的力量也就越大。民族意识、文化意识有一种集体无意识。这是很难改变的，也是最不容易全球化的东西。"

我们应该牢记波斯曼的警世恒言，用批判的态度来考问技术发展和全球化，不要盲目相信"世界是平的"。

2006 年 12 月 13 日

第二版译者序

在第一版译者序之首，我写了这样一段话："这篇序文准备回答 6 个问题：①什么是媒介环境学？②麦克卢汉和波斯曼主张技术决定论吗？③什么是技术垄断？④技术垄断为何在美国兴起？⑤什么是波斯曼的警世危言？⑥今天怎么读《技术垄断》？"

在第一版译者前言里，我也回答 6 个问题：①《技术垄断》的总体效应如何？②为何其中国效应大于美国影响？③为何其批判锋芒特别犀利？④为何说波斯曼高扬人文主义的旗帜？⑤ AI 大发，"奇点"将至，如何应对？⑥《技术垄断》中译本第一版有何遗憾？

一、《技术垄断》的总体效应如何？

2017 年 12 月 12 日，在中国知网检索，《技术垄断》一书被引用 605 次。简要回顾该书 10 年来的接受情况，可以断言，该书在人文社科学术译著中独占鳌头。

甫一问世，《技术垄断》（北京大学出版社，2007）即好评如潮，书评家、时评家、跨界学者、学界和业界人士的大小书评数以百计。次年，《技术垄断》进入《光明日报》20 本年度推荐书目。2010 年，北大版《技术垄断》繁体字版登陆台湾，书名变为《科技奴隶》，但译者署名未变，译文未变。自此，它成为北京大学出版社的畅销书和长销书，受到中国出版界、读书界和评论界的持续关注。

2011 年，《技术垄断》获得深圳大学学术创新奖三等奖。

2011 年 9 月 14 日下午在豆瓣网检索发现，优良评级者占压倒多数，具体数据是：285 人评价，评五星级者占 48.5%，四星级者占 43.1%。

2017 年 12 月 12 日，在豆瓣网上检索，结果显示：670 人评价，获高分 8.6，势头不减。

二、为何其中国效应大于美国影响？

尼尔·波斯曼以教育学、语义学和传播学成名，是传播学媒介环境学派第二代精神领袖。就社会批评而言，其名气似乎略逊于诺姆·乔姆斯基之类的社会批评家。就展望未来而言，他不如麦克卢汉，更不如托夫勒、奈斯比特、丹尼尔·贝尔那样的社会学家和未来学家。

但《童年的消逝》《娱乐至死》和《技术垄断》证明，他对电视文化、大众娱乐、唯科学主义的批判胜过一般的社会批评家和未来学家。

他把人类技术发展分为三个阶段：工具使用文化阶段、技术统治文化阶段和技术垄断文化阶段。又把人类文化分为三种类型：工具使用文化类型、技术统治文化类型和技术垄断文化类型。这样的划分独具只眼，仅此一人。

《技术垄断》问世于 1992 年。彼时，互联网尚未到来，计算机技术、人工智能尚未挑战人的智能，但技术发展已然使美国人乐以忘忧。波斯曼忧虑，美国进入了技术垄断文化阶段，美国文化可能会向技术投降。他挞伐盲目的技术崇拜，捍卫人文主义和道德关怀，痛陈技术垄断的严重后果：医疗技术垄断、电脑技术垄断、隐形技术垄断、唯科学主义、传统符号的流失。他是技术垄断危害的先知先觉者，知音难觅，孤掌难鸣，他的批判不受"大众"欢迎。

他的批判矛头直指屈从"技术垄断"的"社会学家"，包括他的弟子。1998 年，在媒介环境学会成立大会上的主旨讲演《媒介环境学的人文关怀》里，他旗帜鲜明地张扬现实关怀、人文关怀和道德关怀，严厉批评缺乏道德关怀的倾向。他对弟子的告诫震撼人心："你们之中有些人可能自信是媒介环境学者，但不同意我这一番话。如果真是这样，你们就错了。"

波斯曼的私淑老师马歇尔·麦克卢汉被认为是技术乐观主义者，甚至被视为"技术决定论者"。波斯曼不完全赞同麦克卢汉的技术媒介观，所以坦诚：我们都知道自己是麦克卢汉的孩子，却是不很听话的孩子。麦克卢汉梦想的是人类技术和文化发展的"太和之境"，而波斯曼却警钟长鸣：文化绝不能向技术投降。

波斯曼心仪马克思主义，他主张《共产党宣言》应该是圣典，比肩《圣经》和《古兰经》。他坚信马克思主义的持续影响："紧守马克思主义基本原理的人绝不会放弃马克思主义理论，他们将继续以马克思主义的基本规定和约束为指南。马克思主义的强大威力唤起了十几亿人的想象和忠诚。"他这样的左派知识分子自然难以抗衡"美国例外论"。

在中国，人们的主要关怀是技术发展，容易忽视技术发展的负面效应。

30 年来，托夫勒的《第三次浪潮》、奈斯比特的《中国大趋势》、贝尔的《后工业时代的来临》，以及近年托马斯·弗里德曼的《世界是平的》在中国洛阳纸贵。他们鼓吹在电子技术上我们和发达国家"站在同一起跑线上""世界是平的"。很有安抚作用啊！

迄今为止，没有一位学者公开批评过波斯曼主张"技术决定论"，也没有一位学者旗帜鲜明地肯定他不是"技术决定论者"，然而，不少学者暗暗把媒介环境学派的大多数学者都想象为"技术决定论者"。

麦克卢汉和波斯曼在中国都很红。麦克卢汉倾向于肯定电视和计算机的正面效应，波斯曼则警惕其负面效应。麦克卢汉憧憬和预言互联网时代，是 21 世纪的朋友，波斯曼则痛批"娱乐至死"的电视文化和大众文化，是 21 世纪的诤友。

在中国社会经济技术文化有着超乎寻常、日新月异的剧变的语境下，中国人亟须他们两人互补的盛世危言！

三、为何说波斯曼高扬人文主义的旗帜？

以麦克卢汉和波斯曼为代表的媒介环境学派的媒介理论强调技术对社会、文化和心理的重大影响和长效影响，因而被扣上"技术决定论"的帽子。

波斯曼把人类技术发展分为"工具使用文化""技术统治文化""技术垄断文化"等三个阶段，非常冷静、非常理性。他猛攻的仅仅是冲击"印刷文化"的"娱乐至死"文化，绝不笼统强调技术对文化的决定作用，而是高扬人文精神、人文关怀和社会批判，坚决反对文化向技术投降。

《童年的消逝》叹息电视文化抹去成人和儿童的界限，《娱乐至死》里控诉电视对读写能力的戕害，《技术垄断》高呼"狼来了"，揭示唯科学主义和信息失控的现实危险，指控技术垄断对美国文化和人类文化的危害。你能说他主张"技术决定论"吗？

他痛斥轻浮的社会"科学家"："我们的社会'科学家'就不如自然科学家谨慎，他们有关科学的观点始终不那么严密。换句话说，对他们的程序能够回答什么问题又不能够回答什么回答，他们的思想更加混乱。他们把指引我们立身行事的权力托付给他们的'发现'程序如何严密；无论如何，他们在这一点上从来就不那么小心谨慎。这就是为什么社会'科学家'常常在电视上露面，登上畅销书的排行榜，进入机场书架的'自助'书籍中。他们之所以频频亮相，并不是因为他们能够告诉我们为什么一些人有的时候循规蹈矩，而是因为他们声称要告诉我们应该怎么做。他们之所以到处抛头露面，并不是因为他们阅历更广，或经历了更多的苦难，或思想更深刻，也不是因为他们更仔细地思考了一些问题，而是因为他们同意维护这样的幻觉：他们的数据、程序、科学在说话，而不是他们自己在说话。"

在媒介环境学会成立大会主旨讲演的结尾，他严厉批评缺乏道德关怀的倾向，警告崇拜技术、误入歧途的弟子："请允许我在结束时说，依我的理解，媒介环境学的全部重要命题是，它要推进我们的洞见；我们何以为人，我们在人生路途中的道德关怀上做得怎么样——在这些问题上，媒介应该有助于推进我们的洞察力。你们之中有些人可能自信是媒介环境学者，但不同意我这一番话。如果真是这样，你们就错了。"

四、AI 大发，"奇点"将至，如何应对？

种种迹象表明，未来学家和科幻小说中那个神秘的"奇点"正在到来。

黑科技带领人类进入激动人心的崭新时空，同时也给人类带来恐慌：人会被机器取代吗？机器会统治人类吗？或者，AI 会危害人吗？在人工智能（AI）与人类智能（HI）的博弈中，胜者是谁？输者是谁？是双赢吗？是人役物呢？抑或人役于物呢？黑科技会打开潘多拉盒子吗？人会制造出毁灭自己的怪物吗？

阿尔法狗战胜围棋圣手。比阿尔法狗强不知多少倍的"机器人"接踵而至，人类怎么办？

黑科技使人振奋，又使人担忧。AI 会控制人、战胜人、危害人、奴役人吗？

无数智者给出了答案。马克思强调人的主观能动性，给了我们信心；波斯曼强调人文精神、人文关怀，批判技术崇拜，拒绝向技术投降。同时，在人与自然、人与技术的关系中，我们要有前瞻性，登高望远，未雨绸缪，头脑清醒，开利防弊，兴利除弊。

应对技术怪物毁灭人的威胁，最好的战略就是以不变应万变，保持定力，同时以"众智"的冷静和强大防患未然，防微杜渐，以主观能动性战胜一切可能的潜在危害。

有了主观能动性的思想武装，有了"众智"的"御敌"长城，任何潜在的"敌人"都撼不动人类了。

五、《技术垄断》中译本第一版有何遗憾？

《世界是平的》中译本已出两版，仍然风靡。《世界是平的吗？》（群言出版社，2006 年）发起挑战，断言《世界是平的》是一本危险的书。我愿在此重申：世界是不平的！

在第一版译者后记里，我写了这样两段话："在本书的翻译过程中，读了一本风靡国内的畅销书《世界是平的》，很有感触。希望读者能兼顾《技术垄断》和《世界是平的》的对立观点。后者表现出极端的乐观派思想，这固然是需要的。和托夫勒的《第三次浪潮》一样，它鼓吹穷国和富国'站在同一起跑线上'。托夫勒多次访问中国，尽享殊荣；他的《第三次浪潮》给 20 世纪 80 年代蓄势待发的中国人民多大的鼓舞啊！"

"可是我们要知道：世界是不平的，穷国和富国并不站在同一起跑线上。在追赶先进国家、谋求和平崛起时，'数字鸿沟'是难以填平的，一日万里的技术发展已经给我们的传统文化带来现实的威胁。即使在唯一的超级大国，技术崇拜、唯科学主义也在造成严重的危害。"

以上批评意犹未尽，实有保留，尚待展开，是为遗憾。

遗憾何在？当时的编辑认为，我对《世界是平的》的批判与《技术垄断》中译者序的主题关系不紧，可能散焦，最好删节。于是，大段文字就省略了。

10 年过去了，波斯曼"娱乐至死"的批判深刻影响了中国人对大众文化的反思，《技术垄断》关于唯科学主义的批判对中国的科学界和人文界产生了影响。

2017 年 3 月 22 日，我应邀在华中师范大学"博雅论坛"讲"世界不是平的"，有机会恢复了 10 年前删节的文字。

2017 年 12 月，又应邀为中信出版社修订《技术垄断》，出第二版，终于有机会在第二版序里正式恢复以下几段文字，不亦快哉：

"最近读托马斯·弗里德曼著《世界是平的》，深有触动，感慨不已，思考良多，既有深表赞同之处，却也不以为然。该书的主题是：全球化把世界推平，使世界在经济上走向信息化、同质化的道路。其深层理念就是技术万能，仿佛数字鸿沟即将填平，似乎第一世界和第三世界的差距正在迅速缩小。这是一本风靡全球、席卷中国的书，它将对中国的学界和一般读者产生持久的影响，就像当年托夫勒的《第三次浪潮》、奈斯比特的《大趋势》、罗马俱乐部的《增长的极限》、丹尼尔·贝尔的《后工业时代的来临》、尼葛洛庞蒂的《数字化生存》一样。"

"该书的主题是：全球化把世界推平，使世界在经济上走向信息化、同质化的道路。其深层理念就是技术万能，仿佛数字鸿沟即将填平，似乎第一世界和第三世界的差距正在迅速缩小。这是典型的'技术决定论'，很难苟同。"

除恢复以上几段文字外，请容许我再做一点批评。批评的依据是笔者1999年11月撰写的文章《和而不同息纷争：全球化进程中的文化调适》[①]。

《世界是平的》共13章，第2章讲铲平世界差异、推动全球化的10大动因：柏林墙倒塌、网景公司上市、工作流软件、开放资源码、外包、离岸生产、供应链、内包、资讯搜寻、轻科技（类固醇）。全书充满极端乐观主义和浪漫主义的调子，比托夫勒的乐观主义还要乐观。一望而知，其立论基础是技术（包括硬技术和软技术）突飞猛进、一日千里，是虚拟化的网络世界正在迅速挤压物质的真实世界。其思想是典型的"技术决定论"，和波斯曼《技术垄断》的思想是决然对立的。

以下三段文字取自《和而不同息纷争》：

"全球化是一柄双刃剑，它使人类面临许多悖论和困境。一方面是福……另一方面，全球化又有其潜在的弊端。因为它伤害了许多穷国和穷

---

① 何道宽：《和而不同息纷争：全球化进程中的文化调适》，《深圳大学学报》，1999年，第2期。

人，使他们的悲惨境遇雪上加霜，致使南北贫富悬殊进一步扩大。"

"毋庸讳言，全球化的潮流是西方国家发动和主导的，大多数的游戏规则都建立在先进国家长期经营的基础上，甚至就是由它们制订的。因此这些东西对它们有利，国际政治、国际法、国际贸易、国际金融等领域，莫不如此。资源的分配很不公平，传统的生产和生活资源，本来就让他们占用了八九成。新兴的信息资源又几乎让他们垄断。媒体的绝对优势也在他们的股掌之中。有人情不自禁地要利用这个优势对异己狂轰滥炸，发动意识形态的圣战，推行文化帝国主义。在平等的旗号下，很容易推行经济霸权主义、金融霸权主义和技术霸权主义。"

"发达国家的文化是强势文化，但是强势文化不应当是霸道文化。……全球化不是西方化，更不是美国化。全球化不应当是'可口可乐化''麦当劳化''好莱坞化'，也不应当是'全球资本主义化'。我们要反对一切露骨的和改头换面的霸权主义。单极化的世界必然是不太平的世界，单极化可能给世界带来灾难。"

第二版译后记

中信出版社肯定我的《技术垄断》中译本第一版，希望我作第二版。

我坚持作者的译名应为波斯曼，而不是波兹曼，有纠正之意，希望这个第二版的发行能起到统一认识的效果。感谢他对这一立场的理解。

这个第二版使我有机会恢复第一版译者序跋和正文里一些删节的文字，不亦快哉！

这次修订要者有四：

1. 少许文字修订，比如美国现任总统的名字从特伦普改为特朗普。

2. 增补几十条脚注，同时节略一些脚注，以帮助读者的阅读理解。

3. 补足一些曾经有意删节的文字。

4. 恢复第一版译者序里批判《世界是平的》文字，因为该书笼罩在"唯科学主义"的阴影之下，而技术决定论和唯科学主义正是波斯曼《技术垄断》批判的靶子。

2017 年 12 月 15 日

破解史诗和口头传统之谜 ①

2003 年 10 月 17 日，联合国教科文组织第 32 届大会通过了《保护非物质文化遗产公约》，保护的范围包括口头传统、表演艺术、社会实践、仪式礼仪、节日庆典、民间知识、手工技艺等一切无形文化遗产，这为无形文化遗产的研究和保存，为弘扬人类文化的多样性提供了坚强的法律保障。

一、千古之谜

保护的前提是重视，理解的前提是研究。即以史诗为例，有多少遗存正待我们去搜集、整理、记录、研究啊！

两千多年来，人们一直在研究荷马与《荷马史诗》；一百多年来，卓有成效的研究者提出并试图回答"荷马问题"：荷马是一个人还是若干人？如果有一位名叫荷马的行吟诗人，他是不是盲人？他如何能够创作、记住并吟诵数以万行的《荷马史诗》？

荷马生活在公元前 9—前 8 世纪，那时还没有希腊字母表，也就是没

---

① 《口语文化与书面文化：语词的技术化》(北京大学出版社，2008) 的译者序。

有《荷马史诗》的书面文本。荷马去世后两三百年，即公元前700—前650年，《荷马史诗》才被写定并以书面形式流传后世。

荷马那时的行吟诗人没有文字依傍，其中有些还是像他那样的盲人；他们是什么天才，居然能够"编织"数万行的巨型史诗？即使编织出来了，他们又怎么可能记住这么长的史诗，怎么能够几天几夜一口气唱完？既然不是"文人"，他们又如何"编织"出韵律整齐、生动感人、语言优美的史诗？他们依靠天然的诗才还是依靠"死记硬背"？他们吟唱时是否"神灵附体"或"神经错乱"？《荷马史诗》被写定后就已"死亡"，不再有人传唱，这是好事还是坏事？抑或是好坏皆有？

这是千百年间难以求解的问题。但近百年来，峰回路转，《荷马史诗》的谜底逐渐被揭开。

二、揭开谜底

《荷马史诗》是西方文化的主要源头之一，是古人类文化的巅峰之一，也是全人类的重要遗产之一。

我国的史诗极为丰富，难能可贵的是，这些史诗仍然活跃在今人的口头传统之中，许多活着的吟诵诗人仍然能够演唱这些史诗。

当今世界活跃的史诗当然不限于中国，亚非拉许多国家均有这样的史诗传唱，但没有与中国的三大英雄史诗匹敌者。

这三大史诗是蒙古族的《江格尔》、柯尔克孜族的《玛纳斯》、藏族的《格萨尔王传》。《江格尔》长达10万行，《玛纳斯》20余万行，《格萨尔王传》100多万诗行。以长度而言，《格萨尔王传》超过了世界五大著名史诗（巴比伦史诗《吉尔加美什》、希腊史诗《伊利亚特》和《奥德赛》、印度史诗《罗摩衍那》和《摩诃婆罗多》）的总和。

近百年来，通过中国学者和外国学者的不懈努力，中国的三大史诗也逐渐掀起神秘的面纱。

古今各地的史诗演唱人多半是文盲，如今活跃在我国几个少数民族里的史诗吟唱人多半也是文盲，但他们又是民族文化的传承者和"圣人"。《玛纳斯》《江格尔》《格萨尔王传》的演唱者分别称为"玛纳斯奇""江格尔奇"和"仲堪"。他们能够如痴如醉地演唱几天几夜，民族的源流、神话、传说活跃在他们的口头上，民族的身份认同体现在他们身上。他们学习、记忆、"编织"、表演、传授史诗的实践，反过来证实了学者们破译的史诗密码。

美国学者沃尔特·翁（Walter Ong）的《口语文化与书面文化：语词的技术化》彻底破解了《荷马史诗》和口语文化的千古之谜。

首先它梳理、归纳了一百多年来史诗学者的研究成果，同时又创造性地提出口语文化和书面文化的两极性理论（polarities of orality and literacy）以及原生口语文化（primary orality）和次生口语文化（secondary orality）两种概念，从而细化了人类文化从口语文化、手稿文化、印刷文化到电子文化的文化史分期，研究了口头文化和书面文化在各个时代的此消彼长，为我们研究和保护当代活着的史诗、口语文化和无形文化提供了坚实的基础。这是中国学者应该认真学习和研究的一本经典著作。

以下分几节阐释和发挥沃尔特·翁及其《口头文化与书面文化》的成就。

三、百年成就

《口语文化》介绍了许多著名的史诗学者、古典学者和口头传统学者。他们研究古今史诗和口语文化。他们杰出的贡献不在于文献研究，而在于田野调查。他们记录并分析活着的史诗、巫术、成丁礼、"原始"思维即口语文化。

本书重点介绍的口语文化学者有八位：美国的古典学者米尔曼·帕里

和亚当·帕里父子、帕里的学生阿尔伯特·洛德、苏联的心理学家 A. R. 卢利亚、美国古典学者埃里克·哈弗洛克、英国的社会人类学家杰克·古迪、美国的口头传统学者戴维·拜努姆和约翰·弗利。

本书介绍的古典学者还有皮博蒂、吉帕斯基、勒努和卢特里奇，他们均有不小成就。伯克莱·皮博蒂考察古老的印欧语系传统和稍后希腊吟诵诗歌之间的关系，验证了"帕利－洛德理论"。保罗·吉帕斯基研究《吠陀经》，但那是在"帕利－洛德理论"之前，所以未能破解密码。路易·勒努研究《吠陀经》是在"帕利－洛德理论"问世之后，但他忽略了"帕利－洛德理论"，仍然倾向于认为，吟诵《吠陀经》的史诗诗人一字不变地死记硬背。埃里克·卢特里奇研究日本中世纪英雄史诗《平家物语》。可惜这几位学者都没有达到"帕利－洛德理论"的水平。

本书介绍的口头传统学者杰弗里·奥普兰研究南非口语民族科萨人，约尔·谢尔彻研究巴拿马库里亚人的成年礼，约翰·威廉·约翰逊研究索马里的口头诗人。

本书提及的其他著名学者有：结构主义语言学始祖斐迪南·索绪尔，英国语音学先驱亨利·斯威特，英国古典学者亨利·切特尔，美国语言学家埃纳尔·霍根、华莱士·切夫、黛博拉·坦能等。

我们只能够将上述八位杰出的学者分别做一点介绍。

米尔曼·帕里曾经在美国加州大学、哈佛大学执教。他做出了惊天的发现，推翻了几千年来的陈见：原来长篇的史诗是不用靠死记硬背的。行吟诗人"编织"史诗时，他们有全套的预制材料去"拼装"铿锵悦耳的诗行，去"组装"大段大段的诗歌，并不像我们想象的那样费劲。他们得心应手的预制件有套语、诨名、程式、主题、场景，而且有些预制件还是可以"自由"伸缩的词语，它们能够灵活变化并嵌入固定音节、音步和韵律的诗行。米尔曼·帕里从研究文献入手，然后用实地考察验证。他率先把"死"的史诗（《荷马史诗》）和活的史诗（口头传统）结合起来研究。在研究《伊利亚特》和《奥德赛》的过程中，他发现吟唱诗人"编织""拼装"和"组装"史诗的特点，然后到南斯拉夫地区去做田野调查，证明活的史诗也依靠"荷马式套语"。

他的儿子亚当·帕里子承父业，研究《荷马史诗》和古今口语文化，编辑其父遗著《荷马史诗的诞生》，成就卓著。

他的学生阿尔伯特·洛德青出于蓝，弘扬他的理论，和他一道成为史诗研究的双璧。他们的理论叫作"帕利－洛德理论"，这个理论成为"荷马问题"和史诗研究史上的一个转折点。

洛德长期深入到塞尔维亚和克罗地亚史诗吟诵人中去做田野调查，录制了大量的磁带，进行了长时间的访谈。这次实地考察的成果之一是《故事歌手》，这本书笔法细腻、令人信服。

卢利亚是苏联心理学家、神经心理学家和神经语言学家，著作宏富，20 世纪 30 年代在苏联的乌兹别克地区和吉尔吉斯地区研究口头传统和口语文化遗存，着重研究口语文化对思维模式和语言表达的影响，成绩斐然。受访者多半是文盲和文化程度不高的人，访谈往往在茶馆等环境中进行，气氛轻松，真实可靠；问卷设计合理、科学，结论说服力强。《认知发展的文化社会基础》是这次田野调查的成果之一。

埃里克·哈弗洛克是美国古典学家，与马歇尔·麦克卢汉齐名，是媒介环境学派第一代代表人物之一。他在研究口语文化上卓有建树，其代表作《柏拉图导论》《缪斯学会写字》《希腊的拼音文字革命及其文化影响》《希腊政治的自由秉性》和《西方书面文化的源头》充分展示他全方位研究古希腊文化的累累硕果。

杰克·古迪是英国社会人类学家，曾在非洲和波斯尼亚做了大量田野调查，研究口头文化，他的代表作《野蛮人心灵的驯化》和《传统社会里的书面文化》仍然是价值连城的文献。

戴维·拜努姆是美国口头传统学者，提出口头文化里的一些基要成分和模式，令人耳目一新，代表作有《林中神灵》和《儿童遗产的拓展研究：1856 年以来的哈佛口语文化研究》。他的研究跨越古今世界各地，以古代的两河流域和地中海地区以及现代的南斯拉夫和中非等地区为核心，他发现，口头叙事多半围绕一种基要的虚构成分（elemental fiction）展开。他把这种基要成分命名为"二三"模式（the Two Three model），即两个"三要素"模式，这是从口头叙事及相关的文字图像里发现的模式。具体地说，这个叙事模式以两个三要素展开："分离、礼物和难以预料的危险等观念"围绕一棵树（绿树）展开，"统一、报偿和互惠等观念"围绕另一棵树（枯树、木头）展开。这个叙事模式有别于图形－文字的叙事结构。

戴维·拜努姆还在帕里口头套语的基础上前进一步，他把史诗套语分为两类："套语式成分"（formulaic elements）和一成不变地重复的"严格的套语式语汇"（formulary phrases）。这是因为帕利提出的"基本概念"（essential ideas）过分简单，而他认为这些概念并不像帕利定义的那样简要，并不像一般公式那样言简意赅，不像史诗风格那样程式化，也不如大多数公式所指的那样平庸陈腐。

约翰·弗利是当代美国最活跃的古典学家，在密苏里大学创办"口头传统研究中心"，创办并主持《口头传统杂志》，主持"洛德口头传统研究丛书""表演和文本的表达丛书"，著有《口头诗学：历史与神话》《传统口头史诗》《荷马的传统艺术》《故事演唱人》《口头传统走进课堂》《如何解读口传诗歌》。他与中国学者建立了相当密切的学术联系。

20 世纪后期以来，中国学者深入研究中国神话、史诗、口头传统、民间文学和无形文化遗产，和各国学者展开交流，已经在这些领域取得了骄人的成绩。

我们希望，《口语文化和书面文化》的出版有助于推动国内的史诗研究和口头传统研究。

四、本书评价

《口语文化和书面文化》可以分为三部：第一部（1—3 章）论口语文化里的思想及其言语表达。第二部（4—6 章）论书面文化里的思想及其表达以及口语文化和书面文化的关系。第三部（7 章）把作者的口语文化－书面两极性理论应用于文学批评，这一章审视和批评现当代十来种西方文艺思潮：浪漫主义、新批评、形式主义、马克思主义、读者反应、文本主义、叙事学、人类学、结构主义、解构主义和互文性。

沃尔特·翁的《口语文化》创新良多，主要有以下三点：①口头传统和口语文化的九大特征；②口语文化和书面文化的两极性和反差；③原生口语文化和次生口语文化的概念。

口头传统和口语文化的九大特征是：

1. 累积性的而不是附属性的。口语社会里的人往往将输入的信息条目相加，而不是把它们组织成金字塔型的等级结构，酷似儿童讲故事的倾向："然后……然后……然后……"，只罗列而不加解释。相反，读写社会里的人往往把上下位关系引进话语。

2. 聚合的而不是分析的。口语文化用大量固化的套语把重要的信息聚合在一起，比如"美丽的公主""勇敢的武士""油滑的威利·克林顿"之类的表达，"谋事在人，成事在天""小洞不补，大洞吃苦"之类的格言警语。

3. 冗余的或"丰裕"的。吟诵、交谈、讲故事的时候，口语文化里的人不得不经常重复，以使澄清自己的意思，以帮助听话人理解和记忆。

4. 保守的或传统的。重复的故事和格言警语、反复的吟诵和宗教仪式赋予历史和传统巨大的力量。

5. 贴近人生世界的。在口语社会里，技能和传统的传承无文字依傍，只能靠师徒相授，只能靠演示－口授的办法传承。

6. 带有对抗色彩的。部落的决策面对面进行，意见分歧常常导致口舌之战和智谋之战，这是口语社会里生活的核心内容。恶语伤人的表现有戏弄、嘲讽、取笑、叫阵、骂娘等。和恶语伤人相对的是慷慨的赞扬，赞扬也是一种变调的竞赛和对抗。

7. 移情的和参与式的，而不是与认识对象疏离的。听众参与时的反应不是个人的参与，而是集体的、趋同的参与。这种召唤 – 回应模式形成固有的仪式：浅唱低吟、高歌唱和、呐喊助威、鼓掌欢呼，人们常常全身心地参与集体的交流活动。

8. 衡稳状态的。口语社会的语汇和意义比较稳定，借以保障社群的平衡或稳定。因为没有词典固化语词的定义，没有书本温习历史，口头用语就必须要随时调整以适应变化中的世界，但用语的调整多半是小小的微调。

9. 情景式的而不是抽象的。口语社会里的交流在很大程度上取决于情景。人们一般不会用抽象的词汇和概念，而是用具体的物体名称。比如，人们一般不会用"圆形""方形"等抽象的词汇来表示形状，而是用具象的物体来给形状命名："盘子""门"。

在人类学、神话学、史诗学、古典学、媒介理论家等学术圈子里，人们对口语文化和书面文化反差的兴趣正在与日俱增。在媒介环境学派的圈子里，最著名的学者哈罗德·伊尼斯、马歇尔·麦克卢汉、埃里克·哈弗洛克、尼尔·波斯曼、沃尔特·翁、保罗·莱文森无不在这个领域倾注了大量的心血。虽然他们的研究重点略有不同，但他们的典型主张是一样的：前文字的口语文化在特定的意识框架里运作，书面文化的到来使古人的思维方式发生重大的变革，电子时代和数字时代的来临使口语文化以新的形态得到复活。沃尔特·翁呼应"帕里 – 洛德理论"，认为口语文化的复杂性和抽象性必然是比较少的，吟唱诗人不可能记录和记住复杂和抽象的东西，只能够依靠大量的套语、程式和预制构件来"编织"巨型的史诗。

沃尔特·翁的另一个伟大贡献是区别原生口语文化（primary orality）和次生口语文化（secondary orality）。

　　所谓原生口语文化就是文字产生之前或文字使用之前的社会文化，包括所谓古今"蛮族"的文化。在这个创新术语出现之前，人类学、民族学等研究初民社会的学科和学者使用了一些负面的、歧视性的字眼比如"原始人""野蛮人""蛮族""落后""低等"，甚至在伟大学者的伟大著作里都留下了时代局限的痕迹，比如列维–斯特劳斯的《野性的思维》、弗兰兹·博厄斯的《野蛮人的心灵》、杰克·古迪的《野蛮人心灵的驯化》。此外，各学科还普遍使用一些貌似中性的术语，比如"前逻辑""前文字""无文字"等术语。沃尔特·翁认为，所有这些标签都可以用口语文化–书面文化的两极性来说明，都可以用口语文化到书面文化的转变来解释。

　　我们用他的定义来说明口语文化："所谓原生口语文化就是不知文字为何物的文化"，"所谓原生口语文化就是尚未触及文字的文化"，"我将毫无文字或印刷术浸染的文化称为原生口语文化。"

　　旗帜鲜明的"原生口语文化"的最大功绩是克服书面文化的沙文主义，避免使用那种非常蹩脚的"口头文献"（oral literature）、"口头文本"（oral text）之类的术语。这样的术语是自我矛盾的，既然是口语，就没有文献，连文本也没有，为什么要把口语和文献连用呢？为什么会有人用这种滑稽可笑的术语呢？那是因为他们没有认真研究口语文化，甚至有意识地贬低口语文化。如果认为口语文化是书面文化的派生、变异、衰减和堕落，这就把两者的关系本末倒置了。从历史渊源来讲口语文化和书面文化的关系是前后相继的关系，不能颠倒过来。何况口语文化还创造了辉煌史诗、神话和传说。

　　我们再用他本人的话来说明"次生口语文化"。

　　"电子时代又是'次生口语文化'的时代，电话、广播、电视产生的文化是次生口语文化。"

　　"次生口语文化产生了强烈的群体感，因为听人说话使人形成群体，使人成为真正的听众……不过，次生口语文化产生的群体感大大超过了原生口语文化里那种群体感——这就是麦克卢汉的'地球村'。"

"广播电视诱发了次生口语文化；其中的遗存性口语和'文字性口语'（literate orality）尚待我们深入研究。"

"次生口语文化"恢复了古代口语文化的一些特征，和电子媒介相比，它的确是次生的、第二位的；此时的口头交谈只扮演相对次要的角色，不再享有首要的地位。次生口语文化不是真实的会话，而是虚拟的仿真会话，是一种感觉，一种言语、视觉、声觉构建的公共会话，以电影、广播、电视、电话和互联网等为载体的公共会话。

"次生口语文化"这个概念也有很强大的解释力。

1. 它提醒人们注意高科技时代的口语遗存。在电子时代，严格意义上的原生口语文化难以生存，因为每一种文化都接触到文字，都受到文字的影响。尽管如此，许多文化和亚文化都不同程度地保留着大量原生口语文化的心态，即使在高技术的环境中也存在口语文化的心态。

2. 既然"次生口语文化"或多或少拥有"原生口语文化"的九大属性，它能够比较圆满地解释马歇尔·麦克卢汉所谓的"地球村"时代和"重新部落化"的时代。

那么"原生口语文化"和"次生口语文化"有何区别呢？

两者处在不同的文化史分期和媒介史分期："电子技术是次生口语文化的技术，次生口语文化不像原生口语文化，原生口语文化是文字和印刷术的前身，次生口语文化则是文字和印刷术的产物，且依靠文字和印刷术。"

两者的心态和意识不同："口语人的群体心态之所以形成，那是因为他们没有其他可行的选择。到了今天的次生口语文化时代，我们的群体心态则是自觉的，在按部就班的程序中产生的。今天的人觉得，他们必须要有敏锐的社会意识。原生口语文化里的人转向外部世界，因为他们没有机会转向内部世界；与此相反，我们之所以转向外部世界，那是因为我们已经完成了向内部世界的转移。"

为了说明"原生口语文化"和"次生口语文化"的区别，沃尔特·翁描绘了两个历史时期美国总统竞选的不同景观，非常生动形象：

"原生口语文化的旧式的口语文化一去不复返了。1858 年，林肯和道格拉斯竞选辩论时，辩论就像艰难的战斗——显然是真正的苦战。辩论常常在户外进行，夏天酷热，烈日当头，灼人肌肤，听众狂热，有 1.2 万人到 1.5 万人之众……每个人讲一小时半。第一位讲演者讲一小时，第二位讲一小时半，然后由第一位讲演者做半小时的反驳——这一切都是在没有扩音设备的条件下进行的。原生口语文化的风格表现为追加性、冗余性，表现为精心的平衡和高调的对抗，表现为辩论双方密切的互动；每一轮辩论结束之后，辩论人都声嘶力竭、筋疲力尽。如今，电视上的总统竞选辩论完全摆脱了古老口语世界的秩序。听众不在场，不露面，不出声。竞选人舒舒服服地站在讲演台上，做短小的陈述，短小的对谈，一切对抗的锋芒都被磨去棱角，这是有意识的安排。电子媒介不容忍公开对抗的表演。虽然笼罩着苦心经营的自发性，但这些媒介完全受制于一个严密的封闭空间，印刷术遗产形成的封闭空间。这是因为敌视的表演可能会冲破这个封闭的空间，可能会冲破严密的控制。竞选人做出调整，以适应电子媒介造成的大众心理。温文尔雅、文质彬彬的风度压倒一切。"

2007 年 11 月 3 日

勉力攀登学术翻译的珠穆朗玛峰[①]

一、珠穆朗玛峰

译稿完毕，思绪泉涌，感慨万千。然纵有千言万语，却难以理清思路，不知从何下笔。既然难以诉诸理性的文字，那就首先诉诸感性的直白，借以破题吧。

用市井俗语说，这本书很"牛"！用新潮的网络语言说，它很"雷"人。半年多来，这部近 80 万言的巨著把我"雷"倒了。

在 30 来年的著述和翻译生涯中，如果说笔者曾经渡过了急流险滩，翻越了崇山峻岭，那么伊丽莎白·爱森斯坦[②]的《作为变革动因的印刷机：早期近代欧洲的历史》却胜过蜀道，犹如珠穆朗玛峰，难如登天了。

在我 30 余部学术译著中，比较难的崇山峻岭有马歇尔·麦克卢汉的

---

① 《作为变革动因的印刷机：早期近代欧洲的传播与文化变革》（北京大学出版社，2010）的译者序。该译作获深圳大学学术创新奖二等奖（2013）。有删节。

② 伊丽莎白·爱森斯坦（Elisabeth Eisenstein, 1923—2016），美国历史学家，主攻法国革命史和 19 世纪法国史，代表作为巨著《作为变革动因的印刷机：早期近代欧洲的历史》，她是传播学媒介环境学派的代表人物之一，与马歇尔·麦克卢汉有过密切的互动。

《理解媒介》、伊尼斯的《传播的偏向》和《帝国与传播》、保罗·莱文森的《数字麦克卢汉》和《思想无羁》、约翰·D. 彼得斯的《交流的无奈》、特里·N. 克拉克的《新政治文化》、林文刚的《媒介环境学》、加布里埃尔·塔尔德的《模仿律》、约翰·赫伊津哈的《游戏的人》和《伊拉斯谟传》以及《中世纪的秋天》、沃尔特·翁的《口语文化与书面文化》，它们都是难以对付的思想挑战、知识挑战和语文挑战。

然而，以上译事虽艰辛，却罕有令我畏惧者，唯独伊丽莎白·爱森斯坦（Elisabeth Eisenstein）这本书令我胆战心惊、难以安眠。

这本书之难之"牛"表现在几个方面：

第一，该书的写作花了整整 15 年（1964—1979）！如果从搜集资料的1962 年算起，那就是 17 年！爱森斯坦筚路蓝缕，呕心沥血，开创了印刷文化研究的新路径，使之成为诸多学科羡慕和争夺的资源。这本书耗尽了她一生多半精力，耗尽了她 30 年学术生涯（1859—1988）的一半光阴。她专长法国革命史和 19 世纪法国史，生平著述不多，但这部论印刷传播革命的专著足以使她名垂青史。

第二，这部卷帙浩繁的书共 790 余页，正文不足 80 万字，但由于她注释不厌其多、不厌其繁、不厌其详，全书共计 2046 条注释，字数多达 10余万！在这数以千计的注释中，相当一部分注释很长，数十条注释各数百字，个别注释宛若文献综述，甚至像小文章。在有些页面上，小字号的注释文字远远超过正文。她钻研之深，钩稽之细，令人叹服！亦令人生畏！为了不令人生厌，译者不敢过多注解，但为了帮助读者，还是不得不硬着头皮有节制地提供了 200 余条注解，计两三万字。如此，正文和原注加上译者注和译者序跋就 80 万字了。

爱森斯坦的治学风格极其严谨，注重考据，颇像清代的乾嘉学派，亦像 20 世纪的王国维、胡适、梁漱溟、陈寅恪、钱钟书、季羡林等国学大师。

第三，全书文献共 2000 余种，涉及拉丁语、意大利语、法语、德语、西班牙语、荷兰语、英语等，几乎把欧洲人论印刷术的著作一网打尽。译者跟着她历尽磨难，深感艰辛。

第四，全书涉及的重要历史人物数以百计，涵盖政治、宗教、文化、艺术、科学、技术、天文学、地理学、医学、印刷术等领域，古典学者、中世纪研究专家、人文主义者、宗教改革家、启蒙思想家进入其研究视野，技术史家、科学史家、文艺复兴史家、中世纪史家成为其论战对象，仅论及的学者与印刷商兼于一身的人物就有数十人。遗憾的是，这些人物几乎全无注释，而且书末的索引只列出了少数人物，大多数重要人物都不见于其中，究其原因，或许是因为作者对他们了如指掌，或许是由于欧美的读者对他们也相当熟悉吧。但这苦了中国读者，译者不得不弥补这一缺憾。

第五，最重要的一点，这是一部四面出击、八方辩驳的力作。作者思想犀利、论证严谨、证据确凿、分析细密。译者序言准备专辟一节，描绘其论战色彩。

二、是一部什么书

《作为变革动因的印刷机》是一部什么书？这个问题既好回答，又难以准确回答。它首先是一部历史书，而且是论印刷术的专著，其基本性质一目了然。但如果细察，其性质就难以限定在狭小的范围了。自出版以来，不仅欧洲通史、文化史、技术史、科学史、印刷术史、宗教改革史、文艺复兴史的专家争相研究、批评，而且其他学科也在争夺这一丰硕的资源。本书译者把它作为媒介环境学的经典介绍给华文读者，有什么根据呢？

媒介环境学是传播学的三大学派之一，其专注焦点之一是媒介这种人造环境对人类生存发展、人类社会、人的心理的长效影响。媒介环境学的研究领域之一是媒介史及其五大分期：口语文化、文字文化、印刷文化、电子文化、网络文化。这五种媒介引起人类历史上的五大传播革命。爱森斯坦这本书研究印刷术掀起的传播革命，她被认为是媒介理论家，是媒介环境学派第二代的代表人物之一。我们为北京大学出版社策划的这套媒介环境学译丛把它作为主打选题之一，也就理所当然了。

伊丽莎白·爱森斯坦这本书不集中研究印刷技术本身，也不囿于印刷史本身，而是将其作为欧洲近代史的重要动因之一，认为印刷史掀起的传播革命对近现代的欧洲史产生了巨大的影响，《作为变革动因的印刷机》有别于其他印刷史的著作，这是一部富有创新意义的"革命"之作。

三、三级主题

本序拟将该书主题分为三级介绍，以阐明其丰富的思想。一级主题是印刷术是欧洲中世纪和近代过渡期最重要的技术发明，由此引发的传播革命对欧洲近现代的历史产生重大影响。欧洲史里的中世纪研究、文艺复兴研究、近现代史研究、宗教改革研究、近代科学研究都必须以机器印刷为主要参照系，舍此会造成时代错乱。二级主题有人文主义、文艺复兴、宗教改革、启蒙运动、科学革命与印刷术的关系。本书分章节逐一论述这些主题，逐一剖析机器印刷对这些运动的影响。三级主题是揭示近现代史学家和其他学者的种种误区，分别与各领域的专家展开论战。

15 世纪 50 年代初，德意志的美因茨地区掀起的机器印刷是生产方式的重大变革，史家称之为书籍革命、媒介革命、印刷革命、传播革命，爱森斯坦从人类历史的纵横视野出发，将其定名为"传播革命"。彼时，德国金匠约翰·谷登堡完成了机器印刷工艺流程的各个环节，用活字印刷《圣经》和古籍。他印制的《42 行圣经》就是历史上的第一部机印本《圣经》。自此，印刷术形成燎原之势，在不到 40 年的时间里，机器印刷就传遍了德意志，每个州都有了重要的出版中心。而且，在半个世纪之内，机器印刷就传遍了欧洲。北欧最伟大的人文主义者伊拉斯谟校正了拉丁文《圣经》和希腊文《新约圣经》，使《圣经》得到"净化"。马丁·路德出版德语《圣经》，发布《九十五条论纲》，投下了震撼基督教世界的炸弹。具有讽刺意味的是，他们出版《圣经》新译本和矫正本的目的，是服务教会、敬奉上帝，结果却适得其反：由此掀起的宗教改革撕裂了教会，不仅摧毁了教廷的权威，动摇了天主教，而且撕裂了抗议教廷的新教，使之宗派林立。这场传播革命的风暴迅速形成摧枯拉朽之势，其威力史无前例。在谷登堡发明印刷机之后的 50 年里，机印书的成本是手抄书的几百分之一，印刷工的效率比手抄工的效率提高了上千倍，欧洲出版的机印书多达 800 万册。从 1517 年路德发布《九十五条论纲》到 1520 年不到 4 年的时间里，路德的 30 本书就印行了 30 余万册。伊拉斯谟著作的发行量又大大超过了路德的著作。稍后，加尔文的《基督教原理》也传遍欧洲。

传统的印刷术研究嵌入中世纪、文艺复兴、宗教改革研究，沦为重要性稍次的历史事件。伊丽莎白·爱森斯坦的贡献是将机器印刷分离出来单独研究，且被当作最重大的历史事件。她说："但思想史家和文化史家始终未能在自己的断代史图表里为印刷术找到一席之地。为了解决这个矛盾，我们似乎有必要更仔细地审视这个急遽变革本身看似矛盾的性质。我们不要把印刷术的出现和其他革新纠缠在一起，也不要把它当作另外一种发展的例子；我们必须要把印刷术的出现当作一个事件单独挑选出来研究，它自成一体，用传统的历史变革分类来研究印刷术是不恰当的。"

人文主义始于 13—14 世纪的但丁、彼特拉克、薄伽丘等人，穿越印刷术发明，其下限虽然模糊，但直达启蒙运动兴起的 18 世纪初倒是普遍的共识。15 世纪中叶兴起的印刷术对人文主义产生影响。仅以"北欧最伟大的人文主义者"伊拉斯谟为例，如果没有印刷术，他能够在 15 世纪和 16 世纪之交出版那么多著作，能够影响欧洲的人文主义者、宗教改革家吗？能够成为"唯一的权威""思想之王""世界之光""世界明灯""时代启蒙者""时代的大脑、心脏和良心""现代思想的先驱和铺路人""现代精神的先驱"吗?

宗教改革始于 1517 年 10 月 31 日路德发布的《九十五条论纲》。我们可以说,没有印刷术就没有宗教改革。有何依据呢?首先是路德本人对印刷术的讴歌:印刷术是"至上的神恩,推进了福音传教事业"。同时他又看到其可怕的威力,说印刷术是"世界毁灭前的最后一把火"。如果没有印刷术,教皇如何印制"赎罪券"?路德如何印制《九十五条论纲》?路德的德语版《圣经》如何进入千家万户?不同版本的《圣经》何以能够损害教廷和教会的权威?又何以产生不同的抗议宗?又何以使新教分裂为路德教、加尔文教、胡格诺教、清教、罗拉德教、循道宗、浸礼宗、安立甘宗、公理宗?

近代科学始于哥白尼的"新天文学"、维萨里的"新解剖学"、培根的实验科学、伽利略的物理学、牛顿的力学、马兰·梅森的"新哲学"。如果没有印刷术大量印行他们的著作,如果没有印刷术冲破教廷的《禁书目录》,哥白尼和伽利略的科学思想能够传播吗?相反,由于百科全书式的全才达·芬奇对他的大量著作深藏不露、束之高阁、不予刊布,致使他的许多天才成果被淹没了几百年。

伊丽莎白·爱森斯坦的第三级主题是与近现代忽略印刷术的各家学者展开论战,详见下文。

四、创新与论战

先说创新,次说论战。

第一,爱森斯坦教授区别 14 世纪到 16 世纪的所谓"文艺复兴"和此前欧洲文化的两次比较大的"复兴"。一般人只知道前者,对后者则不甚了了。其实,两者都是同一个词 revival。后者是 9 世纪加洛林王朝时期的复兴和 12 世纪的经院哲学家完成的复兴。在这两次复兴中,文人和教士进行的工作和后来意大利人所做的复兴大同小异，都是将希腊古籍翻译成拉丁文，只不过前两次复兴比较短暂，后一次复兴比较长。所以她说："中世纪的两次复兴是有局限的、短暂的，而文艺复兴则是全面的、持久的复兴。"

第二，将意大利文艺复兴一分为二，印刷术以前那一段始于14世纪的彼特拉克，印刷术以后那一段止于17世纪初。前一段复兴和中世纪的两次复兴一样是短暂的、局部的。所以她说："彼特拉克带来的复兴和印刷术产生的复兴需要更清楚地区别开来。不仅如此，两者的关系也必须更仔细地思考。"为了防止印刷术引起的传播规模被遮蔽，她进一步说："'文艺复兴'一语用来指一场两个阶段的文化运动当然有一定的道理，第一阶段是意大利文人和艺术家在手抄书时代启动的，第二个延伸的阶段涵盖了印刷术时代的许多地区和领域。然而毋庸讳言，当'文艺复兴'被用来涵盖印刷术引起的众多的变革时，就必然会引起混乱。这样的用法不仅遮蔽了一场重大的传播革命，而且遮蔽了这场文化运动的重新定向。"

第三，将15世纪的复兴一分为二，仍然以印刷术为分界线，以防止颠倒文艺复兴和印刷术的相互关系。诚然，两者相互作用，但彼此的影响有大小之别；印刷术加速了精神产品的生产。所以她说："认为印刷术是'文艺复兴精神的副产品'的观念竟然长期存在，这一现象实在是难以理解。"

第四，驳布尔克哈特"意大利特殊论"。布尔克哈特是19世纪瑞士历史学家、文艺复兴研究权威。在论述近代意识兴起时，他强调意大利的特殊性。

本书第四章第三节"向近代意识形式的转变"一开始就引用布尔克哈特的一大段话，然后仔细地予以驳斥。布尔克哈特说："在中世纪，人的意识的两个方面……都在同一块面纱之下做白日梦或半睡半醒。织就这块面纱的材料有信念、幻想、幼稚的先入之见，透过这块面纱，世界和历史都裹上了奇怪的颜色。人们只意识到自己是种族、民族、政党、家庭或公司的成员——仅仅是透过某种一般的范畴。这一面纱首先在意大利化为乌有；客观看待这个国家和世间万物成为可能……与此同时……人成了有精神的个体，而且意识到自己是有精神的个体……不难证明，这个结果在很大程度上是由意大利的政治环境造成的。"仅举一句话看她的批评："倘若近代早期真有什么意识变化，其变化大概既是群体身份意识的变化也是个体身份意识的变化。"

她批评的另一种"特殊论"是所谓意大利特有的"多面手"现象和"冲动"现象。她说："我和布尔克哈特的分歧在于：他说意大利出现了'多面手'，坚持认为他们'只属于意大利'；他不能解释为何产生了这样的'多面手'，只好说他们产生于一种'冲动'。我认为，对那些和'个人的完善'同时产生的变化的最好的解释，不是靠诉诸自由意志学说，而是靠把在行动中学习和在读书中学习结合起来考虑。"

她批评"意大利第一"时断言："布尔克哈特声称，意大利人是近代欧洲的第一胎孩子……整个意大利半岛上，全体意大利人民都获得解放了。他还做了一个招人忌恨的比较：意大利人研究自然无不感到高兴，其他民族对研究自然却漠不关心……当人们为'近代科学的兴起'布置舞台时，'意大利第一'总是得到更多的注意，从手抄书文化到印刷文化的转折得到的注意就少些。"

第五，她批评萨尔顿的时代错乱。乔治·萨尔顿是20世纪美国学者、科学史之父。萨尔顿认为，14世纪人文主义者已经把"回归古典"和"回归自然"联系在一起。但爱森斯坦认为，这两个口号都是在16世纪的科学革命以后才出现的："不过我认为，这两个口号是很晚才提出来的，不能够准确传达手抄书时代主题的意义。'回归古典'是书籍和作者博弈的结果……'回归自然'带有后浪漫主义的弦外之音。"

第六，她批评并补充托马斯·库恩研究哥白尼革命的思路。她认为，库恩撒大网，罗列了许多原因，唯独忘记了最重要的原因：印刷术引起的传播革命。她首先引用库恩一大段话，然后批评说："库恩这一折中主义和多重研究的方法符合史学家长期以来看重的习惯。中世纪的贡献没有被忽视；文艺复兴和宗教改革发生的一切几乎都端到读者面前……给予显要篇幅的变化有：使托勒密《地理学》失去威望的远航探险，推动哥白尼修订托勒密《天文学大全》的历法改革，促进托勒密文本重构的希腊文化复兴。最后，作者用比较长的篇幅讨论了文艺复兴时期的新柏拉图主义，认为新柏拉图主义运动'给文艺复兴时期的科学指出意义重大的新方向，尤其塑造了哥白尼的数学雅趣，促成了他对日心说假设的偏爱'。"

五、印刷术与宗教改革

一如前述，机器印刷的发明促成了各种新版本《圣经》和各语种《圣经》的出版，撕裂拉丁文《圣经》和教廷一统天下的局面。爱森斯坦认为，印刷术"煽起了宗教论争的烈火"。印刷术使路德的《九十五条论纲》在"半个月之内传遍德国，一个月之内传遍欧洲"。

爱森斯坦引用怀特海的话说明，印刷术对宗教改革产生了严重的后果："宗教改革放纵大众的造反，使欧洲沉入血海，且长达一个半世纪。"

她认为宗教改革研究应该以谷登堡为起点，而不是以路德为起点。她批评说："大多数的宗教改革研究都以路德为起点，而不是以谷登堡为起点……他们常常告诉我们印刷术在新教传播里的作用，几乎不告诉我们印刷术在《圣经》传播里的先行角色。"

她指出印刷术对《圣经》本身及《圣经》研究的影响："使中世纪的拉丁文《圣经》过时的不是新教而是印刷术。""印刷术使拉丁文《圣经》遭遇到两面夹击：一方面是希腊语和希伯来语研究的威胁，另一方面是通俗语翻译的威胁。"

她指出文艺复兴研究和宗教改革研究中遮蔽印刷术的偏向："有关宗教改革的辩论往往掩盖了印刷术带来的变革，正如有关文艺复兴的辩论往往掩盖了印刷术的影响一样。"

六、印刷术与近代科学

关于印刷术与近代科学的关系，爱森斯坦这本书有许多亮点。

第一，她断言印刷术是近代科学的动因："我说印刷术的出现为早期近代的科学革命搭建舞台，并应该占有更突出的地位。"

第二，她批评马克斯·韦伯对印刷术的忽视。众所周知，社会学鼻祖马克斯·韦伯对资本主义和新教的研究非常精辟，但他对印刷术在两者兴起过程中的作用却估计不足。所以爱森斯坦批评说："特别令人遗憾的是，虽然韦伯关心的发展变化（含理性与科学）正是在印刷术这种新媒介的强大影响下产生的，但他的著作给予印刷术的地位却很不引人注目。"同时她指出，拥护和诘难韦伯的人都有这样的不足："韦伯一起步就有疏忽，但许多批评他的人在这方面一事无成，并不比捍卫他的人多一点贡献。在争论新教徒和资本家的关系时，他们的记述对手抄书向印刷术的转变不著一字。"

第三，她认为，"公共知识"兴起于印刷术，近代科学是公共知识，没有印刷术就没有近代科学。她说："手抄书文化不能够使详细的文字记录成为'公共知识'，不能够使之完好无损地保存下来。"在这一点上，她的意见和 20 世纪美国社会学家罗伯特·默顿有异曲同工之妙："近代科学在……印刷术之后很快崛起……这绝非偶然……力量稍逊的技术不可能提供科学界需要的这种传播系统。"

第四，关于近代科学兴起的断代问题，她既反对布尔克哈特派又反对中世纪派。布尔克哈特鼓吹意大利特殊论，认为近代科学始于 15 世纪的意大利，如前所述。中世纪派则认为，近代科学萌动于中世纪的天文学和亚里士多德物理学。他们认为"中世纪的经院哲学家已经在研究'严密科学'的问题，而且他们依据的方法几乎就要预见到后世的革新了……经院哲学鼓励继续不断地检视亚里士多德的物理学，它已经为西方科学播下种子，就等开花结果了。"

第五，她阐述了复活节的测算、新天文学的发展和印刷术的关系。由于复活节是游移不定的，其测定不但重要，而且要避开犹太教的逾越节。既然复活节的测定和星象的记录仰赖印刷术，这就推动了近代科学的发展。她说："由于游移不定的复活节提出了历法的问题，教会在纪念福音真理时就需要天文学家的帮助……复活节的推算会引起历法问题，这种问题对印刷术带来的变化特别敏感……斋月不像复活节给人以动机去超越托勒密的《天文学大全》，去判定星体长期的缓慢运行。"

第六，对印刷术用与不用的态度会酿成天渊之别。她以学者－印刷商查尔斯·埃蒂安纳和达·芬奇为例，做了一个生动形象、令人信服的对比。埃蒂安纳出版了许多著作，对科学发展做出了重大贡献，达·芬奇隐藏自己了不起的知识和成就，秘不外传，对当时的科学发展贡献甚少。她说："在解剖学的历史上，伟大的艺术家列奥纳多·达·芬奇留下的印记远不如印刷大师查尔斯·埃蒂安纳。查尔斯是学者－印刷商王朝的成员，他的拉丁文化造诣和深厚学养都超过了列奥纳多和丢勒。他出版多语版《圣经》、编纂多语词典的许多技能有助于他用希腊－罗马和阿拉伯词语给人体部位和器官命名。"她又断言："实际上，达·芬奇大部分的天才设计和精确表达的观察结果并没有出版。后人的讨论表明，虽然他吸收了当时许多有用的技术资料，但他本人却没有对当时的技术资料积累做出直接的贡献。"

第七，新教徒、印刷术和科学的结盟。17世纪，法国新教徒胡格诺派被迫流亡荷兰，积极投身出版业；荷兰本土的新教徒加尔文派也大力推动印刷业。彼时，荷兰赶走西班牙人，进入黄金时代，印刷业就是其重要产业之一。她说："早期近代欧洲的出版商有一个特别的兴趣，那就是和新教徒结盟，同一时期的其他资本家未必有这种特殊的兴趣。"而且，全欧洲的新教徒都热心出版业："到17世纪中叶，不仅阿姆斯特丹崛起成为文坛的中心城市，而且过去的中心比如威尼斯和里昂也经历了安特卫普同样的衰落。从 1517 年起，整个大陆的印刷商的运动方向都是新教的中心城市。"

第八，新教的出版政策和天主教出版政策的强烈反差。本书第八章重新审视伽利略受审的公案，重点放在对比新教和天主教不同的出版政策以及由此而产生的不同后果。

首先，她开宗明义地说道："研究这一案子的主要目的是显示获取印书出路的问题是关键问题，这个问题始终被忽视至为不当，需要被给予更大的分量。我还希望显示这一问题如何进入其他相关问题，并提供思想战场和思想冒险中某种缺失的环节。"她指出荷兰人对伽利略的特殊贡献："正是因为荷兰人赢得了独立战争……科学出版的途径才为伽利略敞开了，否则这扇大门是会关上的……伽利略最后一篇重要的手稿被偷运到荷兰，他大概可以在平静中去世了。"

其次，她又对比英国皇家学会的开明出版政策和意大利几个著名学会保守的出版政策："在出版《皇家学会通讯》的同时，英国皇家学会继续不断地推出丛刊，吸引了世界各地越来越多的订户和读者。相反，西门托学会只出过'汇编'，题名《例证》，而且其第一版在意大利国内是买不到的。《皇家学会通讯》鼓励署名来稿，以扬名的诱惑力吸引国外作者。编者们注意保护知识产权，记录来稿日期，以裁定作者的优先权争议。西门托学会的《例证》则匿名发表论著，以保护投稿人免受迫害。如此，《例证》就剥夺了作者成名的机会，又使之失去投稿的动机。"

再次，她指出 1616 年和 1633 的教皇敕令和《禁书目录》对科学的遏制。"对意大利的精英人士而言，构建类似英国人的庇护所根本就不可能；剑与火堵塞了这条路。'自然之书'没有敞开让公众审视，而是被删削了，大片的领地被宣告为禁区。图书馆被洗劫，印刷商被监禁。""无论今人如何解释 1616 年和 1633 的敕令，毋庸置疑，它们在天主教国家产生了抑制科学出版计划的后果。那时的教会主张，只要新体系没有得到充分的证实，旧体系就必须维持；教会禁止伽利略进一步'演示'新体系'事实上正确'

的尝试。"

第九，她总结"印刷业－思潮－学术中心"迁移的规律："当我们追溯思想从天主教南方向新教北方的运动时，印刷业先行从南到北的运动就应该被给予适当的分量。文坛学界的重心如何从 16 世纪的威尼斯迁移到 17 世纪的阿姆斯特丹，在任何思想社会史的研究里，这个问题都特别值得注意。"

七、对麦克卢汉的客观评价

在长期的历史教学中，爱森斯坦教授对历史研究中的循环论证、议而不决、故步自封的弊端感到不满，渴望另辟蹊径。1962 年，加拿大英语教授和媒介理论家马歇尔·麦克卢汉的《谷登堡星汉：印刷人的诞生》激发了她的"好奇心"，给予她启示，她决心从印刷革命和传播革命的角度去研究机器印刷对欧洲近代文明的影响。

爱森斯坦对麦克卢汉十分肯定；同时，由于学科背景不同、研究视角殊异，她也认识到麦克卢汉之不足。现将她对麦克卢汉的臧否概述如下，依据出自本书，所以我们的论述以引语为主。

"在几十年讲授西欧历史的过程中，对于在学界流行的对早期近代政治革命和思想革命的解释，我早就感到不满意了。麦克卢汉提到的一些变化很可能有助于对长期存在的问题做出更加令人满意的回答，至少能够帮助我们跳出循环论证和议而不决的窠臼。"

"麦克卢汉使我们更加清楚地认识到，人的思想和社会都受到印刷术的影响。至少我认为，这是他最有价值的贡献。"

"这位加拿大英语教授调笑广为人知的历史视角的失落，和美国史学界的扼腕叹息形成鲜明的对照。他宣告历史研究方式的过时，谷登堡时代的终结……促使我思考 15 世纪传播变革具体的历史意义。"

"……《谷登堡星汉》还是发挥了有用的功能，它指出了许多亟须史学研究的重大问题，而这些问题迄今无人问津。"

与此同时，爱森斯坦教授宣示自己的特立独行，直言自己的研究方法既有别于麦克卢汉和哈罗德·伊尼斯之类的媒介理论家，又有别于其他传统的史学家："我的方法有别于其他将印刷术作为文化分界线的学者。我所指的不仅是伊尼斯和麦克卢汉那些宏大而壮观的言论，而且还包括令人尊敬的学者们那些更加局限和谨慎的判断。"

爱森斯坦认为，麦克卢汉的不足有以下一些表现：

"他又掩盖了在千差万别的情况下出现的多种多样的相互作用，这就可能阻碍了而不是促进了进一步的研究。"

"他试图用简单（却不优雅）的办法，完全摆脱历史纪年的顺序和历史语境。他似乎不关心比例和视角的保存，反而急躁地将这一切关怀搁置一边……麦克卢汉将一切事件做'非线性'呈现，这一方式并没有激发读者对其论点的信赖。"

八、自评与呼吁

爱森斯坦教授在前言和"最后的话"里承认不足，直面问题，呼吁合作，如上所述。

尽管她近二十年磨一剑，她还是非常谦恭地说："本书踏足的领地太多，而作者的行迹则匆匆忙忙。"

她坦承自己的视野受限："本书第一部涵盖的却是陌生的领域……对身为史学家的本人尤其新异（因为我过去的专业领域是法国革命和 19 世纪初的法国史）。"

所以她有意识地收缩本书的研究范围："本书所谓的'印刷文化'始终局限于特别狭隘的西方意义：指的是西方的后谷登堡时期的发展变化，将其与亚洲的前谷登堡时期的发展变化可能具有的联系搁置一边。不仅此前亚洲的发展被排除在外，而且此后东欧、近东和新世界的发展也被排除在外。"

同时她又提出诸多问题、一些忠告与同行和有志者互勉与合作：

"本书至少表明，时下的宏大设计及由此演绎而来的寻求潮流的时尚是不成熟的。抄书人和印刷商之间的鸿沟究竟有多宽多深，尚待我们充分探索。15 世纪后半叶以来，在这个持续不断的过程中，恢复和革新的发展阶段是不平衡的，尚待我们去描绘……我做了诸多推测，但相关资料提供的知识并不均衡，不少资料是不可靠的一般记述，所有的资料来自很有限的几个地区。"

"即使不同领域的深度开发必然是分科进行的，也没有理由把一切'刚性的'事实分配给某些领域，而把一切'柔性的'事实就分配给其他的领域。专家们必须要考虑两种事实，无论他们探索的是什么样的历史变迁。""人文主义学者和思想史家不妨多尊重刚性的事实和物质技术；研究社会经济、政治、制度变迁的学者何妨多看重难以捉摸的因素、难以触摸的现象；果如此，不同的专家群体就必然能够进行更加卓有成效的合作。"

交流的无奈与翻译的无奈 [1]

译者序

一、奇异的书

这是一本怪书，原书的封底赫然印着哲学／史学两个词。一个模棱两可的定性好吗？一般的学者把它放进传播学，认为它是传播思想史的奠基之作，这能够把它框住吗？我们的中国学者和出版商把它纳入传播学丛书，这就是最好的定性吗？它给人的印象是杂、异、奇、难、妙。所谓杂，是说它驳杂，像一个大杂烩，看一看它的目录就知道，作者把各种"稀奇古怪"的东西都纳入考察范围。所谓异，是说它性质奇异，很难决定把它放进现在图书分类法的哪一类，它远远超过了一般的"学术规范"；出版商在本书封底给它贴上了一个奇异而模棱两可的标签：历史／哲学——这是一个骑墙的态度。更加奇异是，我们中国学者和出版商又把它放进传播学丛书。所谓怪，是说作者的意图怪——他这本大谈"交流"的书，居然断

---

① 原《交流的无奈：传播思想史》（华夏出版社，2003）的译者序。有删节。

言："交流"是不可能的。所谓难，是说它难以一气卒读，需要你正襟危坐、气定神人。所谓妙，是说这本难以学科分类的奇书赢得了很高的评价，并在 2000 年得到美国传播学会奖。这是美国传播学界的最高奖项。它妙在可以反复回味，并使人充满爱心。

本书的目录充分显示了其内容的驳杂：序论题为"交流的问题"，接着的各章题为"对话与撒播""一个错误的历史：招魂术传统""走向更加强有力的精神视野：黑格尔、马克思和克尔凯郭尔""生者的幻象：与死者的对话""追求真正的联系，弥合鸿沟的桥梁""机器、动物与外星人：林林总总的不可交流性"，最后的结论叫"手拉手"，而不是叫"心连心"，因为作者不相信人能够做到"心连心"，不可能做到完美而理想的思想交流或精神交流。

本书的主题本身就很奇怪。作者公开声称交流是不可能的。他要我们放弃交流的幻想，断言："我认为，今天的任务就是要放弃交流的梦想，同时又保留它激发出来的好处。我们说，把交流当作心灵共享的观点是行不通的。"又说，"我们永远不可能像天使一样交流，这是一个悲惨的事实，但又是幸运的事实"。他研究的是交流的失败，所以他说："交流是两个脑袋凭借精细无误的符号手段产生的接触。交流之罕见和脆弱，就像水晶……什么东西也不能保证，意义可以跨越两个脑袋而成功迁移。"所以有人评论说："我们面前摆着的是一本研究交流失败的书。有趣的是，它传达的意思却如此美妙……《交流的无奈》这种品位高雅的严肃之作对读者总是发出这样的信息——接受精神挑战，细细品味吸收作者渐次展开的渊博学识和创新视野。"（卡尔林·罗马诺，《费城问讯报》）

仔细研究目录之后，我们可以发现，本书是以 5 个历史时期为框架来研究所谓"交流"观念的沿革：古希腊哲人柏拉图《斐德罗篇》和《会饮篇》中的双向爱欲交流观；《圣经》中耶稣和使徒保罗的单向撒播观；中世纪神学中的天使交流观；近代哲学的精神交流观和 19 世纪招魂术的交流观；现代传播理论中的交流观。

以这 5 个时期为基本框架，作者把哲学、宗教、科学、人文、技术、神秘主义思想（招魂术、心灵研究）糅合起来，一步又一步地粉碎了乌托邦的"交流"幻想。他最后的结论是，我们不应该问"我们能够交流吗？而是应该问，我们能够相互爱护，能够公正而宽厚地彼此相待吗？"

二、两个难题

半年多来，两个难题始终纠缠译者，挥之不去；时至今日，它们仍然难以圆满解决。这两个难题是：书名的翻译和关键词 communication 的翻译。

先说书名吧。全名 *Speaking into the Air*: *History of the Idea of Communication*。正标题取自《哥林多前书》，直译为"向空中说话"。副标题直译为"communication 观念的沿革"。副标题姑且可以翻译为"交流的无奈"，正标题怎么办呢？"向空中说话"哪里像书名啊！

看来，首先必须弄清楚"向空中说话"的意思，才能够理解作者书名的良苦用心。我们抄录《哥林多前书》第 14 章第 6 节到第 10 节，然后再看看是否能够加深一些理解：

> 弟兄们，我到你们那里去，若只说方言，不用启示，或知识，或预言，或教训，给你们解释，我与你们有什么益处呢？就是那有生无气的物，或箫，或琴，若发出来的声音没有分别，怎能知道所弹出来的是什么呢？若吹无定的号声，谁能预备打仗呢？你们也是如此，舌头若不说容易明白的话，怎能知道所说的是什么呢？这就是向空中说话了。

原来如此！"向空中说话"是浪费精力、毫无意义的徒劳之举！这段话是使徒保罗给柯林斯人的忠告。保罗在传教的过程中，要他们听从上帝的一个声音。再不能够像原来那样，用许多方言说话；他们五音杂处，却不用翻译，因此不能够交流。他明确宣示，为了传达上帝的声音，他必须要向柯林斯人灌输启示、知识、预言、教训，要给他们解释上帝的教诲。为此目的，他用上了各种比方：号声、箫声、琴声、语言，用以比方共同的交流媒介。看来，作者可能要表达这样的意思：若要达到交流的目的，少不了共同目标、媒介、内容、手段等多种因素。真正的交流实在是难啊！

作者为什么要用这个奇怪的书名呢？我以为，他是要给人当头棒喝：完美的"交流"不可能！我们还是看看他怎么说吧："本书的中心思想比较严峻，里面提出的交流问题根本上是难以驾驭的问题。Communication 一词，无论其含义是什么，绝对不是改进一条线路或更加袒露心扉，而是涉及人生存状况的一个扭结，剪不断，理还乱。在这一点上，威廉·詹姆斯（William James）是对的。我们永远不可能像天使一样地交流，这是一个悲惨的事实，但又是幸运的事实。比较健全的视野，是交流中不能够接触却值得庆幸的视野。我们再次重申，交流失败并不意味着，我们就是孤魂野鬼，渴望搜寻灵魂伴侣的孤魂野鬼：而是意味着，我们有新办法彼此联系，共同开辟新的天地。"

既然完美的"交流"是乌托邦幻想。那该如何是好？作者的答案是，不应该追求完美的"交流"，只能够追求彼此的关爱。我们看看他是怎么说的：

"交流是没有保证的冒险。凭借符号去建立联系的任何尝试，都是一场赌博，无论其发生的规模是大还是小。我们怎么判断我们已经做到了真正的交流呢？这个问题没有终极的答案，只有一个讲究实际的答案：如果后续的行动比较协调，那就是实现了真正的交流……我们的问题不应该是，我们能够交流吗？而是应该问，我们能够相互爱护，能够公正而宽厚地彼此相待吗？"

"本书认为，如果我们希望在交流中谋求某种精神圆满或满足，那就是白花精力……既然我们是凡人，交流永远是一个权势、伦理和艺术的问题。除了天使和海豚得到拯救的情况之外，我们无法摆脱交往目的的束缚。这没有什么值得惋惜之处：这是智慧的开端。己之所欲，请施于人——意思是说，你的表现，不是让自我原原本本地再现，而是让他人受到关爱。这样一种人与人的联系，胜过了天使能够提供的东西。快乐的地方，不在于超越彼此的接触，而是在于接触的圆满。"

"毕其一生，每个人也只有时间给少数几个人以关爱。我们凡人所能做到的，恐怕只能够是爱比较亲近的人；不过，没有博爱之心又是不公正的。爱之悖论是，具体的局限性和要求的普遍性之间，存在着矛盾。由于我们只能够和一些人而不是所有人度过共同的时光，只能够接触一些人，因此，亲临现场恐怕是最接近跨越人与人鸿沟的保证。在这一点上，我们直接面对的是，我们有限的生命既神圣又悲哀。"

作者关于"交流"的悲观情绪，难以在书名中传达出来。中译本的《交流的无奈》实在是不得已而为之。不过，学术著作译名，毕竟不像好莱坞大片，何必要让人称奇呢！

再说"交流"（communication）吧。这个词的意思真正是剪不断、理还乱，在当代的话语中，"交流"是一个形态不分明、界定不清晰的观念，很少有什么观念像它这样受陈词滥调的困扰。所以一开始，作者就着手进行清理。他在第 6 页上说："'交流'是一个历史丰富的词汇。communicare 的拉丁语意义是告知、分享、使之共同。这个词在 14、15 世纪进入英语。其词根为 *mun-*(not *uni-*)，和英语的丰厚（munificent）、共享（community）、意义（meaning）和德语的礼俗（Gemeinschraft）等词有联系。拉丁语的 *munus* 和公开奉献的礼物及职责有联系——包括角斗表演、献礼和祭礼。在拉丁语中，communicatio 不表示符号所指的人际联系，也不暗示互相承认的某种希望；而且丝毫没有心灵之所指的意思：一般地说，communicatio 和具体的可触摸之物有关系。在经典的修辞理论中，communicatio 是一个表示风格的术语。"

但是，这样的清理让读者愈加糊涂，所以他在序里对自己使用这个词的意义做了一些说明："在这本书里，我用复数的'communications'时，指的是手段……相反，我使用单数的'communication'时，指的则是使'我'与'他'调和的办法。"

接着，他指出 communication 在英语里的三个意思：给予或告知（imparting）；迁移或传输（transfer or transmission）；交换（exchange）。然后他指出传播理论兴起的时期：20 世纪 20 年代。此间的传播理论出现了五种互相缠结的视野：交流是公共舆论的管理；交流是语义之雾的消除；交流是从自我城堡中徒劳的突围；交流是他者特性的揭示；交流是行动的协调。

然而，本书所谓"交流理论"（communication theory）却是一种另类的理论。他说："我始终都不是指人们现在习惯的探究理论。我的意义比较松散，没有历史的含义，它审视人的某一种根本的交流状况，就像锁定在希腊字'逻各斯'里的含义一样。在这个意义上，传播理论和伦理学、政治哲学、社会理论具有同质性，其关注点都是社会组织中'我'与'他'、'我'与'我'、'近'和'远'的关系。"

到了 20 世纪 20 年代，communication 才获得"传播"的意义。在此之前，其意义主要是"交流"。所以，作者说："20 世纪 20 年代思想有一个主要的特征，那就是不太区分面对面交流和大众传播。'大众媒介'是当时新造的字眼，构成一道模糊的地平线。"换句话说，现场意义的传播学诞生于 20 世纪 20 年代。在此之前，communication 只有"交流"的意义。大体上说，所谓"交流"是点对点的信息流动和点对面的信息流动。这个点对点的互动可以有多种形式：一人对一人的交流可以是面对面的对话，也可以是不用言语的其他交流，比如爱欲对爱欲的交流、心灵对心灵的交流，还可以是书面、电话、电报、电子邮件等形式的交流；点对点的交流多半是一对一互动的交流，当然如作者所说，这种交流也有大量交流失败的时候。一人对多人的交流是书面、广播等形式的"交流"。这样的"交流"多半是单向的"交流"；作者把这种单向的"交流"叫作"撒播"（dissemination）、"散播"（dispersion）、"迁移"（transfer）或"传输"（transmission）。

有了以上的辨析之后，就可以说一说 communication 的翻译了。大体上说，我用了两条分界线。一条是时间分界线，一条是复合术语的分界线。时间分界线是 20 世纪 20 年代，此前的 communication 尽量翻译为"交流"，此后的翻译则视情况而定，然而在复合的术语中，communication 多半都翻译成"传播"，例子有"传播理论""传播学""大众传播""信息传播""传播界""传播学会""传播工具""传播技术""传播媒介""传播媒介""传播研究"，等等。

经过书名和关键词的辨析之后，读者也许就豁然开朗，更可能茅塞顿开。这是因为，"本书的中心思想比较严峻，里面提出的交流问题是难以驾驭的问题。'communication'一词，无论其含义是什么，绝对不是改进一条线路或更加袒露心扉，而是涉及人生存状况的一个扭结，剪不断，理还乱。在这一点上，威廉·詹姆斯是对的。我们永远不可能像天使一样地交流，这是一个悲惨的事实，但又是幸运的事实。比较健全的视野，是交流中不能够接触却值得庆幸的视野。我们再次重申，交流失败并不意味着，我们就是孤魂野鬼，渴望搜寻灵魂伴侣的孤魂野鬼；而是意味着，我们有新办法彼此联系，共同开辟新的天地。"

三、好在哪里

有论者打了一个比方，说彼得斯用哲学、社会、文化和技术编结成一张飞毯，让我们在上下几千年的时间和空间里飞扬，又使我们四处碰壁。从柏拉图到当代传播媒介，我们经受一次又一次形而上和形而下的洗礼。本书扎根于哲学和史学之中，立足传播学，给读者提供了广阔的视角。好处之中，莫此为胜。

现代社会的压力，使人充满困惑和焦虑。性和暴力为何大行其道？文学和影视作品如何助纣为虐，维持一些人对另一些人的统治？健全社会该不该给公共交流的内容和形态设置上限？在纷扰不息的时代，民主的公共领域可能吗？大型社会如何防止崩溃瓦解？如何分辨言论的真伪？如何公正表现妇女和少数民族？面对受苦的同类，我们应该做些什么？全球化对落后民族真是天堂吗？国际的正义、公平如何保证？世界的政治经济新秩序应该是什么样子？对话、交流果真能够减少分歧、促进理解吗？在当代政治经济秩序中，在技术和媒介日益完美的情况下，电话本身就能够实现心连心的交流吗？作者给我们的当头棒喝是，对话和交流固然重要，但完美的交流全然是幻想，是乌托邦。经过反复剖析和论证，他的结论是爱心最重要！关于交流的乌托邦性质，《交流的无奈》一开始，就有这么令人振聋发聩的一段话：

　　"交流"（communication）是现代人诸多渴望的记录簿。它召唤的是一个理想的乌托邦。在乌托邦里，没有被误解的东西，人人敞开心扉，说话无拘无束。看不见的东西，渴望愈加迫切；我们渴望交流，这说明我们痛感社会关系的缺失。我们如何陷入这个关口，怎么会在说话时带着伤感之情呢？怎么到了这一步，我们竟然说，一个人和另一个人在"不同的频道上"呢？这个术语原本和电报、电话、广播如何成功传输信息有关，它怎么会承载当代千百万人的政治渴望和内心渴望呢？只有当代人才会在面对面时担心如何"交流"的问题，仿佛他们之间相距千里之遥。"交流"是盘根错节的思想文化问题，它把时代的种种自我冲突编进了自己的代码之中。弄清交流具有重大的意义，我们可以得到一个明显的答案，以便解决我与他、私密与公共、内心思想与外在词语的分裂所引起的痛苦。"交流"的观念说明，我们在历史的此时此刻过着奇怪的生活。它是一个落水洞，我们的希望和畏惧，似乎多半都流走消失，不见踪影了。

在全书的结尾，他又再次做出呼应："本书认为，如果我们希望在交流中谋求某种精神圆满或满足，那就是白花精力……既然我们是凡人，交流永远是一个权势、伦理和艺术的问题。除了天使和海豚得到拯救的情况之外，我们无法摆脱交往目的的束缚。这没有什么值得惋惜之处：这是智慧的开端。己之所欲，请施于人——意思是说，你的表现，不是让自我原原本本地再现，而是让他人受到关爱。这样一种人与人的联系，胜过了天使能够提供的东西。快乐的地方，不在于超越彼此的接触，而是在于接触的圆满。"

然而，交流失败的梦魇并没有把作者吓倒，其用意也不是要吓倒读者。相反，该书的宗旨是要化解人为障碍，调和"我"与"非我"，"我"与"他者"的关系，推倒人为设置的"我"与"他者"的障碍。其"悲观论"绝对不会使你灰心丧气，反而使你充满爱心。一位读者在亚马逊网上书店发表评论说，他把该书的最后两段读给朋友听，两人禁不住潸然泪下。我想，这本书也能够改变你，能够在情感上打动你，思想上启迪你吧。

人文学科中的许多辩论——比如话语的性质、新兴的民主、后殖民的身份、仪式和逻辑在塑造社会思想中的作用——都和"交流"观念这个难题密切相关。实际上，在学术界和社会生活中，对于这个词，大家是用得多，研究得少。本书提供丰富的哲学历史背景，为学术界的深入研究奠定一个坚实的基础，为公众议论"交流"提供说不尽的谈资。

当代许多令人困惑的问题，其实是很最古老的哲理问题，是历代思想家和哲学家试图回答的问题。柏拉图、苏格拉底、圣奥古斯丁、洛克、托克维尔、弗洛伊德、马克思、穆勒、本雅明和现代的哲人，都做过种种尝试。他们的思想，经过作者的咀嚼，一定能够成为强化的营养剂。

四、如何读

这本书难啃，有必要给读者打打气，并做一点简单的提示。我建议，读者按照以下顺序去读：译者后记—译者前言—作者绪论—作者结语。大可不必从头读到尾。为了帮助读者扫清障碍，译者特别将全书的妙论隽语做了一番钩稽，做成附录二。相信这不是狗尾续貂吧。

第一章对比柏拉图的爱欲论——有限双向互动——与耶稣的单向撒播论。旨在追根溯源，为以后的章节做好铺垫，提供一个广阔的舞台。在以后各章中，古希腊、原始基督教、中世纪、19世纪和当代等各个时期的人物一一登场：圣奥古斯丁、阿奎那、洛克、黑格尔、麦克斯韦、马克思、穆勒、爱默生、梭罗、克尔凯郭尔、皮尔斯、詹姆斯、本雅明、弗洛伊德、杜威、卡夫卡、博尔赫斯等。全书以五个时期为基本框架，把哲学、宗教、科学、人文、技术、神秘主义思想等糅合起来，不断逼近其终极目标：完美交流是乌托邦，重要的是彼此的关爱。

各章阅读之前，可以首先看看译者做的附录二。

在阅读的过程中，请读者记住作者本人指出的三个重点：①古今公共交流和私人交流及其对当代人的启示；②19世纪的哲学与政治；③20世纪的梦想与焦虑。

译者后记

既然是一本怪书，就有必要对译者的用心做一点交代，并再次做一点提示。除了译者前言中提到的几怪之外，本书没有列出参考文献，这也算一怪吧？作者抽取书中一部分引语，整理出一个附录。这倒给译者一个启示：何不把作者本人的妙语整理成第二个附录？因此我建议：时间紧迫的读者，先浏览我整理的附录，看看他有什么妙语，并且用直觉去判断他究竟有什么本事，居然得到美国人文学科基金三万美金的赞助，并得到美国传播学会的大奖。须知这个基金会只赞助创新之作，获准的难度是很大的。

本书既然难，我建议读者按照以下顺序去读：译者后记—译者前言—作者序论—作者结语。亚马逊网上书店有一篇评论（的作者）说，该书的最后两段使他和朋友潸然泪下。也许它也能打动你？只有先感动之后，我们才能够鼓起勇气去读完这本怪书。

本书的拉丁语、法语难题，承蒙深圳大学文学院段映虹、赵东明先生帮助克服，特此致谢。

2002 年 11 月 10 日

传播学经典著作引进第一人，
甘坐"冷板凳"的学术翻译家 ①

黄玉波　刘　曼

20世纪后期，中国广开国门，学界欣欣向荣，西学东渐，译业始兴。学术翻译因难度较大，受众范围有限，且市场回报低，国内从事该类型翻译的译者相对较少。所幸的是，近20年来中国人文社科翻译事业中出现了难能可贵的"何道宽现象"，有深圳大学何道宽教授这样的学者苦研治学，长年深耕学术翻译领域，引入西方著作，为我国传播学建设奠砖铺路。何道宽教授融汇中西文化，架桥铺路，肩负起了内外摆渡的双重使命：一边将传播学学术经典引进中国；一边讴歌中国文化，传播中国经典。他对做学问甘之如饴，就像一位不知疲倦的摆渡人，将无数中国学人摆渡到学术的彼岸。

何道宽，深圳大学英语及传播学教授，新闻传播学领域的著名翻译家，因巨量译著蜚声传播学界，影响甚广。他是中国资深翻译家、深圳市政府津贴专家、深圳翻译协会高级顾问、现任中国传播学会副理事长，曾任中国跨文化交际研究会副会长（1995—2007）。从事英语教学、跨文化翻译和

---

① 原载于《中国新闻传播教育年鉴》，"名师风采"，2021。

跨学科研究 40 余年，率先引进跨文化传播（交际）学、麦克卢汉媒介理论和媒介环境学。

2010 年，何道宽先生被中国翻译协会授予"资深翻译家"荣誉称号，该称号是为表彰老一辈翻译家为我国翻译事业发展和促进中外交流做出重要贡献，弘扬其优良的译德译风和敬业精神而设立。在中国学术界，新闻传播学从 20 世纪开始蓬勃发展，这其中，何道宽可称是传播学经典著作引进第一人。

博览群书夯基础，朝乾夕惕勤学问

何道宽教授的前半生，大多时间都在巴蜀之地度过，他是四川人，求学执教于四川外语学院，在川外待了 30 余载。1993 年调任深圳大学后，他逐渐成为传播学、跨文化传播和英国语言文学等学科带头人。2002 年退休后，他专注于翻译工作，迄今出版学术译著逾 2000 万字。

何道宽先生少年时代接受传统国学教育，熟读四书五经，而后进入新制中学。少年时期他家境贫寒，中学六年半工半读，课余闲暇均需参加繁重的体力劳动，幸而苦心人天不负，在 1959 年以第一名的高考成绩考入四川外语学院英语系，学术生涯在此拉开序幕。先生在大学本科期间患了肺结核和肠胃炎，住了三年"隔离病房"，却一直承载着超乎常人能够忍受的重负拼命读书，严格按照每周一本、假期多读的进度，遍览了学校图书馆的英文藏书。毕业时他的本科论文受到老师们的赞许，有老师破例设家宴表彰他。毕业后留校任教，直到 1978 年，已 36 岁的他考上南京大学英语系研究生，师从著名学者陈嘉教授，主攻战后美国文学。1979 年，他中断学业应召回母校为第一届英语硕士研究生开设新课。

20 世纪 80 年代的中国开启改革开放历程，文人志士在此破晓之际，上下求索，渴求真理。从 1978 年开始，先生大力拓宽视野，进入如饥似渴的读书狂潮期。他偊偊而行，沿着跨学科、多学科、大文科、新文科的道路前进。

1980 年至 1981 年，何道宽老师受四川省高教局派遣，前往美国戈申学院做访问学者。这一段学习时光，是他学术生涯转向传播学的起始点。在美国，他开始接触跨文化传播，结缘传播学，了解麦克卢汉的思想。游学海外一年，先生学而后知不足，意识到自己居于语言文学的藩篱之下，知识结构单薄，在中国古典知识上亦有欠缺，而作为学者要做好学问需得突破单学科的思维。海外求学的经历使得他决心脚踏东西文化，既"盗火"，又"播火"，一边引进学术经典，一边回到中国经典。

访学期间，何道宽老师除按要求完成语言学和文学进修外，还选修了跨文化传播和欧洲哲学史相关的课程，强化传播学、社会学、文化史、人类学知识。因为博览群书，他在当时被称为 Mr. Bookaholic——"读书狂先生"。访学结束，他利用海路运回五个大邮袋共计 250 磅 400 余种书，为后期读书译书做好了铺垫。

80 年代中期，何道宽教授主持比较文化研究室工作，翻阅了大量人文社科领域藏书。1989 至 1991 年，他回到中国经典，读四书老庄，翻检《史记》，补中国哲学史、思想史、美学史、史学史，旁及政治史和经济史，阅读了无数人文社科类的学术著作。这一期间他的苦恼便是没有书房，屋子里到处都塞满了书，不便查阅。

长年高强度读书，使得何道宽教授积累了丰富的人文知识，开阔了学术视野，培养了跨学科的思维、眼光，能够在其后的学术生涯中脚踏中西文化，翻译学术著作。

传播著作引进第一人，媒介环境学探索者

从英语语言方向学者到传播学译者，何道宽的译者身份转变始于 1980

年，大致完成于 21 世纪初。

1980 年留美时，何道宽老师接触了麦克卢汉和跨文化传播之父爱德华·霍尔，他意识到中国社会和学界渴望引进这样的新学科，下定决心要把他们的媒介理论和跨文化传播理论引进国内。1993 年深圳大学登出招贤榜，先生欣然应聘。须知，深圳大学在 1985 年便设立了大众传播系，是国内最早开启传播学研究的院校之一。1997 年深圳大学的中国文化与传播系和外语系合并成立人文学院，何道宽教授进入人文学院并担当副院长。这次院系合并营造了一个跨学科的环境，使得何道宽教授有机会重新审视自身的学术兴趣和翻译题材选择，也催化了他从英语语言学科到传播学的学术志趣转向。

1998 年国家正式设立传播学作为二级学科门类，先生判断它有可能成为显学。作为深圳大学老文学院的教学主管，他在全院大会上宣告，为了尽快拿到传播学硕士点，要主动转到传播学。世纪之交，他翻译《理解媒介》《数字麦克卢汉》《麦克卢汉精粹》《帝国与传播》《传播的偏向》等经典和名著，发表研究麦克卢汉的论文《麦克卢汉的遗产》《麦克卢汉在中国》和《媒介即是文化》，巩固了何道宽本人和深圳大学在传播学界的地位。

提起何道宽教授在传播学界的贡献，麦克卢汉和媒介环境学派是绕不开的话题。何道宽是国内第一个翻译引进麦克卢汉思想的学者，他翻译的麦克卢汉的著作《理解媒介》在 2008 年入选"改革开放 30 年最具有影响力的 300 本书"，是唯一入选的新闻传播界学术书。

马歇尔·麦克卢汉是媒介环境学派一代宗师。他因"地球村""媒介即讯息""媒介是人的延伸"等论断名震全球，他的思想既回眸过去，也展望未来，观点经得起时间的检验。但因其学术想法过于汪洋恣肆，带有神秘色彩，加之语言晦涩难懂，行文用典艰深，难免受到批评指责，围绕他学术观点的争论也始终不断。

1980 年公派留学美国之际，何道宽老师在同学的推荐下读到了《理解媒介》一书，从此和麦克卢汉结缘。《理解媒介》原书既无注释，又没有文献索引，加之中西文化差异与语境隔阂，何道宽教授首次阅读这本书时也是障碍重重，读得一知半解。他认为，阅读《理解媒介》虽是一场挑战，但知识精英、莘莘学子，都面临着拓宽视野、立体发展的新任务，越读不懂，越要去读懂。

1987 年，何道宽老师在两位校友的帮助下迎难而上，正式开始翻译工作。为了译好此书，他查阅国内外多门学科的百科全书，为它做了 500 多条注释。对此，他表示："中西文化殊异，中西学术隔膜，为了使原作的意思明白晓畅，为了帮助读者扫除阅读障碍，大量的注解是必需的，再费力也得干。"

《理解媒介》一书的引入过程并非一帆风顺，何道宽先生于 1987 年开始动笔翻译，次年 2 月完工，但却延宕了四年才于 1992 年出版。既因在翻译出版《理解媒介》时，国内传播学知识尚未普及，受限于当时的知识水平，出版社的编辑看不懂译文，将此书送去四川大学新闻系审稿也是难有人理解，也因为当时国内社会科学译作几乎没有市场，此书能够在 1992 年出版已经是逆市而上之举。

此外，何道宽教授还翻译了麦克卢汉的同事哈罗德·伊尼斯以及媒介环境学派第三代代表人物保罗·莱文森的多部作品。因媒介环境学派具有深厚的历史视野，以及深切的人文关怀和现实关怀，何道宽对该学派很欣赏。2005 年，深圳大学传媒与文化发展中心成立，何道宽教授担任中心研究员，将媒介环境学派作为一个整体引入，此举对中国传播学的发展具有重要意义。

何道宽不仅是一流的翻译家，也是位一流的学术家。他从不把自己隐于译著背后，而是不断提出自己的学术思考，在序言等地方抒写自己的感受见解，展示译者翻译活动过程中的思考和困境，帮助读者理解原著。多年的学术翻译工作，使得先生对传播学自有一番见解：

1. 总体评价：经验学派一派独大，批判学派在美国"水土不服"，媒介环境学派属另类，长期受经验学派排挤。

2. 三个学派的比较优势：经验学派埋头实用问题和短期效应，重器而不重道，服务体制，有热战和冷战"原罪"；批判学派固守意识形态批判，重道而不重器；媒介环境学者瞄准未来，重媒介的长效影响，偏重宏观的分析、描绘和批评，缺少微观的务实和个案研究。

3. 以麦克卢汉为代表的媒介环境学派有强烈的人文关怀、道德关怀、社会关怀，具有明显的批判倾向。

4. 媒介环境学派从跨学科研究起家，在数据时代和 AI 时代进一步实现了学科交叉和融合，前景光明。

兢兢业业译名著，学术翻译惠桃李

学术翻译工作艰辛，译者需要耐得了清苦，坐得住冷板凳，才能走得长远。对于学术，何道宽教授便是这个甘坐冷板凳的人。他早期也翻译过《希腊小奴隶》《林肯夫妇》这类文学作品，但后来还是走向了学术翻译道路。他认为自己适合人文社科，而不是文学；长于理性思维，拙于形象思维。且世纪之交时国内人文社科短板亟须补齐，学术翻译市场又逐渐形成和壮大。出于个人兴趣、优长和客观需要，他下决心啃硬骨头，专注学术翻译和研究。毕竟，西方著作的引入，可为国内学术发展固本培基，也便利学子广纳知识。

何道宽在翻译事业上精益求精，一本译作的完成往往需要多方查阅资料，反复研读，核查其意。媒介环境学派代表人物保罗·莱文森教授曾如此评价何道宽教授："你在世界上再也找不到像他这样全身心投入的学者。翻译一本书时，他视之如同己出；他始终将译事视为自己的生活。我任何时候都可能收到他的邮件，子夜、凌晨、24 小时任何时候收到他的邮件，我都不会感到意外。他似乎在 24 小时连轴转，不知疲倦为何物。时区差异对他毫无意义，因为他脑子里始终亮着灯。"

对翻译质量和标准的追求上，何道宽赞同的是钱钟书的"化境"说，入乎其内而出乎其外。"化入"包括理解原文的语音、语词、句子、形式、结构、意蕴、风格、修辞、篇章，"化出"是摆脱镣铐，贴近用母语创作的境界。由此，完美的翻译不可能，"翻译就是背叛"，译者只能在"忠信"和"背叛"之间寻求平衡。哪怕经过千锤百炼，任何译本都是遗憾之作，任何创作和译作都可以反复修改，不可能至善。

2000 年开始，学术译作市场复苏，传播学在 1998 年得到正名，也迎来发展机遇。市场兴盛便于西方著作引入，但在经济利益驱使下，翻译界大兵团和流水线生产现象增多，几个人分段翻译，一个人统稿，译作常出现人名、术语不统一的情况，成品质量参差不齐。多年来的治学经历使得何道宽教授很是痛恨这类粗制滥造的译作，他强调翻译者的责任感和良知心："译者要对得起作者、对得起读者、对得起出版社、对得起自己、对得起后世，以期把经典的人文社科学术著作传诸后世。"10 多年来，先生多次重申五个"对得起"，希望为现在和后世的学术昌明尽微薄之力，目标一定，奋斗不止，他痛恨欺世盗名的"劣币"。

这些年来，何道宽教授的译作学科跨度大、门类多，涵盖了人文社科的大多数领域。他翻译的百来部学术著作中，有的是其本人主动挑选，有的是朋友及出版社推荐，全都是经典名著，约三分之一已再版（二版、三版、四版）。何道宽教授认为，凡是积德、积善、积学问、促文明的书都是好书，所以他在选定翻译书籍时，只要是名家、名著、经典，来者不拒。

山高水长赠何老，立德立言学者风

因学术上的卓越贡献，何道宽教授在 20 世纪后期便扬名学界。1999

年，刘英凯教授赋诗撰文，用上了"何道宽现象"的字眼。2013年，吴予敏教授为何道宽教授的自选集《夙兴集》作序，论及"何道宽现象"，主要指先生退休后的10余年间，为学术界和出版界贡献了大量经典著作译本，达成2000余万字学术成果。"何道宽现象"在以后的若干专访和硕博论文中多次被提及。对此，何老自己总结，所谓"何道宽现象"就是奋斗、奉献、享受学术、学术养生。

治学从教几十载，何道宽教授践行着立德立言，无问西东。作为负有教书育人之责的高校教师，无论是繁忙艰苦的60年代，还是商海冲击的80年代，抑或是困于政务工作的90年代，他时常挑灯备课，不忘老师职责，全身心地忠诚教育，对学生倾囊相授。他亦把立言看作老师的职责，1983年将跨文化传播作为一门学科引入国内，2005年将媒介环境学派作为一个整体引入。如此殚精于学术翻译，因他唯恐不能留下可传世之言，故退休后仍兢兢业业，孜孜矻矻，精研学术。

2002年，何道宽教授正式退休，却保持着退而不休、学而不止的状态。他一生不喜应酬，未退休前困顿于行政杂事之中，退休后终于能够不被俗务打扰，全心专注翻译工作。退居书斋10余年，他真正进入学术爆发期，每年推出译著三五来本，以年均百万字的速度出版学术译著，被誉为"百万教授"。截至目前，何道宽教授出版学术译著逾2000万字，译著92本，正式发表较有影响力的论文50多篇，著作4本书。

2013年，时值何道宽教授从事教、研、译50周年，他的作品集《夙兴集：问道·播火·摆渡》出版，该书多为其译著的长篇序跋和学术评论，是其多年来求学问道的硕果合集。取名"夙兴"，因这二字是其生活常态，他是深圳大学校园里起得最早的人，退休后的前10年都是早晨3点起床，每天工作10小时，后来因身体原因在医生和家人劝诫下才改成4点起床，缩减一小时的每日工作时长。"夙兴"于他而言是一举多得：一来晨间头脑清醒出活快；二来众人皆睡我独醒，得意扬扬；三则上午坐班前写点东西

"垫底"心不慌。10余年间，朴素书斋，温雅学者，一灯照影，笔耕不辍，译作等身。

"不讲报酬收获，只讲耕耘"是何道宽教授的人生价值观，他曾经说过："我毕生淡泊名利，不求闻达，只讲奉献。名利不期而至，但我希望成为一个名副其实的'资深翻译家'。"一生经国际风云变幻几十载，何道宽教授发自内心深切感谢国家的发展，也期待着能以一己之力回报社会，坚信个人的学问首先为国家的亟需服务，要以个人所长，奉献学界和社会。几十年来，一直默默耕耘奉献的何道宽教授带给我们的启迪便是：既为师者，便传道授业，潜心教学；兼为学者，则躬耕学术，笃行不怠；虽已退休，亦翻译不辍，造福学界。可谓生也有涯，知也无涯，以有涯求无涯，其乐无穷。

深邃的思想一定要靠文字

——腾讯研究院访谈录①

2021 年 3 月，腾讯研究院一行三人去往深圳大学拜访何道宽先生，并对他进行了一次访谈。在访谈中，何道宽讲述了形塑他个人思想的学术经历，并谈及对当下互联网发展的看法。以下为访谈内容摘选：

腾讯　您翻译了大量传播学巨著，影响了许多新传学子，支撑您做这件事的动力是什么？是什么样的机缘让您走进传播学领域？

何　自 2013 年以来，知识界很多人称我为"摆渡人"，我也醉心于做双向摆渡人，可惜不平衡，引进多，输出少。我曾经戏称，我们也要搞"文化侵略"，并准备撰写 100 余万字的英汉双语版《中国文化》，可惜客观条件不太成熟。

20 世纪末，传播学这个舶来品面临突破，可能成为显学。深圳大学的学科建设、中国传播学的发展需要呼唤我立即转向。所以我决心全力以赴，

---

① 这篇访谈录是腾讯研究院王焕超、王健飞、周政华与何道宽的"对话"，文章题目为此次添加。

为这门新学科的发展架桥铺路、添砖加瓦。

那个时候，在中国资深翻译家中，外事翻译、技术翻译、文学翻译居多，学术翻译很少，学术翻译家凤毛麟角，成就卓著者更是罕见。近年来，专事学术翻译者似乎更少，我却专心致志，别无他求，所以不少人戏称我为"独行侠"。不独不行啊，学术翻译苦啊，难啊。有多少人愿意孤灯常伴，甘于寂寞？因为难，我反对翻译流水线、滥竽充数。因为苦，我不鼓励不能吃苦的人"下水"。

我的译作大约有100部，三分之一为再版，绝大多数是学术著作，不少是经典，广受欢迎，产生了影响。自己喜欢的自然很多，麦克卢汉的《理解媒介》已出四版，入选"改革开放30年最具影响力的300本书"，被引用率长期独占鳌头。

我的学术译作学科跨度大、门类多，涵盖了人文社科的大多数领域。文史哲、人社心，无所不包；政治学、文化史、人类学、社会学、心理学，均为经典或名著；新学科众多，如思维科学、传播学、跨文化传播学、媒介环境学、文创学。可以说，除了经济学、管理学、金融学、统计学等少数学科外，人文社科的大多数领域都被我一网打尽了。

在75岁之前的几十年里，前30年是夜里挑灯秉烛两头熬，每天工作十几个小时；后20年是夙兴夜寐，早睡早起，晚上9点睡，凌晨3点钟起来干活；每天工作10小时，分三段：四三三，晚饭后休息。凌晨干活，众人皆睡我独醒，头脑灵光，出活快，效率高，很有成就感。每天译文3000字，每月10万字，每年100万字，感觉轻松。我这一生的大部分时间里，工作都是一加六（二加五）、白加黑，有时以五分钟为一个单元计算效率。这大概就是我的时间管理秘诀吧。

腾讯 作为研究媒介的学者，您平时使用手机的习惯如何？会刷短视频或者新闻资讯 APP 吗？

何 我是个手机盲。虽然我翻译莱文森的《手机》，但我没有手机，不用手机，我的学术生活可以不用手机。因为手机会干扰工作。写作靠大脑，联络靠座机和 email。我不看视频，因为看视频被动，比较耽误时间；看文字比较主动，跳跃自由。既然不用手机，更不会去刷视频了。日常生活不用手机有麻烦，但至今仍然抗拒手机，尽量坚持不用吧。倒是我会经常看电视，看新闻，这是我跟世界交流的窗口。

腾讯 您之前有篇文章是《从文字时代到读图时代：我们为什么仍需要阅读和深度思考？》，现实俨然已经跨越了读图时代，并过渡到视频时代或者说短视频时代。您怎样看待这个媒介演进更替的过程？

何 我比较保守，不像麦克卢汉和莱文森那样乐观，比较认同波斯曼的技术批判，谨守书面文化。我相信，视频媒介会大行其道，但文字媒介不会消亡，深度的阅读和思考必须要靠文字。《中国图书商报》创办十周年时，找我写一篇评论文章。当时我对读图是否定的，读图会引起思想的退化，这是我的看法。我现在有一点修正，但我仍然认为，文字是根基。绝对不能脱离文字，深邃的思想一定要靠文字，不能靠图像或视频。所以我当时批判读图时代，鼓吹文字时代，这个根基不能忘掉。我不恨年轻人看视频，但我个人绝对不会过这种生活。一旦过这种生活，我就会感觉自己成为它（技术）的奴隶了。你读图，看视频，只能跟着它走，没有办法倒回去。AI 发展、脑机融合、意识外化，科技力量无穷。身陷技术洪流，人要捍卫自己的主体性，切不可做科技的奴隶。

腾讯 如何看待"直播"这种新的媒介形态的兴起？

何 "直播"是社会发展之必然。我认为，"直播"促进社会经济发展，又解放小人物，功莫大焉。我支持"快手"，曾经为《被看见的力量》写过几句推荐词，现抄录如次："《被看见的力量》走在互联网和社交媒体研究的前沿，其背后的支撑力量是麦克卢汉的媒介理论。麦克卢汉最伟大的思想和预言有：地球村；处处是中心，无处是边缘；人人都是出版人、自媒体；万物皆媒；意识的外化；人类的"太和之境"，技术、媒介、环境、文化近乎等值词的泛媒介论……”今天的自媒体、社交媒体、"快手"等新媒体现象不就是麦克卢汉思想的最新表达吗？

腾讯　大数据、算法推送等新兴技术机制，为我们的生活带来了巨大的便利，但也有人会忧虑，人类会成为机器和算法的奴隶。此外也有其他的问题，比如技术对隐私的侵害，等等。您认为我们该如何看待以及如何解决技术带来的问题？

何　任何时候都要相信人的主体性、能动性、创造性和反思能力。即使在 AI 技术堪比人类智能的时代，人也不会成为技术的奴隶，人的思想和身份不会外包给数字技术。

解决问题，还是靠全民教育水平的提高，但你自己的生活不能代替别人的生活。

腾讯　您愿意回到没有互联网的时代吗？

何　历史不会倒退。互联网只会越来越发展、越来越完善。互联网是万网之网、万物互联之媒，怎么可能倒退呢？互联网使我深受其惠。我在一本书的后记里说："现在做学问的人真是幸福死了。"有感于此，社科院的陈定家教授写了一篇博客，题《从季羡林"想自杀"到何道宽"幸福死了"》，容我摘录于此：

季羡林先生在 1995 年 10 月自述中说："我身处几万册书包围之中，睥睨一切，颇有王者气象。可我偏偏指挥无方，群书什么阵也排不出来。我要用哪一本，肯定找不到哪一本。'只在此室中，书深不知处。'等到不用时，这一本就在眼前。我极以为苦。我曾开玩笑似地说过：'我简直想自杀！'"这种令季老"简直想自杀"的烦恼，是大多数读书人时常遭遇的一种无可奈何的经历。

如今，季老走了……季老"极以为苦"的怨言，让我感叹："今天做学问的人真是幸福死了！"理由很简单——因为我们生活在一个互联网时代。

腾讯 技术的影响日益凸显，迫切需要思想上的解释，在这种情况下，传播学似乎也慢慢成为了"显学"了。您认为，传播学在当今社会背景与媒介环境中的学科使命应该是什么？传播学者应该扮演怎样的角色？

何 传播学承担内外双重重担：一是作为新学科的自我建构，二是为传统的人文学科、社会科学甚至文理互渗的新学科牵线搭桥。传播学者的新使命由此而生。在深圳大学传播学院的支持下，我在主持并主译一套大型的"媒介环境学译丛"。我希望这套书拓宽媒介环境学、嫁接文理，为中国的新闻传播界开疆拓土，为中国的科技界和人文社科界碰撞、交流、交叉、交融牵线搭桥。

腾讯 同为媒介研究者，麦克卢汉、莱文森对技术发展有乐观主义倾向，波兹曼则警惕技术的负面影响。您对现今技术的发展持有怎样的态度？

何 我赞同美国顶尖知识分子汤姆·沃尔夫对麦克卢汉的讴歌：麦克卢汉是继爱因斯坦、弗洛伊德等人之后最伟大的思想家。我还赞同波斯曼对他的评价：麦克卢汉是未来世界的朋友。这里加上我的评价：麦克卢汉是两面神，既回眸过去，又展望未来。他开拓跨学科研究，从文学研究转向大众文化研究，首创泛媒介论，预言地球村、互联网和重新部落化的社会；他憧憬人类社会的太和之境，描绘人类心灵和意识的虚拟延伸；他的诸多预言业已实现，他是未来世界的朋友；只要媒介演化还在继续，人们就会怀念他、研究他、学习他。

我推崇波斯曼的道德关怀、人文主义、批判锋芒。他批判技术垄断、技术崇拜、人工智能崇拜、机器人崇拜，归纳机器人崇拜的三部曲：人有点像机器，人很像机器，人就是机器。他告诫人们警惕"信息失控""信息泛滥"和"信息委琐"。他批判唯科学主义的欺骗性。他反对娱乐至死的庸俗文化，反对文化向技术投降。

　　莱文森继承和发扬了麦克卢汉和恩师波斯曼的媒介环境学思想，特别强调人的主观能动性，相信人有驾驭技术的能力，他中性评价电视可能的负效应。1998 年他出版《数字麦克卢汉》，借以复活麦克卢汉，率先完成了麦克卢汉研究的第一次飞跃。他信奉"吾爱吾师，吾亦爱真理"，勇于与麦克卢汉和波斯曼辩论。他是一个全能型的人，互联网上介绍他身份的标签有十几个：美国学者、美国博客、美国播客、美国科幻小说家、美国短篇小说家、美国摇滚乐家、美国社会科学家、福德姆大学教授、美国犹太作家、媒介理论家、《连线》杂志撰稿人等。麦克卢汉、波斯曼和莱文森的互补思想构成了人文社科知识分子最完美的图画。

2023 年是我从教 60 周年、深圳大学建校 40 周年，亦是我效力深圳大学 30 周年，且是我退休后蜡炬成灰、灰里掘金的 20 周年。承蒙深圳大学传播学院和中国大百科全书出版社领导厚爱，鼎力支持我出三本文集：《问麦集：理解麦克卢汉》《焚膏集：理解文化与传播》和《融媒集：理解媒介环境学》，三喜临门也！故三言两语，借以为教师节致庆。

2013 年深圳大学建校 30 周年和鄙人从教 50 周年之际，深圳大学社科部用出版基金资助我出版《夙兴集》（复旦大学出版社），其中一些篇目未能纳入今年编订的"何道宽三集"，有兴趣的读者不妨参阅。

感谢赐序的两位朋友。序一作者李明伟是深圳大学传播学院教授；序二作者朱豆豆是北京物资学院外语学院讲师。

感谢两篇附录的作者及原发布的媒体。附录一原载于《中国新闻传播教育年鉴》，附录二原为腾讯研究院访谈录。

何道宽 2022 年 12 月 30 日

补记：2023 年 4 月 3 日，中国翻译协会授予我翻译文化终身成就奖，至上荣光，乃今年第四喜。四喜临门，不亦快哉！

何道宽 2023 年 4 月 10 日